国家文化产业资金支持媒体融合重大项目

国家级平台精品资源共享课程配套教材
高等职业教育财务会计类专业创新教材

Tax Practice

纳税实务

张敏　主编

东北财经大学出版社
Dongbei University of Finance & Economics Press
大连

图书在版编目（CIP）数据

纳税实务 / 张敏主编. —大连 ：东北财经大学出版社，2019.9（2021.7重印）
（高等职业教育财务会计类专业创新教材）
ISBN 978-7-5654-3655-0

Ⅰ. 纳… Ⅱ. 张… Ⅲ. 纳税-税收管理-中国-高等职业教育-教材 Ⅳ. F812.423

中国版本图书馆CIP数据核字（2019）第169245号

东北财经大学出版社出版
（大连市黑石礁尖山街217号 邮政编码 116025）
网 址：http：//www.dufep.cn
读者信箱：dufep@dufe.edu.cn
大连天骄彩色印刷有限公司印刷 东北财经大学出版社发行

幅面尺寸：185mm×260mm 字数：364千字 印张：15.75 插页：1
2019年9月第1版 2021年7月第2次印刷

责任编辑：王天华 王 丽 郭海雷 周 欢 周 晗
责任校对：冰 桀
封面设计：冀贵收 版式设计：钟福建

定价：36.00元

教学支持 售后服务 联系电话：（0411）84710309

如有印装质量问题，请联系营销部：（0411）84710711

前言

近年来，我国不断深化税制改革：国地税合并；“五证合一”的办事流程；营业税改征增值税以及随之进行的增值税系列改革；增值税简并税率以及减税让利于企业等相关政策陆续出台；个人所得税法修订；开征环境保护税；船舶吨税、烟叶税和车辆购置税通过立法程序等。这些改革既标志着我国税收体制的不断发展和完善，也意味着企业的纳税环境发生了巨大的变化。

在这种形势下，我们编写了《纳税实务》教材。本书以企业为纳税主体，以任务为主线，分别介绍税收征管的基础知识和企业常见税种的计算、核算和纳税申报。书中模拟真实企业场景，引导学生在完成任务的过程中掌握涉税基本原理、涉税计算核算和纳税申报，使学生既会在课堂上做题，又能在实践中做事。

本书具有以下几个特点：

1.新。本书所涉及的财税政策更新至2019年5月，已经颁布的在后续时间正式实施的政策也在书中予以讲解。

2.全。本书内容覆盖我国税收的五大类，包括目前全部开征的18个税种。各税种介绍详略不同，学习者可以根据不同需要选择学习或者作为拓展阅读知识加以了解。

3.实。本书内容接近企业实务工作，每个税种都按照“认知—涉税的计算核算—税收征收管理”的思路学习，符合学习者的学习习惯和认知规律。内容贴合企业实务工作，在不影响教材主线的情况下，穿插大量的“知识链接”，帮助学习者更好地把握相关知识点和政策信息。

本书是国家级平台的精品资源共享课程教材，配有课程大纲、PPT、微课、动画、习题库、案例集、专业知识检索库和素材库等多维资源。

本书由大连职业技术学院张敏教授担任主编，云南城市建设职业学院吴国杰、山西管理职业学院薛丽萍担任副主编，固特异（大连）轮胎有限公司注册会计师刘大林先生、霍尔果斯神州易桥快马财税管理有限公司大连公司财务总监郭海凌女士、大连益盈益盛财务管理有限公司纪春媛女士为本书编写提供了大量素材，在此一并表示感谢。

由于编写时间仓促，加之作者水平有限，书中难免有疏漏和不足之处，敬请读者和有关专家批评指正。

编　者

2019年6月

目录

第一部分 税收基础

第二部分 流转税类

第三部分　所得税类

第四部分　其他税类

第一部分　税收基础

税收是政府凭借国家强制力参与社会分配、集中一部分剩余产品（不论是货币形式还是实物形式）的一种分配形式。组织国家财政收入是税收原生的最基本职能，同时具有调节经济和监督经济的作用。

税收要素是指构成税收范畴的基本因素，主要包括纳税人、课税客体、税基、税率等。

纳税人是直接负有纳税义务的单位及个人，表明国家直接向谁征税或谁直接向国家纳税，包括自然人和法人两大类。

课税客体是国家征税的目的物，表明国家对什么事物征税，包括人身、事实、物件三类，物件又分为资源、商品、所得、财产。

税基是据以计算应纳税额的基数，有实物量和价值量两类，前者如土地的亩数、房屋的间数，后者如销售额、所得额等。

税率是据以计算应纳税额的比率，按照与税基的关系，分为比例税率、累进税率和定额税率。比例税率不以税基的变化为转移；累进税率随税基的增加而提高；定额税率是以定额形式表示的单位实物量的税率。

这些基本要素连同其他非基本要素有机地组合在一起构成具体的税种，各类税种有机地组合在一起构成一个国家的税收制度。税收制度由税法规定。

本部分站在企业的立场上认识税收，了解税收的分类以及税收的征收与管理制度。

项目一　认识税收

学习目标

1.掌握税务登记、发票管理的基本知识和要求。
2.了解我国现行税收体制和纳税申报、税款缴纳的基础知识。
3.了解税收的特点和税制的构成要素。
4.能根据企业类型和企业涉及的业务种类判断应纳税的种类。
5.了解“五证合一”登记制度，熟悉“五证合一”制度下的业务流程。
6.熟悉税收征收与管理有关规定。

思维导图

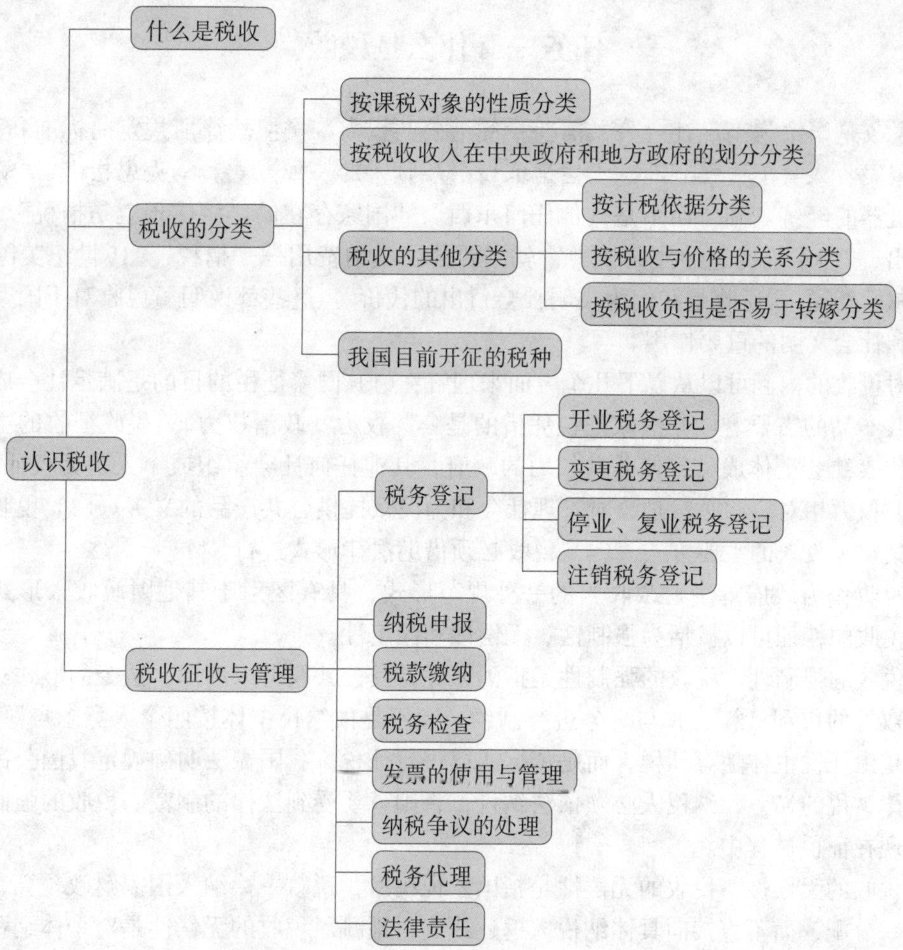

引导案例

税务行政诉讼案例

申请人：华新实业有限公司

被申请人：大华区税务局

2018年10月6日，大华区税务局收到一封群众举报信，举报华新实业有限公司在经营过程中不按规定开具发票，偷逃税款。

大华区税务局接到举报后展开调查，发现华新实业有限公司在纳税方面确实存在违规情况。2018年11月1日，大华区税务局做出华新实业有限公司补缴税款10万元的处理决定，并处以少缴税款50%即5万元的罚款。

2018年11月15日，新华实业有限公司不服税务局做出的处理决定，拒绝缴纳税款和罚款，并向大华区人民法院提起诉讼。

2018年12月2日，大华区人民法院拒绝了申请人的诉讼申请。

请问：大华区人民法院的决定是否符合有关政策规定？

引导案例指引

任务一　什么是税收

税收是国家为满足社会公共需要，凭借公共权力，按照法律所规定的标准和程序，参与国民收入分配，强制地、无偿地取得财政收入的一种方式。马克思指出，“赋税是政府机器的经济基础，而不是其他任何东西”，“国家存在的经济体现就是捐税”。恩格斯指出，“为了维持这种公共权力，就需要公民缴纳费用——捐税”。19世纪美国大法官霍尔姆斯说，“税收是我们为文明社会付出的代价”。这些都说明了税收对于国家经济生活和社会文明的重要作用。

对税收的内涵可以从以下几个方面来理解：（1）国家征税的目的是满足社会成员获得公共产品的需要。（2）国家征税凭借的是公共权力（政治权力）。税收征收的主体只能是代表社会全体成员行使公共权力的政府，其他任何社会组织或个人是无权征税的。与公共权力相对应的必然是政府管理社会和为民众提供公共产品的义务。（3）税收是国家筹集财政收入的主要方式。（4）税收必须借助法律形式进行。

税收作为政府筹集财政收入的一种规范形式，具有区别于其他财政收入形式的特点。税收的特征可以概括为强制性、无偿性和固定性。

税收的强制性。税收的强制性是指国家凭借其公共权力以法律、法令的形式对税收征纳双方的权利（权力）与义务进行制约，既不是由纳税主体按照个人意志自愿缴纳，也不是由征税主体随意征税，而是依据法律进行征税。我国宪法明确规定我国公民有依照法律纳税的义务，纳税人必须依法纳税，否则就要受到法律的制裁。税收的强制性主要体现在征税过程中。

税收的无偿性。税收的无偿性是指国家征税后，税款一律纳入国家财政预算，由财政统一分配，而不直接向具体纳税人返还或支付报酬。税收的无偿性是对个体纳税人而言的，其享有的公共利益与其缴纳的税款并非逐一对等，但就纳税人的整体而言则是对等的，政府使用税款的目的是向社会全体成员包括具体纳税人提供社会需要的公共产品和公共服务。因此，税收的无偿性表现为个体的无偿性、整体的有偿性。

税收的固定性。税收的固定性是指国家预先规定了统一的征税标准，包括纳税人、课税对象、税率、纳税期限、纳税地点等。这些标准一经确定，在一定时间内是相对稳定的。

税收的固定性包括两层含义：第一，税收征收总量的有限性。由于预先规定了征税的标准，政府在一定时期内的征税数量就要以此为限，从而保证税收在国民经济总量中的适当比例。第二，税收征收具体操作的确定性。即税法确定了课税对象及征收比例或数额，具有相对稳定、连续的特点。既要求纳税人必须按税法规定的标准缴纳税额，也要求税务机关只能按税法规定的标准对纳税人征税，不能任意降低或提高。

当然，税收的固定性是相对于某一个时期而言的。国家可以根据经济和社会发展需要适时地修订税法，但这与税收整体的相对固定性并不矛盾。

税收的三个特征是统一的整体，相互联系，缺一不可。无偿性是税收这种特殊分配手段本质的体现，强制性是实现税收无偿征收的保障，固定性是无偿性和强制性的必然要求。三者相互配合，保证了政府财政收入的稳定。

知识链接

“税”和“费”

“税”和“费”都是国家筹集财政收入的具体方式。税是政府筹集财政收入的一种规范形式，而费是政府有关部门为单位和居民个人提供特定的服务，或赋予某种权利而向直接受益者收取的代价。本书后面提及的教育费附加、地方教育附加等，都属于“费”的范畴。

税和费的区别主要表现在以下几个方面：

1. 主体不同。税收的主体是国家，税收管理的主体是代表国家的税务机关、海关或财政部门；而费的收取主体多是行政事业单位、行业主管部门等。

2. 特征不同。税收具有无偿性，纳税人缴纳的税收与国家提供的公共产品和服务之间不具有对称性。费则通常具有补偿性，主要用于补偿成本，特定的费与特定的服务往往具有对称性。税收具有稳定性，而费则具有灵活性。税法一经制定对全国具有统一效力，并相对稳定，而费的收取一般由不同部门、不同地区根据实际情况灵活确定。

3. 用途不同。税收收入由国家预算统一安排使用，用于社会公共需要支出，而费一般具有专款专用的性质。

此外，由于税收管辖权是国家主权的组成部分，是国家权益的重要体现，所以在对外交往中，税收还具有维护国家权益的重要作用。

任务二 税收的分类

税收分类是指按照一定标准把性质、内容、特点相同或相似的税收归为一类的方法。在税收体系中，按不同标准可将税收分为不同类型。

一、按课税对象的性质分类

（一）流转税类

流转税类是以商品生产、商品流通和劳务服务的流转额为征税对象的一类税收。流转额有两种：一是商品流转额，即商品交易的金额或数量；二是非商品流转额，即各种劳务收入或服务性业务收入的金额。流转税以商品流转额或非商品流转额为计税依据，在生产经营过程及销售环节征收，不受成本费用变化的影响，对价格变化较为敏感，有利于国家发挥对经济的宏观调控作用。流转税在世界各国，尤其是在发展中国家被广为重视。我国现行的增值税、消费税、关税和烟叶税等均属于流转税类。

（二）所得税类

所得税类又称收益税，是以纳税人的各种收益额为征税对象的一类税收。所得税类属于终端税种，体现量能负担的原则，即所得多的多征、所得少的少征、无所得的不征，可以直接调节纳税人的收入水平，发挥税收公平税负和调整分配关系的作用。所得税为世界各国所普遍运用，尤其在发达和经济管理水平较高的国家更受到重视。我国现行的企业所得税、个人所得税均属于所得税类。

（三）财产税类

财产税类是以纳税人所拥有的财产数量或财产价值为征税对象的一类税收。我国现行的房产税、契税、车船税等均属于财产税类。

（四）资源税类

资源税类是以自然资源和某些社会资源为征税对象的一类税收。资源税的特点是调节因自然资源或客观原因所形成的级差收入，将非经主观努力形成的级差收入征为国家所有，避免资源浪费，保护和合理使用国家的自然资源。我国现行的资源税、土地增值税、城镇土地使用税等均属于资源税类。

（五）行为税类

行为税类也称为特定行为目的税，它是国家为了实现某种特定的目的，以纳税人的某些特定行为为课税对象的一类税收。开征行为税类的主要目的在于国家根据一定时期的客观需要，限制某些特定的行为。这类税收的特点是：征税的选择性较为明显，税种较多，并有着较强的时效性，有的还具有因时因地制宜的特点。我国现行的印花税、城市维护建设税、车辆购置税等均属于行为税类。

二、按税收收入在中央政府和地方政府的划分分类

按税收收入在中央政府和地方政府的划分分类，可分为中央政府固定收入、地方政

府固定收入和中央地方共享收入。

（一）中央政府固定收入

中央政府固定收入包括关税、消费税、车辆购置税、船舶吨税，以及海关代征的进口环节的增值税等。

（二）地方政府固定收入

地方政府固定收入包括城镇土地使用税、房产税、车船税、耕地占用税、契税、土地增值税等。

（三）中央地方共享收入

（1）增值税。除海关代征的增值税外，增值税税收收入在中央和地方之间五五分成，税额的50%划归中央政府，50%划归地方政府。

（2）企业所得税。中国国家铁路集团有限公司、各银行总行及海洋石油企业缴纳的部分归中央政府，其余部分中央与地方政府按比例分享，分享比例为6∶4。

（3）个人所得税。个人所得税在中央和地方政府按比例分享，分享比例为6∶4。

（4）资源税。海洋石油企业缴纳的部分归中央政府，其余部分归地方政府。

（5）城市维护建设税。中国国家铁路集团有限公司、各银行总行、各保险公司总公司集中缴纳的部分归中央政府，其余部分归地方政府。

（6）印花税。证券交易印花税收入全部归中央政府。其他印花税收入全部归地方政府。

【注意】此前证券交易印花税的97%归中央政府，3%归地方政府。自2016年1月1日起，全部划归中央政府所有。

知识链接

我国税务机构

我国的税务机构是负责税收征收管理工作的部门。1994年实行分税制改革时，将税务系统分设为国家税务局和地方税务局。国家税务局系统的机构设置为四级，即：国家税务总局，省（自治区、直辖市）国家税务局，地（市、州、盟）国家税务局，县（市、旗）国家税务局。地方税务局按行政区划设置，分为三级，即省（自治区、直辖市）地方税务局，地（市、州、盟）地方税务局，县（市、旗）地方税务局。国家税务局实行中央、省、市、县的垂直领导体制。

随着我国近年优化营商环境工作的逐步深入，为提高纳税服务水平，切实方便纳税人，整合人力资源，提高征管水平，将国家税务局与地方税务局合并的呼声越来越高。2018年7月20日，随着所有县级和乡镇新税务机构统一挂牌，县乡国税地税机构正式合并，这也标志着我国的四级税务机构分步合并和相应挂牌工作全部完成。

目前，我国税务机构共设四级。即：国家税务总局；省、自治区、直辖市税务局；地区、省辖市、自治州（盟）税务局；县（市）、自治县（旗）税务局。基层税务分局和税务所按经济区划设置，作为市、县税务局的派出机构。各级局都规定有具体职责。

三、税收的其他分类

（一）按计税依据分类

以计税依据为标准，税收可以分为从价税、从量税和复合税。

从价税是以征税对象的价格为标准，按一定比例计征的税，亦称“从价计征”。从价税受价格变动的影响明显，与征税对象的数量也有紧密关系。从价税与差别比例税率配合，可以调节产品利润，调节产品结构，影响价格水平，以间接调节消费方向与结构，最终调节产业结构。从价税的计税价格有含税价与不含税价之分。

从量税是以课税对象的重量、件数、容积、面积等为标准，按预先确定的税额计征的税，亦称“从量计征”，如资源税、车船税和城镇土地使用税等。从量税不受价格变动影响，但与课税对象的量有直接关系。从量税配合以差别固定税额，可以达到调节级差收益、体现特定政策的目的，对自然资源的合理配置及特定行为的调节等具有重要意义。

复合税又称混合税，是对某一货物或物品既征收从价税，又征收从量税，即采用从价税和从量税同时征收的一种方法。我国现行的消费税法律制度中，卷烟和白酒适用复合税。

（二）按税收与价格的关系分类

以税收与价格的关系为标准，税收可以分为价内税和价外税。

价内税是指税款包含在征税对象的价格之中的税，如我国现行的消费税。消费者在购买商品支付价款时，该价款中已经包含了商家需要向税务机关缴纳的消费税税款，因为商品的定价是一种含税价格。

价外税是指税款独立于征税对象的价格之外的税，如增值税。消费者在购买商品或服务时，除需要支付约定的价款外，还须支付按规定的税率计算出来的增值税税款，二者是分开记载的。

简单地讲，凡税金构成价格组成部分的，称为价内税；凡税金作为价格之外附加的，称为价外税。与之相适应，价内税的计税依据称为含税价格，价外税的计税依据称为不含税价格。

（三）按税收负担是否易于转嫁分类

以税收负担是否易于转嫁为标准，税收可以分为直接税与间接税。

直接税，是指纳税义务人同时是税收的实际负担人，纳税人不能或不便于把税收负担转嫁给别人的税种。直接税的纳税义务人，不仅在表面上有纳税义务，而且实际上也是税收承担者，即纳税人与负税人一致。目前，在世界各国税收理论中，多以各种所得税、房产税、遗产税和社会保险税（遗产税和社会保险税我国目前尚未开征）等税种为直接税。

间接税，是指纳税义务人不是税收的实际负担人，纳税义务人能够用提高价格或提高收费标准等方法把税收负担转嫁给别人的税种。间接税的纳税义务人，虽然表面上负有纳税义务，但是实际上已将自己的税款加于所销售商品的价格上，由消费者负担或用其他方式转嫁给别人，即纳税人与负税人不一致。目前，世界各国多以增值税、消费税和关税等税种为间接税。

四、我国目前开征的税种

我国目前开征的税种有增值税、消费税、关税、企业所得税、个人所得税、房产税、契税、车船税、船舶吨税、资源税、土地增值税、城镇土地使用税、耕地占用税、印花税、城市维护建设税、烟叶税、环境保护税和车辆购置税等18种。其中除了纯属对个人征收的个人所得税之外，其余税种都对企业征收。

（一）增值税

《中华人民共和国增值税暂行条例》于1993年12月13日发布，分别于2008年、2016年和2017年进行多次修订。

增值税是指对在我国境内销售货物，提供加工修理修配劳务，销售服务、无形资产、不动产以及进口货物的单位和个人征收的一种税。

（二）消费税

《中华人民共和国消费税暂行条例》于1993年12月13日发布，于2008年11月进行修订。

消费税是指对在我国境内从事生产、委托加工和进口税法规定的消费品的单位和个人征收的一种税。

（三）关税

《中华人民共和国进出口关税条例》自2004年1月1日起施行，分别于2011年、2013年、2016年和2017年进行修订。

关税是指对进出我国国境或关境的货物、物品所征收的一种税。

（四）企业所得税

《中华人民共和国企业所得税法》自2008年1月1日起施行，分别于2017年2月24日和2018年12月29日进行修订。

企业所得税是指对在我国境内从事生产、经营的企业，就其生产、经营所得和其他所得征收的一种税。

（五）个人所得税

《中华人民共和国个人所得税法》于1980年9月10日颁布，分别于1993年、1999年、2005年、2007年、2011年和2018年进行多次修订。

个人所得税是对我国居民来源于境内、境外的应税所得，以及非居民来源于我国境内的应税所得征收的一种税。个人所得税是纯粹对个人征收的税种，但往往由企业代扣代缴。

（六）房产税

《中华人民共和国房产税暂行条例》自1986年10月1日起施行，于2011年进行修订。

房产税是指对在我国境内且在税法规定的地区拥有房屋产权的单位和个人，按房产价值或出租租金收入征收的一种税。

（七）契税

《中华人民共和国契税暂行条例实施细则》自1997年10月1日起施行。

契税是指不动产（土地、房屋）产权发生转移变动时，就当事人所订契约按房产价格的一定比例向新业主（产权承受人）征收的一次性税收。

（八）车船税

《中华人民共和国车船税法》自2012年1月1日起施行，于2019年进行修订。

车船税是指对在我国境内拥有并且使用车船的单位和个人征收的一种税。

（九）船舶吨税

《中华人民共和国船舶吨税法》自2018年7月1日起施行。

船舶吨税是对自中华人民共和国境外港口进入境内港口的船舶，按照船舶净吨位和吨税执照期限征收的一种税。

（十）资源税

《中华人民共和国资源税暂行条例》自1994年1月1日起施行，于2011年修订。

资源税是以各种应税自然资源为课税对象、为了调节资源级差收入并体现国有资源有偿使用而征收的一种税。

（十一）土地增值税

《中华人民共和国土地增值税暂行条例》自1994年1月1日起施行，于2011年修订。

土地增值税是指对转让国有土地使用权、地上建筑物及其附着物并取得收入的单位和个人征收的一种税。

（十二）城镇土地使用税

《中华人民共和国城镇土地使用税暂行条例》自1988年11月1日起施行，于2006年、2011年、2013年进行多次修订。

城镇土地使用税是指对在城市、县城、建制镇、工矿区范围内使用土地的单位和个人征收的一种税。

（十三）耕地占用税

《中华人民共和国耕地占用税法》自2019年9月1日起施行。

耕地占用税是对在我国境内占用耕地建设建筑物、构筑物或者从事非农业建设的单位和个人依法征收的一种税。

（十四）印花税

《中华人民共和国印花税暂行条例》于1988年8月6日颁布，分别于2011年、2016年进行修订。

印花税是指对凡在我国境内书立、领受税法所列举凭证的单位和个人征收的一种税。

（十五）城市维护建设税

《中华人民共和国城市维护建设税暂行条例》自1985年度起施行，于2011年根据《国务院关于废止和修改部分行政法规的决定》修订。

城市维护建设税是指对从事生产经营活动的单位和个人，以其实际缴纳的流转税税额合计为计税依据，按纳税人所在地使用税率计算征收的一种税。

（十六）烟叶税

《中华人民共和国烟叶税法》自2018年7月1日起施行。

烟叶税是在中华人民共和国境内，依照《中华人民共和国烟草专卖法》的规定收购烟叶的单位依法应该缴纳的一种税。

（十七）环境保护税

《中华人民共和国环境保护税法》于2016年12月25日颁布，自2018年1月1日起施行。

环境保护税是对在中华人民共和国领域和中华人民共和国管辖的其他海域，直接向环境排放应税污染物的企业事业单位和其他生产经营者，依法征收的一种税。

（十八）车辆购置税

《中华人民共和国车辆购置税法》自2019年7月1日起施行。

车辆购置税是对在中华人民共和国境内购置汽车、有轨电车、汽车挂车、排气量超过150毫升的摩托车（以下统称应税车辆）的单位和个人，依法征收的一种税。

任务三　税收征收与管理

一、税务登记

2016年6月30日，国务院办公厅发布了《关于加快推进"五证合一、一照一码"登记制度改革的通知》，从2016年10月1日起正式实施"五证合一、一照一码"，在更大范围、更深层次实现信息共享和业务协同，进一步为企业开办和成长提供便利化服务，优化营商环境，促进就业增加和经济社会持续健康发展。

知识链接

什么是"五证合一"?

为进一步简化企业设立手续，实现信用监管的信息化和便利化，我国自2015年10月1日至2017年12月31日为"五证合一"的改革过渡期，过渡期内改革前核发的营业执照、组织机构代码证、税务登记证、社会保险登记证和统计登记证继续有效，企业办理变更事项、证照有效期满续办申请等情形下予以换发"五证合一"的营业执照，也可自愿申请换发"五证合一"的营业执照。

过渡期结束后，自2018年1月1日起，一律使用加载统一社会信用代码的营业执照办理相关业务，未换发的营业执照、组织机构代码证、税务登记证、社会保险登记证、统计登记证以及"一照五码"营业执照不再有效。

也就是说，"五证合一"是指营业执照、组织机构代码证、税务登记证、社会保险登记证和统计登记证"五证合一"的登记制度。

我国浙江省于2015年7月1日率先实行"五证合一"登记制度。

注："一照五码"是指在过渡期内，一些地方颁发的一本营业执照上分别包含营业执照注册号码、组织机构代码、税务登记证号码、社会保险代码和统计登记代码。

"五证合一"办证模式，采取"一表申请、一窗受理、并联审批、一份证照"的流程。办证流程如图1-1企业设立流程图所示。

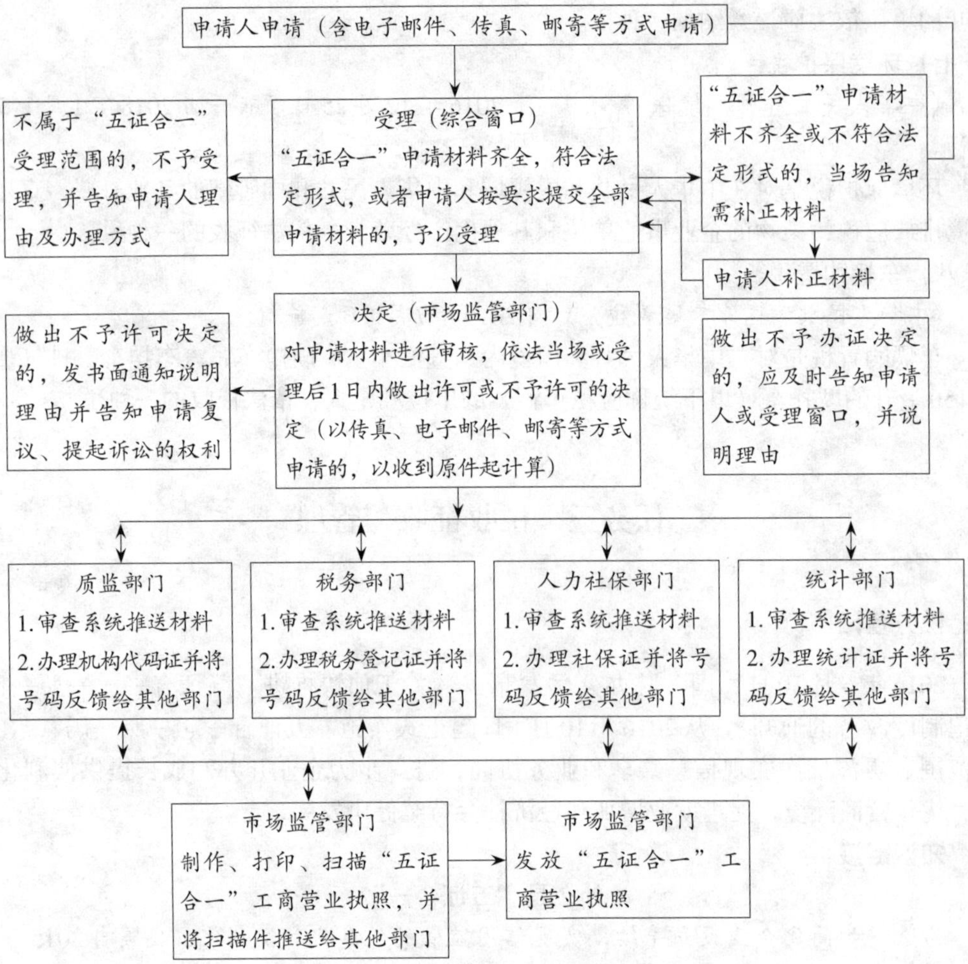

图1-1　企业设立流程图

（一）开业税务登记

开业税务登记，也叫设立登记。根据《中华人民共和国税收征收管理法》的规定，企业在办理营业执照之后，应在30日内到税务机关办理税务登记。

在“五证合一”制度下，企业不再需要单独申请税务登记证书，但税务登记的法律程序还是存在的。“五证合一”之后，开业税务登记事项包括下列内容：

1.企业报到

纳税人首次到税务机关办理如申请发票、申报应税收入等业务时，需要携带已取得的“五证合一”的营业执照、经办人身份证、发票专用章印模和公司公章。

纳税人首次办理纳税申报或领用（代开）发票时，税务机关需要根据企业的经营范围、行业、规模等特点，对企业经营涉及的税种和税率进行认定。企业后期购买发票、缴纳税款等都应该依据核定的税种，按照法律、法规的规定，连续按期申报纳税。

需要注意的是，在“五证合一”制度下，企业取得营业执照后不再需要去税务机关办理税务登记。但因为不同部门管理需求不一样，部分登记内容税务机关还需要补录，如房产、土地、车船等财产信息，以及银行账号、财务负责人信息等。纳税人首次办理纳税申报事项时，还需要采集企业会计核算方式、从业人数、会计制度、代扣代缴（代收代缴）方法等信息。纳税人办理增值税一般纳税人资格登记事项的，应采集全部补充信息。

2.签订代扣税三方协议

所谓的“代扣税三方协议”，是指由企业、税务局和银行三方共同签署的协议，约定在发生纳税缴款义务的情况下，纳税人在申报系统中提交缴款申请后，银行根据缴款申请直接向税务机关支付税款，无须纳税人再次进行付款确认。

3.税种核定

税务机关为企业进行税种核定，办理相关人员的实名认证，并开通网络申报、发放申报密码。

在“五证合一”制度下，不再核发组织机构代码证和税务登记证。营业执照上加载的统一社会信用代码起到税务登记号（纳税人识别号）的作用。

（二）变更税务登记

变更税务登记是指纳税人办理设立税务登记后，因税务登记内容发生变化，向税务机关申请将税务登记内容重新调整为与实际情况一致的一种税务登记管理制度。

目前，电子税务局涵盖各种涉税业务，税务登记变更各项目均可在网上办理，方便快捷。纳税人通过密码或者一证通、电子营业执照等登录电子税务局，进入变更税务登记模块，可以变更税务登记表、投资方信息、投资总额信息、注册资本信息、附属行业信息。变更税务登记操作步骤指引如下：

（1）登录当地电子税务局，点击“我要办税”→“综合信息报告”。

（2）进入“综合信息报告”后，点击“身份信息报告”，选择“变更税务登记”。

（3）选择“变更税务登记表”后，点击变更项目的下拉箭头，可以选择需要变更的项目，如果需要增加变更项目，可以点击右侧“增加”按钮。

需要注意的是，此处如果需要附送资料，屏幕右上方的附送资料处会出现提示标志，请注意点击查看，并选择文件，完成提交工作。

（4）同理，点击左侧投资方信息、投资总额信息、注册资本信息、附行业信息，可以变更相应项目。

知识链接

办税人员实名制背景下，如何变更财务负责人？

为积极落实国务院“放管服”改革工作要求，切实维护纳税人合法权益，不断提升纳税服务水平，加快推进社会诚信体系建设，根据《中华人民共和国税收征收管理法》及其实施细则、《中华人民共和国发票管理办法》及其实施细则的规定，自2017年8月1日起，逐步在全国范围内推行办税人员实名办税。

办税人员在办理涉税事项时提供有效个人身份证明，税务机关采集、比对、确认其身份信息后，办理相关涉税事项。办税人员包括办理涉税事项的法定代表人（包括负责人、经营者，下同）、财务负责人、办税员、税务代理人和经法定代表人授权的其他人员。

那么，在办税人员实名制背景下，如何办理财务负责人变更手续呢？在电子税务局变更财务负责人其实很简单，具体操作步骤指引如下：

1.以实名办税员身份登录电子税务局，进入“涉税事项办理”界面。

2.进入变更税务登记，选择“财务负责人变更”，删除变更前的相关信息，逐项填写变更后的信息。

3.上传加盖公章的变更后的财务负责人身份证复印件，完成变更手续。

(三) 停业、复业税务登记

停业税务登记是指纳税人由于生产、经营等原因，需要暂停生产经营活动的，应在有关部门批准后，到税务管理机关办理停业税务登记。办理停业税务登记的范围，主要是实行定期定额方法缴纳税款的个体工商户，纳税人的停业期限不得超过1年。

纳税人按核准的停业期限准期复业的，应当在停业到期前向税务机关申请办理复业登记；提前复业的，应当在恢复生产经营之前向税务机关申请办理复业登记。

知识链接

网上办理停业税务登记

纳税人网上自助办理停业税务登记手续非常简单，具体操作步骤指引如下：

1.登录电子税务局，进入“涉税事项办理”界面，按要求填写“停业登记报告表”。

需要注意的是，“停业期限起”项目，系统默认使用当前日期进行填充，办税人员可以根据实际情况进行修改。

2.确认申请表信息，确认无误后，点击“提交”按钮提交申请。

需要注意：

(1) 实行定期定额征收方式的个体工商户或比照定期定额户进行税款征收管理的个人独资企业需要停业的，应当在停业前向税务机关申报办理停业登记。

(2) 纳税人在申报办理停业登记时，应如实填写申请登记表及停业期限。申请停业前，纳税人应缴销库存发票，并结清应纳税款、滞纳金、罚款，且不存在未申报记录。

(3) 纳税人停业期满不能及时恢复生产经营的，应当在停业期满前向税务机关提出延长停业登记申请。

另外，这项功能无须税务机关审核，需谨慎操作。

(四) 注销税务登记

注销税务登记是指纳税人发生解散、破产、撤销以及其他情形，依法终止纳税义务的，在向工商行政管理机关或者其他机关办理注销登记前，持有关证件向原税务登记机关申报办理注销税务登记的活动。

纳税人因住所、经营地点变动，涉及变更税务登记机关的，应当按规定办理注销税务登记；纳税人因住所、经营地点变动，不涉及变更税务登记机关的，应当按规定办理变更税务登记。

办理注销税务登记后，该当事人不再接受原税务机关管理。

无未结欠税及罚款、无逾期未申报记录的纳税人，可在电子税务局完成对当期应申报及注销所属期应申报税（费）种的申报及税款缴纳；同时，对已认定企业所得税税种的纳税人，除分支机构外，还可完成企业清算所得税申报。

二、纳税申报

纳税申报是纳税程序的中心环节。它是纳税人在发生纳税义务后，按照税务机关规定的内容和期限，向主管税务机关以书面报表的形式申明有关纳税事项及应纳税款所履行的法定手续，也是基层税务机关核定应纳税额和填开纳税凭证的主要依据，是税务机关税收管理信息的主要来源和税务管理的一项重要制度。

（一）办理纳税申报的对象

办理纳税申报的对象是指谁应当办理纳税申报，主要包括：

1.应当正常履行纳税义务的纳税人

在正常情况下，纳税人必须在规定的期限内向主管税务机关办理纳税申报手续，履行纳税义务。

纳税人是“纳税义务人”的简称，亦称“纳税主体”，是指税法规定直接负有纳税义务的单位与个人，是税收制度的基本构成要素之一。

2.应当履行扣缴税款义务的扣缴义务人

扣缴义务人必须在规定的期限内，向主管税务机关办理代扣代缴申报手续，履行代扣代缴义务。

代扣代缴义务人，亦称“扣缴义务人”，是指不承担纳税义务，但依照有关规定，在向纳税人支付收入、结算货款、收取费用时有义务代扣代缴其应纳税款的单位和个人。如果代扣代缴义务人按规定履行了代扣代缴义务，税务机关将支付一定的手续费。反之，如果扣缴义务人未按规定代扣代缴税款，造成应纳税款流失或将已扣缴的税款私自截留、挪用、不按时缴入国库，一经税务机关发现，将承担相应的法律责任。

知识链接

代扣代缴义务人与代收代缴义务人

代收代缴义务人是指虽不承担纳税义务，但依照有关规定，在向纳税人收取商品或劳务收入时，有义务代收代缴其应纳税款的单位和个人。如消费税暂行条例规定，委托加工的应税消费品，由受托方在向委托方交货时代收代缴委托方应该缴纳的消费税。

通俗地理解，无论是代扣代缴义务人还是代收代缴义务人都是代替纳税人向税务机关缴纳税款。具体来说，代扣代缴是指从本应付给他人的款项中“扣下”其应纳税额，然后代其上缴。如：发放工资时代扣代缴个人所得税。而代收代缴是指“收取”他人的应纳税款，然后代其上缴。如：办理车辆交强险时，保险公司同时代税务机关收取该车辆的车船税。

扣缴义务人既可以是各种类型的企业，也可以是机关、社会团体、民办非企业单位、部队、学校和其他单位，或者是个体工商户、个人合伙经营者和其他自然人。

3.享受减税、免税待遇的纳税人

纳税人享受减税、免税待遇的，在减税、免税期间也应当按照规定办理纳税申报手续。

4. 临时取得应税收入或发生应税行为的纳税人

临时取得应税收入或临时发生应税行为，不具有经常性纳税义务的纳税人，在取得应税收入或发生应税行为时也应该按规定进行纳税申报。

（二）纳税申报的内容

纳税申报的内容包括两个方面：一是纳税申报表或者代扣代缴、代收代缴税款报告表；二是纳税申报的其他有关资料和证件。

1. 纳税申报应填写项目

纳税人和扣缴义务人在填报纳税申报表或者代扣代缴、代收代缴税款报告表时，应将税种、税目，应纳税项目或应代扣代缴、代收代缴项目，适用税率或单位税额，计税依据，扣除项目及标准，应纳税额或代扣代缴、代收代缴税额，税款所属期限等内容逐项填写清楚。

2. 纳税申报应报送资料

纳税人还应根据不同情况相应报送下列有关资料和证件：

（1）财务会计报表及其说明材料；

（2）与纳税人有关的合同、协议书；

（3）外出经营活动税收管理证明；

（4）境内或者境外公证机构出具的有关证明文件；

（5）税务机关规定应当报送的其他有关证件、资料。

3. 扣缴义务人应报送资料

扣缴义务人还应报送代扣代缴、代收代缴税款的合法凭证以及税务机关规定的其他有关证件和资料。

（三）纳税申报的期限

纳税申报的期限是指纳税人按照税法规定缴纳税款的最后期限。比如，企业所得税在月份或者季度终了后15日内预缴，年度终了后5个月内汇算清缴，多退少补；增值税的纳税期限分别为1日、3日、5日、10日、15日、1个月或者1个季度。纳税人的具体纳税期限，由主管税务机关根据纳税人应纳税额的大小分别核定；不能按照固定期限纳税的，可以按次纳税。

纳税人以1个月或者1个季度为1个纳税期的，自期满之日起15日内申报纳税；以1日、3日、5日、10日或者15日为1个纳税期的，自期满之日起5日内预缴税款，于次月1日起15日内申报纳税并结清上月应纳税款。

纳税人办理纳税申报的期限最后一日，如遇公休日、节假日的，可以顺延。

纳税人、扣缴义务人按期办理纳税申报或报送代扣代缴、代收代缴税款报告表有困难，需要延期的，经税务机关核准，可以延期申报。纳税人、扣缴义务人因不可抗力情形，不能按期办理纳税申报或报送代扣代缴、代收代缴税款报告表的，经税务机关核准，可以延期办理。但是在不可抗力情形消除后应立即向主管税务机关报告。

（四）应纳税额的核定

纳税人有下列情形之一的，税务机关有权核定其应纳税额：

（1）依照法律、行政法规的规定可以不设置账簿的；

（2）依照法律、行政法规的规定应当设置账簿但未设置的；

（3）擅自销毁账簿或者拒不提供纳税资料的；

（4）虽设置账簿，但账目混乱或者成本资料、收入凭证、费用凭证残缺不全，难以查账的；

（5）发生纳税义务，未按照规定的期限办理纳税申报，经税务机关责令限期申报，逾期仍不申报的；

（6）纳税人申报的计税依据明显偏低，又无正当理由的。

税务机关核定应纳税额的具体程序和方法由国务院税务主管部门规定。

（五）纳税申报方式

1.数据电文申报

数据电文申报也称网络申报、电子申报，是指通过税务机关确定的电话语音、电子数据交换和网络传输等电子方式申报纳税。

随着计算机网络的普及，网络申报已经成为最主要的纳税申报方式。

2.上门申报

上门申报也称窗口申报，是指纳税人在纳税申报期限内到主管税务机关办理纳税申报事项。

3.邮寄申报

纳税人到税务机关办理纳税申报有困难的，经税务机关批准，可以邮寄申报。邮寄申报以寄出地的邮戳日期为实际申报日期。

4.其他申报方式

常见的其他申报方式为代理申报。生产、经营规模小，自行申报纳税有困难的纳税人可委托经批准的、具有税务代理资格的税务代理机构在规定的申报期限内办理纳税申报手续。

三、税款缴纳

纳税人在纳税申报后，应按照法定的方式、期限将应纳税款解缴入库，这是纳税人履行纳税义务的标志。

（一）税款解缴的方式

1.自核自缴税款

自核自缴税款是指纳税人自行根据当期实现的营业额或所得额，按照规定税率计算应纳税额，自行填写缴款书，自行向当地代理金库的银行缴纳税款；税务机关进行定期或不定期检查。

2.查账核定征收

查账核定征收是指由纳税人按照账簿记载和自行计算的结果，向税务机关申报营业额和所得额，经税务机关审核后，由纳税人在限期内向当地代理金库的银行缴纳税款，待税务机关派员查账后，再根据检查结果多退少补。

3.查定征收

查定征收是对小型厂矿企业采取的按月查定产量、分期征收税款的一种办法。

4.定期定额征收

定期定额征收是对一些没有核算能力、无法查实其营业额和所得额的个体或小型工商业户所实行的一种征税方法。它是根据纳税人的经营状况，采用一定方法核定其一定时期的应纳税额。经核定的税额一般一年之内不作变动。

5.自收税款

税务机关征收的税款，一般应由纳税单位直接向金库及其经收处缴纳。如果当地没有金库经收处，那么，由税务所、税务专管员向纳税单位和个人直接收取税款，或虽有金库经收处但需税务所和税务专管员直接征收小额零星税款，就叫自收税款。

6.定额贴花

定额贴花是印花税常见的缴纳方法，是指通过购买印花税票并自行贴花的方式缴纳税款的一种方式。

7.代征代缴税款

代征代缴税款是指税务机关委托有关单位代办税款征收业务的一种征税方法。

8.代扣代缴税款

代扣代缴税款是指按税法规定，负有代扣代缴义务的单位或个人，代税务机关向纳税人代扣代缴应纳税款的一种方法。

9.预缴税款

预缴税款是指纳税人预先缴纳一定数额的税款，到期核实税款后，再进行结算，实行多退少补。

10.补缴税款

补缴税款是指补缴应缴未缴的税款。

11.扣缴税款

扣缴税款是指纳税人应向国家缴纳的税款逾期未缴，或经税务机关多次催收不缴的，由税务机关通知银行从其银行存款中扣缴的一种强制性征收办法。

知识链接

金税三期税款缴纳的基本方式

在金税三期系统下，如果通过个人所得税扣缴系统完成个人所得税纳税申报后，产生应缴税额的，可通过以下四种方式进行税款缴纳：

1.通过自然人三方协议账户，网上直接缴税；

2.前往指定商业银行缴税；

3.登录个人网上办税应用平台进行在线支付缴税；

4.前往主管税务机关办税服务厅缴税。

（二）纳税期限

纳税人应按规定期限缴纳税款，但是因为纳税人有特殊困难，不能按期缴纳税款的，可以在纳税期限届满之前，向主管税务机关书面申请延期纳税，但最长不得超过3个月。

（三）税款补缴与退还

1.税款补缴

由于纳税人、扣缴义务人计算错误等失误，未缴或者少缴税款数额在10万元以内的，自税款所属期起3年内发现的，应当立即向主管税务机关补缴税款；数额在10万元以上的，自税款所属期起10年内发现的，应当立即向主管税务机关补缴税款。

因国家税务机关责任致使纳税人、扣缴义务人未缴或少缴税款，自税款所属期起3年内发现的，应当立即向主管税务机关补缴税款，但不缴纳滞纳金。

2. 税款退还

（1）纳税人超过应纳税额向国家税务机关缴纳的税款，自结算缴纳税款之日起3年内发现的，可以向主管税务机关提出退还税款书面申请报告，经国家税务机关核实后，予以退还。

（2）纳税人享受出口退税及其他退税优惠政策的，应当按照规定向主管税务机关申请办理退税。

（四）纳税担保

一般情况下，纳税人无须提供纳税担保，只有在有根据认为从事生产、经营的纳税人有逃避纳税义务行为或发现纳税人有明显的转移、隐匿其应税商品、货物，以及其他财产或应纳税收入的迹象时，税务机关才会责成纳税人提供纳税担保。

纳税担保的主要方式有三种：货币保证金担保、实物抵押物担保和纳税担保人担保。

四、税务检查

税务检查是税务机关以国家税收法律、行政法规为依据，对纳税人、扣缴义务人履行纳税义务和代扣代缴、代收代缴义务的情况进行审查的监督活动。

根据《中华人民共和国税收征收管理法》（以下简称《税收征管法》）及其实施细则的规定，税务机关有权进行下列税务检查：

第一，检查纳税人的账簿、记账凭证、报表和有关资料，检查扣缴义务人代扣代缴、代收代缴税款账簿、记账凭证和有关资料。

税务机关行使这一职权时，可以在纳税人、扣缴义务人的业务场所进行；必要时，经县以上税务局（分局）局长批准，也可以将纳税人、扣缴义务人以前年度的账簿、记账凭证、报表和其他有关资料调回税务机关检查，但必须向纳税人、扣缴义务人开付清单，并在3个月内完整退还。

第二，到纳税人的生产、经营场所和货物存放地检查纳税人应税的商品、货物或其他财产，检查扣缴义务人与代扣代缴、代收代缴税款有关的经营情况。

第三，责成纳税人、扣缴义务人提供与纳税或者代扣代缴、代收代缴税款有关的文件、证明材料和有关资料。

第四，询问纳税人、扣缴义务人与纳税或者代扣代缴、代收代缴税款有关的问题和情况。

第五，到车站、码头、机场、邮政企业及其分支机构检查纳税人托运、邮寄应纳税商品、货物或者其他财产的有关单据、凭证和其他资料。

第六，经县以上税务局（分局）局长批准，凭全国统一格式的检查存款账户许可证明，查核纳税人、扣缴义务人的存款账户。

税务机关派出的人员进行税务检查时，应当出示税务检查证和税务检查通知书，并有责任为被检查人保守秘密；未出示有关证件的，被检查人有权拒绝检查。

纳税人、扣缴义务人必须接受税务机关依法进行的税务检查，如实反映情况，提供有关资料，不得拒绝检查、隐瞒真相。税务机关依法进行税务检查时，有关部门有义务支持、协助。税务机关调查税务案件时，对与案件有关的情况和资料，可以记录、录音、录像和复制。

税务机关对纳税人以前纳税期的纳税情况依法进行税务检查时，发现纳税人有逃避纳税义务行为，并有明显的转移、隐匿其应纳税商品、货物，以及其他财产或者应纳税收入的迹象的，可以按照《税收征管法》规定的批准权限采取税收保全措施或者强制执行措施。

五、发票的使用与管理

发票管理是指税务机关依法对发票印制、领购、开具、取得和保管的全过程进行的组织、协调、监督等各项活动。其中与企业财务管理关系密切的有以下几个方面。

（一）发票的领购

1.领购发票的对象

依法办理税务登记的单位和个人，可以领购发票；依法不需办理税务登记但需要使用发票的单位，可以按照规定程序向主管税务机关申请领购发票；临时到外地（指本省、自治区、直辖市以外，下同）从事经营活动的单位和个人，凭所在地税务机关开具的证明，可以向经营地税务机关申请领购经营地的发票。

2.领购发票的程序

申请领购发票的单位和个人应当提出购票申请，提供经办人的身份证明、“五证合一”营业执照或其他证明，以及财务印章或发票专用章的印模，经主管税务机关审核后，发给发票领购簿。领购发票的单位和个人凭发票领购簿核准的种类、数量以及购票方式，向主管税务机关领购发票。

临时到外地从事经营活动的单位和个人，应当凭所在地税务机关开具的证明，向经营地税务机关申请领购经营地的发票。

对外地来本辖区从事临时经营活动的单位和个人申请领购发票的，税务机关可以要求其提供保证人或根据所领购发票的票面限额及数量缴纳不超过10 000元的保证金，并限期缴销发票。按期缴销发票的，解除保证人的担保义务或退还保证金；未按期缴销发票的，由保证人或者以保证金承担法律责任。

（二）发票的开具和保管

1.开具发票的一般规定

（1）发票只限于用票单位和个人自己填开使用，不得转借、转让和代开发票；未经主管税务机关批准不得拆本使用发票。

（2）单位和个人只能购买和使用主管税务机关批准印制的发票，不得用“白条”和其他票据代替发票使用，也不得自行扩大发票的使用范围。

（3）销售商品、提供服务以及从事其他经营活动的单位和个人，对外发生经营业务收取款项，收款方应向付款方开具发票；特殊情况下由付款方开具发票。

（4）单位和个人填开发票时，必须按照规定的时限、号码按顺序填开。填写时必须项目齐全、内容真实、字迹清楚，全份一次复写，并加盖单位发票专用章。用票单位和个人填错发票，应书写或加盖“作废”字样，并完整保存各联备查。

（5）用票单位和个人丢失发票应当及时报告主管税务机关，并在报刊、电视等新闻媒介上公开声明作废，同时接受主管税务机关的处理。

（6）一般纳税人填开增值税专用发票，除遵循上述规定外，还要注意增值税专用发票的使用范围和开具时限。

2.发票的保管

开具发票的单位和个人应当建立发票使用登记制度，并定期向主管税务机关报告发票使用情况；应当按照税务机关的规定存放和保管发票，不得毁损。已开具的发票存根联和发票登记簿应当保存5年。

（三）违反发票管理规定的法律责任

（1）未按规定印制发票或者生产发票防伪专用品，未按规定领购、开具、取得、保管发票以及未按规定接受税务机关检查的单位和个人，由税务机关责令限期改正，没收非法所得，可并处10 000元以下的罚款。

（2）对非法携带、邮寄、运输或者存放空白发票的，由税务机关收缴发票，没收非法所得，可并处10 000元以下的罚款。

（3）私自印刷、伪造变造、倒买倒卖发票，私自制作发票监制章、发票防伪专用品的，由税务机关依法予以查封、扣押或者销毁，没收非法所得和作案工具，可并处10 000元以上50 000元以下的罚款；构成犯罪的，依法追究刑事责任。

（4）违反发票管理法规，导致其他单位或者个人未缴、少缴或者骗取税款的，由税务机关没收非法所得，可并处未缴、少缴或者骗取税款1倍以下的罚款。

六、纳税争议的处理

纳税争议是指纳税人在纳税过程中，就适用税法、确定税率、计算税额以及对违反税法行为的处罚等问题同税务机关发生异议。纳税争议的解决主要有以下两种方式。

（一）税务行政复议

税务行政复议是指当事人（纳税人、扣缴义务人、纳税担保人）不服税务机关及其工作人员做出的具体行政行为，依法向该税务机关的上一级税务机关（复议机关）提出申请，复议机关经审理对原税务机关具体行政行为依法做出维持、变更、撤销等决定的活动。

1.申请复议的时间

当事人可以在得知税务机关做出具体行政行为之日起60日内提出税务行政复议申请。因不可抗力或者被申请人设置障碍等其他正当理由耽误法定申请期限的，申请期限自障碍消除之日起继续计算。

2.复议申请的受案范围

税务行政复议的受案范围仅限于税务机关做出的税务具体行政行为，包括：

（1）税务机关做出的征税行为，包括征收税款、加收滞纳金。

（2）税务机关做出的责令纳税人提交纳税保证金或提供纳税担保的行为。

（3）税务机关做出的税收保全措施。

（4）税务机关未及时解除税收保全措施，使纳税人等合法权益遭受损失的行为。

（5）税务机关做出的税收强制执行措施。

（6）税务机关做出的税务行政处罚行为，如：罚款、没收非法所得、停止出口退税权、收缴发票和暂停供应发票。

（7）税务机关不予依法办理或答复的行为。

（8）税务机关做出的取消增值税一般纳税人资格的行为。

（9）税务机关做出的通知出境管理机关阻止出境的行为。

（10）税务机关做出的其他税务具体行为。

3.税务复议的程序

当事人申请行政复议，可以书面申请和口头申请。复议机关应当在收到申请后5日内进行审查，有权受理的，应当在60日内做出行政复议决定。当事人的申请已经被复议机关受理的，在法定行政复议期限内不得再向人民法院起诉；当事人向人民法院提起行政诉讼，人民法院已经依法受理的，不得申请行政复议。

（二）税务行政诉讼

税务行政诉讼是指公民、法人和其他组织认为税务机关及其工作人员的具体税务行政行为违法或者不当，侵犯了其合法权益，依法向人民法院提起行政诉讼，由人民法院对具体税务行政行为的合法性和适当性进行审理并做出裁决的司法活动。

（1）当事人对税务机关的征税行为提起诉讼，必须先经过税务行政复议。

（2）当事人对税务行政复议决定不服的，可以在接到复议决定书之日起15日内向人民法院起诉。

（3）当事人对税务机关的其他具体行政行为不服的，可以在得知之日起60日内提出行政复议，也可以在接到通知或者知道之日起15日内直接向人民法院起诉。

知识链接

税务行政诉讼前置程序规定

税务行政诉讼前置程序是指纳税人、扣缴义务人和纳税担保人在同税务机关在纳税事项上发生争议时，必须先依照税务机关的纳税决定缴纳或者解缴税款及滞纳金或者提供相应的担保，然后可以依法申请行政复议；对行政复议决定不服的，可以依法向人民法院提起税务行政诉讼。

税务行政诉讼分为两类：纳税争议和非纳税争议。

对于非纳税争议，没有前置程序规定，当事人可以依法直接起诉。而纳税争议是对税务机关征税行为的争议。

对纳税争议提起行政诉讼有两个前置条件，即复议前置和纳税前置。

税务行政复议前置是纳税人、扣缴义务人、纳税担保人同税务机关在纳税上发生争议时，必须依法先申请行政复议，对行政复议决定不服的，可以依法向人民法院起诉。

纳税前置则是申请人按前述规定申请行政复议时，须先按照税务机关根据法律、行政法规确定的税额、期限，缴纳或解缴税款及滞纳金或提供相应的担保，方可在实际缴清税款和滞纳金后或所提供的担保得到做出具体行政行为的税务机关确认之日起60日内提出行政复议申请。

那么，税务机关做出的有关征税行为的决定包括哪些呢？具体包括确认纳税主体、征税对象、征税范围、减税、免税及退税、适用税率、计税依据、纳税环节、纳税期限、纳税地点及税款征收方式等具体行政行为和征收税款、加收滞纳金及扣缴义务人、受税务机关委托征收的单位做出的代扣代缴、代收代缴行为。

七、税务代理

纳税人、扣缴义务人的涉税事项，可以向税务代理机构递交书面申请，委托税务代理。代理内容包括：办理开业税务登记、变更税务登记、注销税务登记、发票领购手续、纳税申报或扣缴税款报告、税款缴纳和申请退税、制作涉税文书、审查纳税情况、建账建制、税务咨询、聘请税务顾问、申请税务行政复议或者税务行政诉讼以及国家税务总局规定的其他业务。委托税务代理可以是以上业务单项代理、综合代理或者全部代理。税务代理人超越代理权限，违反税收法律、行政法规，造成纳税人、扣缴义务人未缴或者少缴税款的，除由纳税人、扣缴义务人缴纳或者补缴应纳税款、滞纳金外，对税务代理人处以2 000元以下的罚款。

八、法律责任

税收法律责任是指税收法律关系的主体因违反税收法律规范所应承担的法律后果。税收法律责任依其性质和形式的不同，可分为经济责任、行政责任和刑事责任。

（1）纳税人有下列行为之一的，由税务机关责令限期改正，可以处2 000元以下的罚款；情节严重的，处2 000元以上10 000元以下的罚款。

①未按照规定的期限申报办理税务登记、变更或者注销登记的；

②未按照规定设置、保管账簿或者保管记账凭证和有关资料的；

③未按照规定将财务、会计制度或者财务、会计处理办法和会计核算软件报送税务机关备查的；

④未按照规定将其全部银行账号向税务机关报告的；

⑤未按照规定安装、使用税控装置，或者损毁、擅自改动税控装置的。

纳税人不办理税务登记的，由税务机关责令限期改正；逾期不改正的，经税务机关提请，由工商行政管理机关吊销其营业执照。

纳税人未按照规定使用税务登记证件，或者转借、涂改、损毁、买卖、伪造税务登记证件的，处2 000元以上10 000元以下的罚款；情节严重的，处10 000元以上50 000元以下的罚款。

（2）扣缴义务人未按照规定设置、保管代扣代缴、代收代缴税款账簿，或者保管代扣代缴、代收代缴税款记账凭证及有关资料的，由税务机关责令限期改正，可以处2 000元以下的罚款；情节严重的，处2 000元以上5 000元以下的罚款。

（3）纳税人未按照规定的期限办理纳税申报和报送纳税资料的，或者扣缴义务人未按照规定的期限向税务机关报送代扣代缴、代收代缴税款报告表和有关资料的，由税务机关责令限期改正，可以处2 000元以下的罚款；情节严重的，可以处2 000元以上

10 000元以下的罚款。

（4）纳税人伪造、变造、隐匿、擅自销毁账簿、记账凭证，或者在账簿上多列支出或者不列、少列收入，或者经税务机关通知申报而拒不申报或者进行虚假纳税申报，不缴或者少缴应纳税款的，为偷税。对纳税人偷税的，由税务机关追缴其不缴或者少缴的税款、滞纳金，并处不缴或者少缴的税款50%以上5倍以下的罚款；构成犯罪的，依法追究刑事责任。

（5）纳税人、扣缴义务人编造虚假计税依据的，由税务机关责令限期改正，并处50 000元以下的罚款。

纳税人不进行纳税申报，不缴或者少缴应纳税款的，由税务机关追缴其不缴或者少缴的税款、滞纳金，并处不缴或者少缴的税款50%以上5倍以下的罚款。

（6）纳税人欠缴应纳税款，采取转移或者隐匿财产的手段，妨碍税务机关追缴欠缴的税款的，由税务机关追缴欠缴的税款、滞纳金，并处欠缴税款50%以上5倍以下的罚款；构成犯罪的，依法追究刑事责任。

（7）以假报出口或者其他欺骗手段，骗取国家出口退税款的，由税务机关追缴其骗取的退税款，并处骗取税款1倍以上5倍以下的罚款；构成犯罪的，依法追究刑事责任。

对骗取国家出口退税款的，税务机关可以在规定期间内停止为其办理出口退税。

（8）以暴力、威胁方式拒不缴纳税款的，为抗税，除由税务机关追缴其拒缴的税款、滞纳金外，依法追究刑事责任。情节轻微，未构成犯罪的，由税务机关追缴其拒缴的税款、滞纳金，并处拒缴税款1倍以上5倍以下的罚款。

（9）纳税人、扣缴义务人在规定期限内不缴或者少缴应纳或者应解缴的税款，经税务机关责令限期缴纳，逾期仍未缴纳的，税务机关除依照《税收征管法》第四十条的规定采取强制执行措施追缴其不缴或者少缴的税款外，可以处不缴或者少缴的税款50%以上5倍以下的罚款。

（10）扣缴义务人应扣未扣、应收而不收税款的，由税务机关向纳税人追缴税款，对扣缴义务人处应扣未扣、应收未收税款50%以上3倍以下的罚款。

（11）纳税人、扣缴义务人逃避、拒绝或者以其他方式阻挠税务机关检查的，由税务机关责令改正，可以处10 000元以下的罚款；情节严重的，处10 000元以上50 000元以下的罚款。

（12）违反《税收征管法》第二十二条规定，非法印制发票的，由税务机关销毁非法印制的发票，没收违法所得和作案工具，并处10 000元以上50 000元以下的罚款；构成犯罪的，依法追究刑事责任。

（13）从事生产、经营的纳税人、扣缴义务人有《税收征管法》规定的税收违法行为，拒不接受税务机关处理的，税务机关可以收缴其发票或者停止向其发售发票。

（14）纳税人、扣缴义务人的开户银行或者其他金融机构拒绝接受税务机关依法检查纳税人、扣缴义务人存款账户，或者拒绝执行税务机关做出的冻结存款或者扣缴税款的决定，或者在接到税务机关的书面通知后帮助纳税人、扣缴义务人转移存款，造成税款流失的，由税务机关处100 000元以上500 000元以下的罚款，对直接负责的主管人员和其他直接责任人员处1 000元以上10 000元以下的罚款。

第二部分　流转税类

流转税（commodity turnover tax；goods turnover tax）又称流转课税、流通税，指以纳税人商品生产、流通环节的流转额或者数量以及非商品交易的营业额为征税对象的一类税收。流转税是商品生产和商品交换的产物，各种流转税（如增值税、消费税、关税）是政府财政收入的重要来源。

增值税是对在我国境内销售货物或者加工、修理修配劳务，销售服务、无形资产、不动产以及进口货物的单位和个人，就其销售货物、劳务、服务、无形资产、不动产的增值额和货物进口金额为计税依据而课征的一种流转税。

消费税是指对消费品和特定的消费行为按流转额征收的一种商品税。

关税是指一国海关根据该国法律规定，对通过其关境的进出口货物课征的一种税收。关税在各国一般属于国家最高行政单位指定税率的高级税种，对于对外贸易发达的国家而言，关税往往是国家税收乃至国家财政的主要收入。政府对进出口商品都可征收关税，但进口关税最为重要，是主要的贸易措施。

总体来说，流转税具有以下特点：

第一，以商品生产、交换和提供商业性劳务为征税前提，征税范围较为广泛，既包括第一产业和第二产业的产品销售收入，也包括第三产业的营业收入；既对国内商品征税，也对进出口的商品征税，税源比较充足。

第二，以商品、劳务的销售额和营业收入作为计税依据，一般不受生产、经营成本和费用变化的影响，可以保证国家能够及时、稳定、可靠地取得财政收入。

第三，一般具有间接税的性质，特别是在从价征税的情况下，税收与价格密切相关，便于国家通过征税体现产业政策和消费政策。

第四，同有些税类相比，流转税在计算征收上较为简便易行，也容易为纳税人所接受。

目前，流转税类税收是我国财政收入的主要来源之一。本部分将分别介绍增值税、消费税和关税的税收要素、应纳税计算与核算和纳税申报。

项目二　增值税

学习目标

1. 掌握增值税的基本法规知识。

2. 能根据经济业务的内容判断是否属于增值税应税业务、适用税率情况。

3. 能熟练计算一般纳税人和小规模纳税人应纳增值税税额。

4. 能根据业务资料进行增值税一般纳税人与小规模纳税人的涉税会计处理。

5. 熟悉增值税出口退税的有关规定，能用“免抵退”方法计算增值税应免抵和应退税款，会办理出口退税业务。

6. 掌握一般纳税人和小规模纳税人的增值税纳税申报方法，会进行增值税网上纳税申报。

思维导图

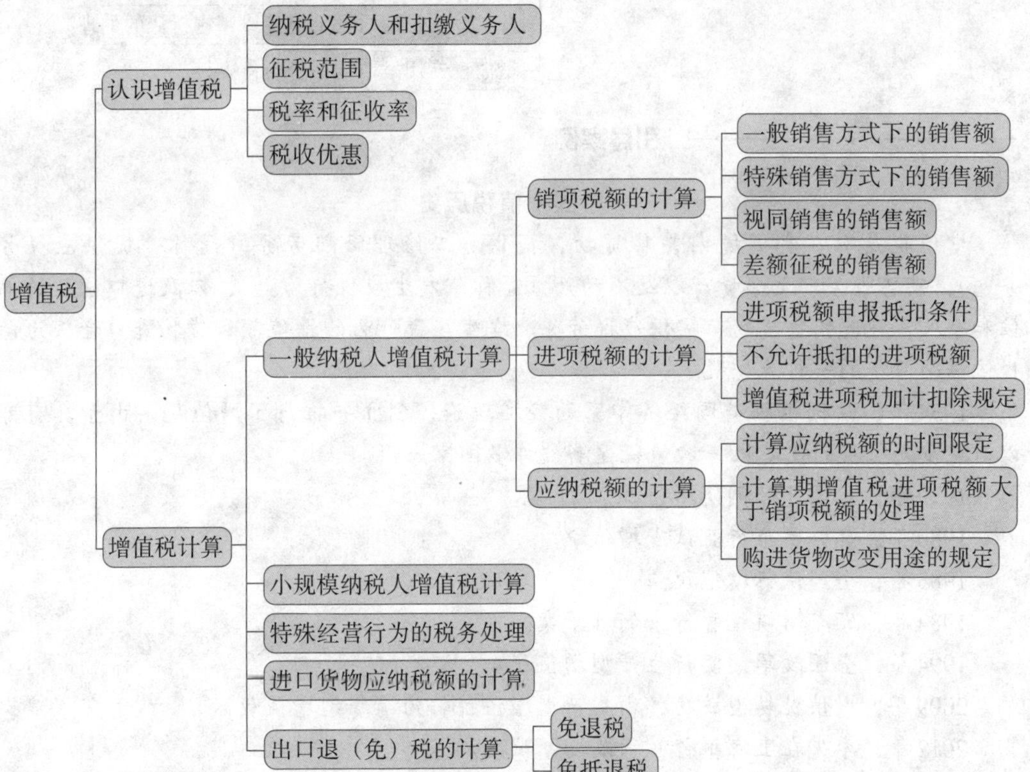

- 增值税
  - 增值税核算
    - 一般纳税人增值税的核算
      - 账户设置
      - 一般纳税人增值税的账务处理
    - 小规模纳税人增值税的核算
      - 账户设置
      - 小规模纳税人增值税的账务处理
  - 增值税纳税的申报与缴纳
    - 纳税义务发生时间
    - 纳税期限
    - 纳税地点
    - 纳税申报
      - 一般纳税人纳税申报办法
      - 小规模纳税人纳税申报办法
  - 增值税专用发票的使用与管理
    - 增值税专用发票的领购使用范围
    - 增值税专用发票的开具范围和开具要求
    - 增值税专用发票开具时限
    - 增值税发票的联次及票样
    - 税务机关代开增值税专用发票
    - 专用发票与不得抵扣进项税额的规定
    - 开具专用发票后发生退货或销售折让的处理
    - 增值税专用发票的保管与检查

引导案例

中国增值税历史

增值税是对在我国境内销售货物，提供加工修理修配劳务（简称“提供应税劳务”），销售服务、无形资产以及不动产（简称“发生应税行为”），以及进口货物的单位和个人，就其销售货物、提供应税劳务、发生应税行为的增值额和货物进口金额为计税依据而课征的一种流转税。

1954年，法国根据美国经济学家的经济理论，创立并推行了增值税。由于具有可以避免重复征税的优越性，增值税逐渐被许多国家采用。

1979年，我国开始调研增值税。

1980年，部分城市行业试点增值税。

1983年，全国试行增值税。

1984年，颁布增值税暂行条例（草案）。

1994年，全面改革，实行生产型增值税。

2009年，增值税转型成功，由生产型增值税转为消费型增值税。

2012年，率先在上海推行“营改增”试点。

2016年，全面实行“营改增”。

2018年，全面实施“减税降负，让利于民让利于企”政策，更多小微企业享受增值税免税政策，增值税小规模纳税人范围扩大，大幅度降低税率以减轻企业负担。

增值税历史沿革见表2-1。

表2-1 增值税历史沿革一览表

项目	细目	时间	税率
原增值税项目	销售或者进口货物、提供应税劳务	1994.1.1—2018.4.30	17%
		2018.5.1—2019.3.31	16%
		2019.4.1 开始	13%
	1.粮食等农产品、食用植物油、食用盐 2.自来水、暖气、冷气、热水、煤气、石油液化气、天然气、二甲醚、沼气、居民用煤炭制品 3.图书、报纸、杂志、音像制品、电子出版物 4.饲料、化肥、农药、农机、农膜	1994.1.1—2001.12.31	10%
		2002.1.1—2017.6.30	13%
		2017.7.1—2018.4.30	11%
		2018.5.1—2019.3.31	10%
		2019.4.1 开始	9%
“营改增”项目	交通运输服务和部分现代服务业（铁路运输服务除外）	2012.10.1—2018.4.30	11%
		2018.5.1—2019.3.31	10%
		2019.4.1 开始	9%
	铁路运输服务、邮政服务	2014.1.1—2018.4.30	11%
		2018.5.1—2019.3.31	10%
		2019.4.1 开始	9%
	基础电信服务	2014.6.1—2018.4.30	11%
		2018.5.1—2019.3.31	10%
		2019.4.1 开始	9%
	建筑业、房地产业、金融业、生活服务业，并将所有企业新增不动产所含增值税纳入抵扣范围	2016.5.1—2018.4.30	11%
		2018.5.1—2019.3.31	10%
		2019.4.1 开始	9%

任务一 认识增值税

增值税是对在我国境内销售货物或者提供加工、修理修配劳务，销售服务、无形资产、不动产，以及进口货物的单位和个人，就其取得的货物或应税劳务的销售额，以及进口货物的金额计算税款，并进行税款抵扣的一种流转税。就计税原理而言，增值税因对商品生产和流通各环节的新增价值或商品附加值征税而得名。然而，新增价值或商品附加值在商品流通过程中难以准确计算，因此，在实际操作上采用间接计算办法。从事货物销售及提供应税劳务的纳税人，要根据货物或应税劳务的销售额，按照规定的税率计算税额，然后从中扣除上一道环节已纳税额，其余额即为纳税人应缴纳的增值税税额。这种计算办法同样体现了对新增价值征税的原则。

按对外购固定资产处理方式的不同，增值税可分为以下三种类型：

一是生产型增值税，是指计算增值税时不允许扣除任何外购固定资产的价款。这种类型的增值税重复征税严重，不利于鼓励投资，但可以保证财政收入。

二是收入型增值税，是指计算增值税时对外购固定资产价款允许扣除当期计入产品价值的折旧费部分。收入型增值税在理论上讲是一种标准的增值税，但由于外购固定资产价款是以计提折旧的方式分期转入产品价值的，且转入部分没有合法的外购凭证，给增值税的计算带来困难，从而影响了这种方法的推广。

三是消费型增值税，是指计算增值税时允许将当期购入的固定资产价款一次全部扣除。此种类型增值税因在购进固定资产的当期扣除额大大增加，会减少财政收入，但这种方法便于操作，利于管理，是三种类型中最先进、最能体现增值税优越性的一种类型。

自2009年1月1日起，我国在全国范围内实行消费型增值税。

2012年1月1日，国务院决定在上海交通运输业和部分现代服务业开展营业税改征增值税试点；2012年8月1日至2012年12月31日，国务院扩大"营改增"试点至10个省市，内容上新增了广播影视作品的制作、发行、播放试点行业；截至2013年8月1日，"营改增"范围已推广到全国试行；2014年1月1日，国务院将铁路运输和邮政服务业纳入"营改增"试点，至此交通运输业已全部纳入"营改增"范围；2014年6月1日，国务院将电信业纳入"营改增"试点范围；2016年5月1日，国务院决定将试点范围扩大到建筑业、房地产业、金融业、生活服务业，并将所有企业新增不动产所含增值税纳入抵扣范围。也就是说，从2016年5月1日起，我国开始实施纯粹的消费型增值税。

至此，营业税退出历史舞台，我国在全国范围内、全行业施行"营改增"政策。

一、纳税义务人和扣缴义务人

根据《中华人民共和国增值税暂行条例》（以下简称《增值税暂行条例》）及其实施细则，以及"营改增"相关政策的规定，凡是在我国境内销售货物或者加工、修理修配劳务（以下简称"劳务"），销售服务、无形资产、不动产以及进口货物的单位和个人，为增值税的纳税人，应当缴纳增值税。

为了配合增值税专用发票的管理，按照生产规模大小和财务会计核算是否健全，增值税的纳税人可以划分为一般纳税人和小规模纳税人。对一般纳税人实行凭票扣税的计税方法（也称为抵扣制）；对小规模纳税人实行按销售额和征收率简易计税和征收管理办法。这种规定有利于增值税制度的推行，也符合国际惯例。

（一）小规模纳税人认定及管理

《财政部　税务总局关于统一增值税小规模纳税人标准的通知》（财税〔2018〕33号）规定，自2018年5月1日起，增值税小规模纳税人标准为年应征增值税销售额500万元及以下，不再区别行业划分设置不同的标准。

结合现有政策规定，凡符合下列条件的视为小规模纳税人：

（1）销售货物、提供应税劳务、销售应税服务、销售不动产和无形资产，以及从事进口业务的纳税人，年应税销售额在500万元及以下的为小规模纳税人。

（2）个人无论年销售额是否达标，一律视同小规模纳税人；非企业性单位、不经常发生增值税应税行为的企业，可选择按小规模纳税人纳税。

小规模纳税人实行简易方法征收增值税，一般不使用增值税专用发票。

年应税销售额未超过规定标准的纳税人，会计核算健全，能够提供准确税务资料的，可以向主管税务机关办理一般纳税人资格登记，成为一般纳税人。会计核算健全，是指能够按照国家统一的会计制度规定设置账簿，根据合法、有效凭证核算。

知识链接

小规模纳税人什么情况下可以自行开具增值税专用发票?

正常情况下，小规模纳税人不可以自己开具增值税专用发票。但符合某些条件后，就可以自行开具增值税专用发票。

第一个条件，销售额达标。小规模纳税人月应纳税销售额超过10万元，或者季应纳税销售额在30万元以上。现行政策规定，月销售额10万元（含本数）、季销售额30万元（含本数）以下是免征增值税的，所以不允许自行开具增值税专用发票。

第二个条件，行业限制。目前小规模纳税人自行开具增值税专用发票仅限于以下行业：

①住宿业（2016年8月1日开始）;

②建筑业（2016年8月1日开始）;

③鉴证服务业（2016年8月1日开始）;

④工业（2018年2月新增）;

⑤信息传输、软件和信息技术服务业（2018年2月新增）;

⑥租赁和商务服务业（2019年3月1日新增）;

⑦科学研究和技术服务业以及居民服务（2019年3月1日新增）;

⑧修理和其他服务业（2019年3月1日新增）。

第三个条件，申请增值税专用发票。符合上述条件后，纳税人需要向税务机关申请增值税专用发票，并向税务机关领购增值税专用发票后，才可以通过税控系统自行开具增值税专用发票。

需要注意的是：

第一，不是所有业务都可以自行开具专用发票。上述行业的小规模纳税人取得的不动产，需要开具增值税专用发票的，仍须向税务机关申请代开，但上述行业的小规模纳税人出租不动产需要开具增值税专用发票的可以自行开具增值税专用发票。这是因为，销售不动产需要向不动产所在地税务机关预缴税款，在机构所在地税务机关申报，如果上述行业的小规模纳税人持有的不动产所在地与机构所在地不同，自行开具增值税专用发票会造成税款入库错误。

第二，自行开具增值税专用发票与申请税务机关代开增值税专用发票没有选择性。上述行业的小规模纳税人符合条件就必须自行开具增值税专用发票，否则必须申请税务机关代开增值税专用发票，自行开具增值税专用发票还是申请税务机关代开增值税专用发票没有选择性。也即上述行业的小规模纳税人月销售额超过10万元或季销售额超过30万元需要开具增值税专用发票必须自行通过增值税发票管理系统开具，不得申请税务机关代开；月销售额未超过10万元或季销售额未超过30万元则必须申请税务机关代开而不能自行通过增值税发票管理系统开具。

(二) 一般纳税人的认定及管理

根据规定，一般纳税人的认定范围如下：

(1) 年应税销售额超过小规模纳税人标准的，应当向主管税务机关登记为一般纳税人。

（2）年应税销售额未超过小规模纳税人标准，以及新开业的纳税人，可以向主管税务机关申请一般纳税人资格认定。

对提出申请并且同时符合下列条件的纳税人，主管税务机关应当为其办理一般纳税人资格认定：

①有固定的生产经营场所；

②能够按照国家统一的会计制度规定设置账簿，根据合法、有效凭证核算，能够提供准确税务资料。

（3）下列纳税人不得办理一般纳税人资格认定：

①个体工商户以外的其他个人；

②选择按照小规模纳税人纳税的非企业性单位；

③选择按照小规模纳税人纳税的不经常发生应税行为的企业。

除国家税务总局另有规定外，纳税人一经认定为一般纳税人后，不得转为小规模纳税人。

经税务机关审核认定的一般纳税人，可按《增值税暂行条例》的规定计算应纳税额，并使用增值税专用发票。

知识链接

小规模纳税人和一般纳税人的身份转换

一般情况下，年应税销售额未超过规定标准的纳税人，会计核算健全，能够提供准确税务资料的，可以向主管税务机关申请办理一般纳税人资格登记，成为一般纳税人；而一般纳税人不可以转登记为小规模纳税人。

但根据《财政部　税务总局关于统一增值税小规模纳税人标准的通知》（财税〔2018〕33号）的规定：将小规模纳税人的标准统一提高到500万元，同时在满足一定条件的情况下，一般纳税人可以转登记为小规模纳税人。也就是说，转登记日前连续12个月（以1个月为1个纳税期）或者连续4个季度（以1个季度为1个纳税期）累计销售额未超过500万元的一般纳税人，在2019年12月31日前，可选择转登记为小规模纳税人。

需要注意的是：

1.2019年选择转登记的，再次登记为一般纳税人后，不得再转登记为小规模纳税人。

2.一般纳税人转登记为小规模纳税人后，自转登记日的下期起，按照简易计税方法计算缴纳增值税；转登记日当期仍按照一般纳税人的有关规定计算缴纳增值税。

3.转登记纳税人尚未申报抵扣的进项税额以及转登记日当期的期末留抵税额，记入“应交税费——待抵扣进项税额”科目核算。

4.自转登记日的下期起连续不超过12个月或者连续不超过4个季度的经营期内，转登记纳税人应税销售额超过财政部、国家税务总局规定的小规模纳税人标准的，应当按照《增值税一般纳税人登记管理办法》（国家税务总局令第43号）的有关规定，向主管税务机关办理一般纳税人登记。

（三）辅导期一般纳税人管理

辅导期一般纳税人就是实行纳税辅导期管理的增值税一般纳税人，通俗地说就是虽然符合一般纳税人认定条件，但是条件不是完全成熟，需要经过主管税务机关进行一段时间的辅导。辅导期结束后，经税务机关审批条件符合才可以转为一般纳税人。一般来说，下列纳税人需要经过辅导期才可以转为正式一般纳税人：

1.新认定为一般纳税人的小型商贸批发企业

具体是指注册资金在80万元（含80万元）以下，职工人数在10人（含10人）以下的批发企业。只从事出口贸易，不需要使用增值税专用发票的企业除外。

2.国家税务总局规定的其他一般纳税人

具体是指具有下列情形之一的一般纳税人：增值税偷税数额占应纳税额10%以上，并且偷税数额在10万元以上的；骗取出口退税的；虚开增值税扣税凭证的；国家税务总局规定的其他情形。

新认定为一般纳税人的小型商贸批发企业，辅导期期限为3个月，其他一般纳税人辅导期期限为6个月。

根据规定，辅导期一般纳税人取得的专用发票抵扣联、海关进口增值税专用缴款书应当在交叉稽核比对无误后，方可抵扣进项税额，实行“当月认证，下月抵扣”政策；而其他一般纳税人实行的是“当月认证，当月抵扣”政策。当月认证相符但留待下月抵扣的增值税，我们称其为“待抵扣进项税额”。

微课：纳税人身份的认定

辅导期一般纳税人领购专用发票限量限额；其他一般纳税人专用发票最高开票限额应根据企业实际经营情况核定。

二、征税范围

我国现行增值税的征税范围是在我国境内销售货物或者加工、修理修配劳务，销售服务、无形资产、不动产以及进口货物。

（一）增值税征税范围的一般规定

“营改增”全面实施以后，增值税征税范围可以概括为以下四个方面：

1.在境内销售货物

货物是指除土地、房屋和其他建筑物等不动产之外的有形资产，包括电力、热力、气体在内。

销售货物是指有偿转让货物的所有权，并从购买方取得货币、实物或其他经济利益。

在境内销售货物是指销售货物的起运地或者所在地在境内。

2.在境内提供加工、修理修配劳务

加工是指受托加工货物，即委托方提供原料及主要材料，受托方按照委托方的要求制造货物并收取加工费的业务。修理修配是指受托方对损伤和丧失功能的货物进行修复，使其恢复原状和功能的业务，包括工业性修理修配及服务性修理修配。提供加工、修理修配劳务是指有偿提供加工和修理修配劳务，但单位或个体经营者聘用的员工为本单位或雇主提供加工、修理修配劳务不包括在内。

在境内提供加工、修理修配劳务是指提供的应税劳务发生在境内。

3. 在境内销售服务、无形资产或者不动产

在境内销售服务、无形资产或者不动产是指服务（租赁不动产除外）或者无形资产（自然资源使用权除外）的销售方或者购买方在境内；所销售或者租赁的不动产在境内；所销售自然资源使用权的自然资源在境内；财政部和国家税务总局规定的其他情形。

需要注意的是，下列情形不属于在境内销售服务或者无形资产：

（1）境外单位或者个人向境内单位或者个人销售完全在境外发生的服务。

（2）境外单位或者个人向境内单位或者个人销售完全在境外使用的无形资产。

（3）境外单位或者个人向境内单位或者个人出租完全在境外使用的有形动产。

（4）财政部和国家税务总局规定的其他情形。

4. 进口货物

进口货物是指将货物从境外移送至我国境内的行为。税法规定，凡进入我国海关境内的货物，应于进口报关时向海关缴纳进口环节增值税。

（二）视同销售行为

单位和个体经营者的下列行为，视同销售货物，应当缴纳增值税：

（1）将货物交付其他单位或个人代销；

（2）销售代销货物；

（3）设有两个以上机构并实行统一核算的纳税人，将货物从一个机构移送其他机构用于销售，但相关机构设在同一县（市）的除外；

（4）将自产、委托加工的货物用于非应税项目；

（5）将自产、委托加工货物用于集体福利或个人消费；

（6）将自产、委托加工或购买的货物作为投资，提供给其他单位或个体经营者；

（7）将自产、委托加工或购买的货物分配给股东或投资者；

（8）将自产、委托加工或购买的货物无偿赠送他人。

另外，根据财税〔2016〕36号文附件1第十四条的规定，下列情形视同销售：

（1）单位或者个体工商户向其他单位或者个人无偿提供服务，但用于公益事业或者以社会公众为对象的除外。

（2）单位或者个人向其他单位或者个人无偿转让无形资产或者不动产，但用于公益事业或者以社会公众为对象的除外。

（3）财政部和国家税务总局规定的其他情形。

（三）混合销售行为和兼营行为

1. 混合销售行为

一项销售行为如果既涉及服务又涉及货物，为混合销售。从事货物的生产、批发或者零售的单位和个体工商户的混合销售行为，按照销售货物缴纳增值税；其他单位和个体工商户的混合销售行为，按照销售服务缴纳增值税。

2. 兼营行为

纳税人从事的生产经营活动中，包括两项或多项销售行为，但两项或多项销售行为之间没有从属关系，属于兼营行为。

兼营行为本质是多项应税行为，应当分别核算适用不同税率或者征收率应税行为的销售额，从而计算相应的增值税应纳税额。

三、税率和征收率

《财政部　税务总局　海关总署关于深化增值税改革有关政策的公告》（财政部　税务总局　海关总署公告2019年第39号）规定，自2019年4月1日起，我国增值税实际税率有13%、9%、6%、减按5%、减按3%、0。

（一）增值税税率

1.13%税率

（1）销售或者进口货物，除另有规定外；

（2）提供加工、修理修配劳务；

（3）提供有形动产租赁服务。

2.9%税率

（1）粮食等农产品、食用植物油、食用盐；

（2）自来水、暖气、冷气、热水、煤气、石油液化气、天然气、二甲醚、沼气、居民用煤炭制品；

（3）图书、报纸、杂志、音像制品、电子出版物；

（4）饲料、化肥、农药、农机、农膜；

（5）提供交通运输服务；

（6）提供邮政服务；

（7）提供基础电信服务；

（8）提供建筑服务；

（9）提供不动产租赁服务；

（10）销售不动产；

（11）销售、出租土地使用权。

3.6%税率

（1）提供增值电信服务；

（2）提供现代服务（租赁服务除外）；

（3）提供生活服务；

（4）销售无形资产（土地使用权除外）。

4.零税率

纳税人出口货物，税率为零；但是，国务院另有规定的除外。

境内单位和个人跨境销售国务院规定范围内的服务、无形资产，适用零税率。

知识链接

增值税税率的特殊规定

除上述四种税率外，我国现行政策中还规定有两档特殊税率。

1.减按5%征税

（1）自2013年8月30日起，进口空载重量在25吨以上的飞机，减按5%征收进口环节增值税。

（2）自2014年1月1日起，租赁企业一般贸易项下进口飞机并租给国内航空公司使用的，享受与国内航空公司进口飞机同等税收优惠政策，即进口空载重量在25吨以上的飞机减按5%征收进口环节增值税。

2.减按3%征税

自2018年5月1日起，对进口抗癌药品，减按3%征收进口环节增值税。

（二）增值税征收率

增值税简易计税方法适用征收率。现行增值税实际征收率有5%、3%。

1.3%征收率

小规模纳税人销售货物，提供加工、修理修配劳务，销售服务、无形资产，适用3%的征收率。

2.5%征收率

（1）自1994年1月1日起，中外合作油（气）田按合同开采的原油、天然气应按实物征收增值税，征收率为5%。中国海洋石油总公司海上自营油田比照上述规定执行。

（2）销售不动产的征收率为5%。

（3）除另有规定外，出租不动产的征收率为5%。

（4）销售、出租土地使用权的征收率为5%。

（5）一般纳税人或小规模纳税人提供劳务派遣服务，可以选择差额纳税，按照简易计税方法依5%的征收率计算缴纳增值税。

（6）纳税人提供安全保护服务，比照劳务派遣服务政策执行。

（7）一般纳税人提供人力资源外包服务，可以选择适用简易计税方法，按照5%的征收率计算缴纳增值税。

知识链接

增值税征收率的特殊规定

除上述两档征收率外，我国现行政策中还规定有两档特殊征收率。

1.减按2%征收

（1）旧货按照3%的征收率减按2%计算。旧货，是指进入二次流通的具有部分使用价值的货物（含旧汽车、旧摩托车和旧游艇），但不包括自己使用过的物品。

（2）自己使用过的固定资产按照3%的征收率减按2%计算。固定资产，是指使用期限超过12个月的机器、机械、运输工具以及其他与生产经营有关的设备、工具、器具等有形动产。使用过的固定资产，是指纳税人根据财务会计制度已经计提折旧的固定资产。

2.减按1.5%征收

个人出租住房按照5%的征收率减按1.5%计算。

四、税收优惠

（一）《增值税暂行条例》规定的免税项目

《增值税暂行条例》规定的免税项目包括下列内容：

（1）农业生产者销售的自产农产品。农业，是指种植业、养殖业、林业、牧业、水产业。农产品，是指农业初级产品。具体范围由财政部、国家税务总局确定。

（2）避孕药品和用具。

（3）古旧图书。古旧图书是指向社会收购的古书和旧书。

（4）直接用于科学研究、科学试验和教学的进口仪器、设备。

（5）外国政府、国际组织无偿援助的进口物资和设备。

（6）由残疾人的组织直接进口供残疾人专用的物品。

（7）销售自己使用过的物品。这里是指其他个人（自然人）自己使用过的物品。

（二）“营改增”政策及有关部门规定的免税政策

1.专项民生服务

（1）托儿所、幼儿园提供的保育和教育服务。

（2）养老机构提供的养老服务。

（3）残疾人福利机构提供的育养服务。

（4）婚姻介绍服务。

（5）殡葬服务。

（6）医疗机构提供的医疗服务。

（7）家政服务企业由员工制家政服务员提供的家政服务。

2.符合规定的教育服务

（1）从事学历教育的学校提供的教育服务。

（2）境外教育机构与境内从事学历教育的学校开展中外合作办学，提供学历教育服务取得的收入。

（3）政府举办的从事学历教育的高等、中等和初等学校（不含下属单位），举办进修班、培训班取得的全部归该学校所有的收入。

（4）政府举办的职业学校设立的主要为在校学生提供实习场所，并由学校出资自办、由学校负责经营管理、经营收入归学校所有的企业，从事“现代服务”（不含融资租赁服务、广告服务和其他现代服务）、“生活服务”（不含文化体育服务、其他生活服务和桑拿、氧吧）业务活动取得的收入。

3.特殊群体提供的应税服务

（1）残疾人员本人为社会提供的服务。

（2）学生勤工俭学提供的服务。

4.农林家畜等相关服务

农业机耕、排灌、病虫害防治、植物保护、农牧保险以及相关技术培训业务，家禽、牲畜、水生动物的配种和疾病防治。

5.文化和科普类服务

（1）纪念馆、博物馆、文化馆、文物保护单位管理机构、美术馆、展览馆、书画院、图书馆在自己的场所提供文化体育服务取得的第一道门票收入。

（2）寺院、宫观、清真寺和教堂举办文化、宗教活动的门票收入。

（3）个人转让著作权。

6.特殊运输相关服务

（1）我国台湾航运公司、航空公司从事海峡两岸海上直航、空中直航业务在大陆取得的运输收入。

（2）纳税人提供的直接或者间接国际货物运输代理服务。

（3）中国铁路青藏集团有限公司提供的铁路运输服务。

7.特殊利息收入

（1）2019年12月31日前，金融机构向农户提供小额贷款。

（2）国家助学贷款。

（3）国债、地方政府债。

（4）人民银行对金融机构的贷款。

（5）住房公积金管理中心用住房公积金在指定的委托银行发放的个人住房贷款。

（6）外汇管理部门在从事国家外汇储备经营过程中，委托金融机构发放的外汇贷款。

（7）统借统还业务中，企业集团或企业集团中的核心企业以及集团所属财务公司按不高于支付给金融机构的借款利率水平或者支付的债券票面利率水平，向企业集团或者集团内下属单位收取的利息。

（8）自2018年9月1日至2020年12月31日，对金融机构向小型企业、微型企业和个体工商户发放小额贷款取得的利息收入，免征增值税。

（9）自2018年11月7日至2021年11月6日，对境外机构投资境内债券市场取得的债券利息收入暂免征收增值税。

8.被撤销金融机构清偿债务

被撤销金融机构以货物、不动产、无形资产、有价证券、票据等财产清偿债务。

9.保险类

（1）保险公司开办的一年期以上人身保险产品取得的保费收入。

（2）再保险服务。

10.金融商品转让收入

（1）合格境外投资者（QFII）委托境内公司在我国从事证券买卖业务。

（2）我国香港市场投资者（包括单位和个人）通过沪港通和深港通买卖上海证券交易所和深圳证券交易所上市A股。

（3）我国香港市场投资者（包括单位和个人）通过基金互认买卖内地基金份额。

（4）证券投资基金（封闭式证券投资基金，开放式证券投资基金）管理人运用基金买卖股票、债券。

（5）个人从事金融商品转让业务。

（6）社保基金会、社保基金投资管理人在运用社保基金投资过程中，提供贷款服务取得的全部利息及利息性质的收入和金融商品转让收入。

11.金融同业往来利息收入

（1）金融机构与人民银行发生的资金往来业务，包括人民银行对一般金融机构贷款，以及人民银行对商业银行的再贴现等。

（2）银行联行往来业务，是指同一银行系统内部不同行、处之间所发生的资金账务往来业务。

（3）金融机构间的资金往来业务，是指经人民银行批准，进入全国银行间同业拆借市场的金融机构之间通过全国统一的同业拆借网络进行的短期（1年以下（含1年））无担保资金融通行为。

（4）金融机构之间开展的转贴现业务。

12.非经营性活动或非经营性收入

（1）各党派、共青团、工会、妇联、中科协、青联、台联、侨联收取党费、团费、会费以及政府间国际组织收取会费，属于非经营活动，不征收增值税。

（2）国家商品储备管理单位及其直属企业承担商品储备任务，从中央或者地方财政取得的利息补贴收入和价差补贴收入。

13.符合条件的合同能源管理服务

14.福利彩票、体育彩票的发行收入

15.住房类

（1）个人销售自建自用住房。

（2）为了配合国家住房制度改革，企业、行政事业单位按房改成本价、标准价出售住房取得的收入。

（3）北京市、上海市、广州市和深圳市之外的地区，个人将购买不足2年的住房对外销售的，按照5%的征收率全额缴纳增值税；个人将购买2年以上（含2年）的住房对外销售的，免征增值税。北京市、上海市、广州市和深圳市地区，个人将购买2年以上（含2年）的普通住房对外销售的，免征增值税。

16.土地使用权、自然资源使用权、房屋产权

（1）将土地使用权转让给农业生产者用于农业生产。

（2）土地所有者出让土地使用权和土地使用者将土地使用权归还给土地所有者。

（3）县级以上地方人民政府或自然资源行政主管部门出让、转让或收回自然资源使用权（不含土地使用权）。

（4）涉及家庭财产分割的个人无偿转让不动产、土地使用权。

家庭财产分割，包括下列情形：离婚财产分割；无偿赠予配偶、父母、子女、祖父母、外祖父母、孙子女、外孙子女、兄弟姐妹；无偿赠予对其承担直接抚养或者赡养义务的抚养人或者赡养人；房屋产权所有人死亡，法定继承人、遗嘱继承人或者受遗赠人依法取得房屋产权。

17.就业类

（1）随军家属就业。

为安置随军家属就业而新开办的企业，自办理税务登记事项之日起，其提供的应税服务3年内免征增值税。

从事个体经营的随军家属，自办理税务登记事项之日起，其提供的应税服务3年内免征增值税。

（2）军队转业干部就业。

从事个体经营的军队转业干部，自办理税务登记事项之日起，其提供的应税服务3年内免征增值税。

为安置自主择业的军队转业干部就业而新开办的企业，凡安置自主择业的军队转业干部占企业总人数60%（含）以上的，自办理税务登记事项之日起，其提供的应税服务3年内免征增值税。

（三）增值税即征即退

（1）增值税一般纳税人销售其自行开发生产的软件产品，按增值税基本税率征收增值税后，对其增值税实际税负超过3%的部分实行即征即退政策。

增值税一般纳税人将进口软件产品进行本地化改造后对外销售，其销售的软件产品可享受上述规定的增值税即征即退政策。

（2）一般纳税人提供管道运输服务，对其增值税实际税负超过3%的部分实行增值税即征即退政策。

（3）经人民银行、银监会或者商务部批准从事融资租赁业务的一般纳税人，提供有形动产融资租赁服务和有形动产融资性售后回租服务，对其增值税实际税负超过3%的部分实行增值税即征即退政策。

（4）自2018年5月1日至2020年12月31日，对动漫企业增值税一般纳税人销售其自主开发生产的动漫软件，按照基本税率征收增值税后，对其增值税实际税负超过3%的部分，实行即征即退政策。

（5）纳税人安置残疾人符合条件，可以享受增值税即征即退优惠政策。

（四）小微企业的增值税优惠

符合下列条件的小规模纳税人，适用小微企业增值税优惠政策：

小规模纳税人发生增值税应税销售行为，合计月销售额未超过10万元（以1个季度为1个纳税期的，季度销售额未超过30万元，下同）的，免征增值税。

小规模纳税人发生增值税应税行为，合计月销售额超过10万元，但扣除本期发生的销售不动产的销售额后未超过10万元的，其销售货物、劳务、服务、无形资产取得的销售额免征增值税。

适用增值税差额征税政策的小规模纳税人，以差额后的销售额确定是否可以享受上述规定的免征增值税政策。

（五）增值税起征点的规定

增值税起征点的适用范围限于个人，包括个体工商户和其他个人，不适用于登记为一般纳税人的个体工商户。增值税起征点的幅度规定如下：

（1）按期纳税的，为月销售额5 000～20 000元（含本数）。

（2）按次纳税的，为次（日）销售额300～500元（含本数）。

省级税务机关在规定的幅度内，根据实际情况确定本地区适用的起征点，并报国家税务总局备案。

（六）出口退税

纳税人出口适用零税率的货物，向海关办理出口手续后，凭出口报关单据等有关凭证，按月向税务机关申报办理该项出口货物的退税手续。出口货物办理退税后又发生退货和退关的，纳税人应当依法补缴已退的税款。

任务二　增值税计算

增值税的具体计税或征税方法有两种：适用于一般纳税人的“凭票（增值税专用发票）抵扣法”和适用于小规模纳税人或某些情况下的一般纳税人的按征收率的“简易征收法”。

同时，增值税属于价外税，在计算过程中需要从购销金额中把增值税税额剔除。

一、一般纳税人增值税计算

增值税，顾名思义其课税对象是增值额。对生产者来说只就其在本企业的增值额征税，有增值征之，无增值无须征。

但增值额实际是很难准确计算的，因此我国在实务中，把企业规模达到一定标准、会计核算能力较强的企业界定为一般纳税人。一般纳税人采用“抵扣制”计算应纳增值税税额。也就是说，增值税一般纳税人的应纳税额等于当期销项税额减当期允许抵扣的进项税额。当期应纳税额取决于当期销项税额和当期进项税额这两个因素，其计算公式为：

$$\text{应纳税额}=\text{当期销项税额}-\text{当期进项税额}$$

当期销项税额小于当期进项税额不足抵扣时，其不足部分可以结转下期继续抵扣。

（一）销项税额的计算

销项税额是指纳税人发生应税行为，按照销售额和规定的税率计算并向购买方收取的增值税税额。销项税额的计算公式为：

$$\text{销项税额}=\text{销售额}\times\text{适用税率}$$

增值税是价外税，所以公式中的“销售额”是不含收取的销项税额的销售额。

$$\text{不含税销售额}=\frac{\text{含税销售额}}{1+\text{适用税率或征收率}}$$

1.一般销售方式下的销售额

销售额是指纳税人发生应税行为向购买方（承受应税劳务方）收取的全部价款和价外费用，但是不包括收取的销项税额。

价外费用是指价外向购买方收取的手续费、补贴、基金、集资费、返还利润、奖励费、违约金、滞纳金、延期付款利息、赔偿金、代收款项、代垫款项、包装费、包装物租金、储备费、优质费、运输装卸费以及其他各种性质的价外收费。但下列项目不包括在内：

①受托加工应征消费税的消费品所代收代缴的消费税。

②同时符合以下条件的代垫运费：

第一，承运者的运费发票开具给购买方的；

第二，纳税人将该项发票转交给购买方的。

③同时符合以下条件代为收取的政府性基金或者行政事业性收费：

第一，由国务院或者财政部批准设立的政府性基金，由国务院或者省级人民政府及其财政、价格主管部门批准设立的行政事业性收费；

第二，收取时开具省级以上财政部门印制的财政票据；

第三，所收款项全额上缴财政。

④销售货物的同时代办保险等而向购买方收取的保险费，以及向购买方收取的代购买方缴纳的车辆购置税、车辆牌照费。

凡随同销售货物或提供应税劳务、应税服务等向购买方收取的价外费用，无论其会计制度如何核算，均应并入销售额计算应纳税额。

例如，某工业企业为增值税一般纳税人，本月销售产品共取得含税销售额452 000元，该企业适用13%的税率。则该企业的销售额为400 000元。

说明：上述含税销售额需要换算成不含税销售额，即452 000÷（1+13%）=400 000（元）。

若该企业在销售产品过程中，提供有偿运输取得运费3 000元，则3 000元作为价外费用一并计入销售额。

但是应该注意，根据国家税务总局的规定，增值税一般纳税人向购买方收取的价外费用和逾期包装物押金，应视为含税收入，在征税时换算为不含税收入再并入销售额。按会计制度的规定，由于价外收费一般不在“主营业务收入”科目核算，而在“其他应付款”“其他业务收入”“营业外收入”等科目核算，这样在企业实务中时常出现对价外收费虽在相应科目中核算，但未按规定计算销项税额的现象，这种做法是逃避纳税的错误行为，是要受到处罚的。

2.特殊销售方式下的销售额

在销售活动中，为了达到促销的目的，企业有多种销售方式。在不同销售方式下，销售方取得的销售额会有所不同。税法对以下几种不同销售方式下销售额的确定分别做了规定：

（1）采取折扣方式销售

对于商业折扣，由于它是与销售行为同时发生的，因此税法规定，如果销售额和折扣额在同一张发票上分别注明，可按折扣后的余额作为销售额计算增值税；如果折扣额另开发票，不论财务上如何处理，折扣额均不得从销售额中减除。

对于现金折扣，由于它是在销售行为发生之后的一种融资性质的理财行为，所以一律不得从销售额中减除。

销售折让是指货物销售后，由于其品种、质量等原因购买方未予退货，但销售方给予购买方的一种价格折让。由于销售折让是由货物的品种、质量等原因引起销售额的减少，因此销售折让可以以折让后的货款为销售额。

需要注意的是，在实际工作中，只有销售额和折扣额在同一张发票并且在金额栏分别注明，方可按折扣后的余额作为销售额计算销项税额；仅在发票的备注栏注明折扣额的，折扣额不得从销售额中减除。

（2）采取以旧换新方式销售

以旧换新是指纳税人在销售自己的货物时，有偿收回旧货物的行为。根据税法的规定，采取以旧换新方式销售货物的，应按新货物的同期销售价格确定销售额，不得扣减旧货物的收购价格。之所以这样规定，既是因为销售货物和收购货物是两个不同的业务活动，销售额和收购额不能相互抵减，也是为了严格增值税的计算征收，防止出现销售额不实，减少纳税的现象。

考虑到金银首饰以旧换新业务的特殊情况，对金银首饰以旧换新业务，按销售方实际收取的不含增值税的全部价款征收增值税。

（3）采取还本销售方式销售

还本销售实际上是一种融资方式，是以货物换取资金的使用价值，到期还本不付息的方法。税法规定，采取还本销售方式销售货物，其销售额就是货物的销售价格，不得从销售额中减除还本支出。

（4）采取以物易物方式销售

以物易物是一种比较特殊的购销活动，其购销双方不是以货币结算，而是以同等价款的货物相互结算，从而实现货物购销的一种方式。以物易物销售方式下，购销双方均应做购销处理，以各自发出的货物核算销售额并计算销项税额，以各自收到的货物按规定核算购货额并计算进项税额。应注意的是，在以物易物活动中，应分别开具合法的票据，如收到的货物不能取得相应的增值税专用发票或其他合法凭证，不能抵扣进项税额。

（5）包装物押金是否并入销售额

根据税法的规定，纳税人为销售货物而出租出借包装物收取的押金，单独记账核算，时间在1年以内且未过期的，不并入销售额征收增值税，但对逾期未收回包装物不再退还的押金，应按所包装货物的适用税率计算销项税额。

“逾期”是指按合同约定实际逾期或以1年为期限，对收取1年以上的押金，无论是否退还均并入销售额征税。当然，在将包装物押金并入销售额征税时，需要先将该押金换算为不含税价，再并入销售额征税。纳税人为销售货物出租出借包装物而收取的押金无论包装物周转使用期限长短，超过1年（含1年）以上仍不退还的均并入销售额征税。

销售除啤酒、黄酒外的其他酒类产品而收取的包装物押金，无论是否返还以及会计上如何核算，均应并入当期销售额征税。对销售啤酒、黄酒所收取的押金，按上述一般押金的规定处理。

另外，包装物押金不应混同于包装物租金，纳税人销售货物同时发生收取包装物租金的情况，应在包装物租金收取之时就考虑销项税额的征纳问题。

（6）贷款服务的销售额

贷款服务，以提供贷款服务取得的全部利息及利息性质的收入为销售额。

银行提供贷款服务按期计收利息的，结息日当日计收的全部利息收入应计入结息日所属期的销售额，按照现行规定计算缴纳增值税。

自2018年1月1日起，资管产品管理人运营资管产品提供的贷款服务以2018年1月

1日起产生的利息及利息性质的收入为销售额。

说明：资管产品，是获得监管机构批准的公募基金管理公司或证券公司，向特定客户募集资金或者接受特定客户财产委托担任资产管理人，由托管机构担任资产托管人，为资产委托人的利益，运用委托财产进行投资的一种标准化金融产品。

（7）直接收费金融服务的销售额

直接收费金融服务，以提供直接收费金融服务收取的手续费、佣金、酬金、管理费、服务费、经手费、开户费、过户费、结算费、转托管费等各类费用为销售额。

（8）发卡机构、清算机构和收单机构提供银行卡跨机构资金清算服务

发卡机构、清算机构和收单机构提供银行卡跨机构资金清算服务，按照以下规定执行：

①发卡机构以其向收单机构收取的发卡行服务费为销售额，并按照此销售额向清算机构开具增值税发票。

②清算机构以其向发卡机构、收单机构收取的网络服务费为销售额，并按照发卡机构支付的网络服务费向发卡机构开具增值税发票，按照收单机构支付的网络服务费向收单机构开具增值税发票。

清算机构从发卡机构取得的增值税发票上记载的发卡行服务费，一并计入清算机构的销售额，并由清算机构按照此销售额向收单机构开具增值税发票。

③收单机构以其向商户收取的收单服务费为销售额，并按照此销售额向商户开具增值税发票。

（9）旧货、旧机动车的销售

自2009年1月1日起，纳税人销售自己使用过的固定资产（以下简称“已使用过的固定资产”），应区分不同情形征收增值税：

第一，销售自己使用过的2009年1月1日以后购进或者自制的固定资产，按照适用税率征收增值税。

第二，2008年12月31日以前未纳入扩大增值税抵扣范围试点的纳税人，销售自己使用过的2008年12月31日以前购进或者自制的固定资产，按照3%的征收率减按2%征收增值税。

第三，2008年12月31日以前已纳入扩大增值税抵扣范围试点的纳税人，销售自己使用过的在本地区扩大增值税抵扣范围试点以前购进或者自制的固定资产，按照3%的征收率减按2%征收增值税；销售自己使用过的在本地区扩大增值税抵扣范围试点以后购进或者自制的固定资产，按照适用税率征收增值税。

已使用过的固定资产，是指纳税人根据财务会计制度已经计提折旧的固定资产。

知识链接

出售自己使用过的固定资产如何缴纳增值税？

根据《国家税务总局关于营业税改征增值税试点期间有关增值税问题的公告》（国家税务总局公告2015年第90号）第二条的规定，自2016年2月1日起纳税人销售自己使用过的固定资产，适用简易办法依照3%征收率减按2%征收增值税政策的，可以放弃减税，按照简易办法依照3%征收率缴纳增值税，并可以开具增值税专用发票。根据

上述规定，企业2016年2月1日前销售已使用过的固定资产，按简易办法依照3%征收率减按2%征收增值税后，只能开具增值税普通发票；如果2016年2月1日后销售已使用过的固定资产，按简易办法并放弃减税后，可以开具增值税专用发票。

纳税人销售的纳入固定资产管理的不动产，属于不动产老项目的（2016年4月30日前购进的），销售时允许按5%征收率简易征收，也可以选择按适用税率计算增值税；销售不动产新项目的（2016年4月30日后购进的），购入时符合条件可以确认进项税额，销售时必须按适用税率计算增值税销项税额。出售自己使用过的固定资产的税务处理见表2-2。

表2-2 出售自己使用过的固定资产的税务处理

固定资产	购入时间	销售时的税务处理	备注
机器设备	“营改增”转型前	应纳税额=$\frac{销售额}{1+3\%}\times 2\%$	适用3%的征收率，减按2%执行
	“营改增”转型后	销项税额=不含税销售额×适用税率	购进时已经确认进项税额，销售时按适用税率确认销项税额
缴纳消费税的小汽车、摩托车和游艇	2013年8月1日前	应纳税额=$\frac{销售额}{1+3\%}\times 2\%$	适用3%的征收率，减按2%执行
	2013年8月1日后	销项税额=不含税销售额×适用税率	购进时已经确认进项税额，销售时按适用税率确认销项税额
不动产	2016年4月30日前	应纳税额=$\frac{销售额}{1+5\%}\times 5\%$	“营改增”前企业按规定不允许确认进项税额，销售时允许按5%征收率简易征收
	2016年4月30日后	销项税额=不含税销售额×适用税率	

另外需要注意的是，一般纳税人如果发生简易计税项目，简易计税项目的应纳税额要单独计算，不参与一般纳税人“销项税额-进项税额”的计算中。

3.视同销售的销售额

对视同销售行为而无销售额的，按下列顺序确定其销售额：

①按纳税人最近时期同类货物的平均销售价格确定。

②按其他纳税人最近时期同类货物的平均销售价格确定。

③按组成计税价格确定。组成计税价格的计算公式为：

组成计税价格=成本×（1+成本利润率）

或： =成本+成本×成本利润率

属于应征消费税的货物，其组成计税价格中应加计消费税税额。

公式中的“成本”：销售自产货物的为实际生产成本，销售外购货物的为实际采购成本。公式中的“成本利润率”由国家税务总局确定。

4.差额征税的销售额

2016年5月开始实施的全行业“营改增”，对于销售额，原则上是规定“以纳税人发生应税行为取得的全部价款和价外费用为销售额"，但财政部和国家税务总局又规定有另外的情形，也就是说，特殊项目可以按差额计税。差额征税实际上是原营业税优惠政策的延续。差额征税项目的销售额确定方法如下：

（1）纳税人提供建筑服务适用简易计税方法的，以取得的全部价款和价外费用扣除支付的分包款后的余额为销售额。

（2）房地产开发企业中的一般纳税人销售其开发的房地产项目（选择简易计税方法的房地产老项目除外），以取得的全部价款和价外费用，扣除受让土地时向政府部门支付的土地价款后的余额为销售额。

（3）其他个人销售其取得（不含自建）的不动产（不含其购买的住房），应以取得的全部价款和价外费用减去该项不动产购置原价或者取得不动产时的作价后的余额为销售额。

（4）金融商品转让，按照卖出价扣除买入价后的余额为销售额。

（5）中国证券登记结算公司的销售额不包括按规定提取的证券结算风险基金等资金项目。

（6）经纪代理服务，以取得的全部价款和价外费用，扣除向委托方收取并代为支付的政府性基金或者行政事业性收费后的余额为销售额。

（7）纳税人提供旅游服务，以取得的全部价款和价外费用，扣除向旅游服务购买方收取并支付给其他单位或者个人的住宿费、餐饮费、交通费、签证费、门票费和支付给其他接团旅游企业的旅游费用后的余额为销售额。

（8）经批准从事融资租赁业务的纳税人，提供融资租赁服务，以收取的全部价款和价外费用，扣除支付的借款利息、发行债券利息和车辆购置税后的余额为销售额。

（9）经批准从事融资租赁业务的纳税人，提供融资性售后回租服务，以取得的全部价款和价外费用（不含本金），扣除对外支付的借款利息、发行债券利息后的余额为销售额。

（10）继续按照有形动产融资租赁服务缴纳增值税的纳税人，经批准从事融资租赁业务的，根据2016年4月30日前签订的有形动产融资性售后回租合同，在合同到期前提供的有形动产融资性售后回租服务，可以选择以下方法之一计算销售额：

①以向承租方收取的全部价款和价外费用，扣除向承租方收取的价款本金，以及对外支付的借款利息（包括外汇借款和人民币借款利息）、发行债券利息后的余额为销售额。

②以向承租方收取的全部价款和价外费用，扣除支付的借款利息（包括外汇借款和人民币借款利息）、发行债券利息后的余额为销售额。

（11）航空运输企业的销售额，不包括代收的机场建设费和代售其他航空运输企业客票而代收转付的价款。

（12）一般纳税人提供客运场站服务，以其取得的全部价款和价外费用，扣除支付给承运方运费后的余额为销售额。

微课：销项税额的确认计算

（二）进项税额的计算

1.进项税额申报抵扣条件

一般纳税人购进货物、劳务、服务、无形资产、不动产所支付或者负担的增值税税额，除纳税人身份符合条件外，还应同时具备以下两个条件，方可将其承担的税额作为进项税额申报抵扣：

（1）用途符合税收规定

一般情况下，一般纳税人将购进货物、劳务、服务、无形资产和不动产，用于增值税应税项目的生产、经营、管理的，可以凭增值税扣税凭证计算抵扣进项税额。

特别提醒：

自2019年起，纳税人购进国内旅客运输服务，取得符合规定的增值税专用发票、增值税电子普通发票，注明旅客身份信息的航空运输电子客票行程单、铁路车票以及公路、水路等其他客票，允许计算抵扣增值税进项税额。

（2）取得增值税扣税凭证

增值税扣税凭证，是指增值税专用发票、海关进口增值税专用缴款书、收购农产品开具的增值税普通发票、农产品销售发票、税控机动车销售统一发票和税收完税凭证，以及增值税一般纳税人支付的道路、桥、闸通行费取得的通行费发票（不含财政票据）、出口货物转内销证明、国内旅客运输服务发票等。

纳税人取得的增值税扣税凭证不符合法律、行政法规或者国家税务总局有关规定的，其进项税额不得从销项税额中抵扣。

具体地说，下列进项税额准予从销项税额中抵扣：

①增值税专用发票

《增值税暂行条例》第八条规定，从销售方取得的增值税专用发票上注明的增值税额，准予从销项税额中抵扣。

值得注意的是，增值税一般纳税人取得的小规模纳税人由税务机关代开的增值税专用发票或自行开具的增值税专用发票，按增值税专用发票注明的税额抵扣进项税额。

②海关进口增值税专用缴款书

纳税人取得海关进口增值税专用缴款书实行“先比对后抵扣”的管理办法，纳税人应该在缴款书开具之日起360日内向主管税务机关报送《海关完税凭证抵扣清单》申请稽核比对，稽核比对通过后才能抵扣。

③收购农产品的增值税普通发票

增值税一般纳税人向农业生产者个人以外的单位和个人购买农产品，应当向对方索取增值税专用发票或增值税普通发票，不得开具收购发票。

增值税一般纳税人向农业生产者个人购买自产农产品时开具的增值税普通发票，允许计算抵扣增值税。

根据《国家税务总局关于全面推行增值税发票系统升级版有关问题的公告》（国家税务总局公告2015年第19号）的规定，纳税人通过增值税发票管理系统，使用增值税普通发票开具收购发票，系统在发票左上角自动打印“收购”字样。

④农产品销售发票

农产品销售发票是指农业生产者销售自产农产品适用免征增值税政策而开具的普通发票。

自2017年7月1日起，农产品销售发票不再包括小规模纳税人销售农产品依据3%征收率按简易办法计算缴纳增值税而自行开具或委托税务机关代开的普通发票。

另外需要注意的是，自2017年7月1日起，零售环节购进适用免征增值税政策的蔬菜、部分鲜活肉蛋而取得的增值税普通发票，不得作为计算抵扣进项税额的凭证。

知识链接

购买农产品的进项税额

一般纳税人购买免税农产品，不同情况下的增值税处理有所区别。

1. 向一般纳税人购买免税农产品时取得增值税专用发票，按照票面税额确认进项税额；购买免税农产品时取得增值税普通发票，不允许抵扣进项税额。但销售方开具的自产农产品免税发票可以按买价的9%计算抵扣进项税额。

2. 向小规模纳税人购买符合条件的免税农产品，取得销售方自开的增值税专用发票，允许按买价的9%计算进项税额；取得销售方开具的增值税普通发票的，不允许抵扣进项税额。但销售方开具的自产农产品的免税发票可以按买价的9%计算抵扣进项税额。

3. 向农业生产者个人收购免税农产品，开具的农产品收购增值税普通发票，或者税务机关代开的增值税普通发票，均允许按买价的9%计算抵扣进项税额。

同时，如果纳税人购进用于生产或委托加工适用13%税率货物的农产品，在先按9%抵扣率计算进项税额的基础上，生产领用环节允许再加计1%计算进项税额。

⑤税控机动车销售统一发票

从2009年1月1日起，增值税一般纳税人购买机动车取得的税控机动车销售统一发票，属于扣税范围的，认证通过的可按增值税专用发票作为增值税进项税额的扣税凭证。

⑥增值税税收完税凭证

增值税一般纳税人自境外单位或者个人购买劳务、服务、无形资产或者境外的不动产，从税务机关或者扣缴义务人取得的代扣代缴税款的完税凭证上注明的增值税税额，准予从销项税额中扣除。

纳税人凭完税凭证抵扣进项税额的，应当具备书面合同、付款证明和境外单位的对账单或者发票。资料不全的，其进项税额不得从销项税额中抵扣。

⑦增值税一般纳税人支付的道路、桥、闸通行费取得的通行费发票（不含财政票据）

自2018年1月1日起，纳税人支付的道路、桥、闸通行费，可以抵扣的进项税额的计算公式为：

$$\text{道路、桥、闸通行费可抵扣进项税额}=\frac{\text{道路、桥、闸通行费发票上注明的金额}}{1+5\%}\times 5\%$$

⑧出口货物转内销证明

出口货物转内销证明，是外贸企业所出口的货物在不能退税需要按视同内销征税或出口货物退运回来转内销等情况下开具的用来抵扣进项税额的单证。

外贸企业应该在取得出口货物转内销证明的下一个增值税纳税申报期纳税时，以此作为进项税额的抵扣凭证使用。

⑨国内旅客运输服务发票

纳税人购进国内旅客运输服务，其进项税额允许从销项税额中抵扣。

知识链接

国内旅客运输服务发票进项税额的确认

纳税人购进国内旅客运输服务，其进项税额允许从销项税额中抵扣。具体规定如下：

1.取得增值税电子普通发票的，进项税额为发票上注明的税额。

2.取得注明旅客身份信息的航空运输电子客票行程单的，进项税额按照下列公式计算：

$$航空旅客运输进项税额=\frac{票价+燃油附加费}{1+9\%}\times 9\%$$

3.取得注明旅客身份信息的铁路车票的，进项税额按照下列公式计算：

$$铁路旅客运输进项税额=\frac{票面金额}{1+9\%}\times 9\%$$

4.取得注明旅客身份信息的公路、水路等其他客票的，进项税额按照下列公式计算：

$$公路、水路等其他旅客运输进项税额=\frac{票面金额}{1+3\%}\times 3\%$$

未注明旅客身份信息的旅客运输服务发票一律不得计算扣除增值税进项税额。

2.不允许抵扣的进项税额

下列项目的进项税额，不得从销项税额中抵扣：

（1）用于适用简易计税方法计税项目、免征增值税项目、集体福利或者个人消费（包括交际应酬消费）的购进货物、接受加工修理修配劳务或者应税服务，不得抵扣进项税额。

（2）非正常损失的购进货物及相关的加工修理修配劳务和交通运输业服务，不得抵扣进项税额。

非正常损失，是指因管理不善造成被盗、丢失、霉烂变质的损失，以及被执法部门依法没收或者强令自行销毁的货物。

（3）非正常损失的在产品、产成品所耗用的购进货物（不包括固定资产）、加工修理修配劳务或者交通运输业服务，不得抵扣进项税额。

（4）非正常损失的不动产，以及该不动产所耗用的购进货物、设计服务和建筑服务，不得抵扣进项税额。

（5）非正常损失的不动产在建工程所耗用的购进货物、设计服务和建筑服务，不得抵扣进项税额。

（6）贷款服务、餐饮服务、居民日常服务和娱乐服务，不得抵扣进项税额。

（7）财政部和国家税务总局规定的其他情形。

3.增值税进项税加计扣除规定

按照财政部、税务总局、海关总署公告2019年第39号的界定，提供邮政服务、电信服务、现代服务、生活服务（以下称四项服务）取得的销售额占全部销售额的比重超过50%的纳税人就可以享受增值税加计扣除政策，自2019年4月1日至2021年12月31日，按照当期可抵扣进项税额加计10%抵减应纳税额，即：增值税加计抵减政策。

【例2-1】2019年4月大连益盈财务公司的销项税额为31万元，进项税额为10万元，全部属于允许抵扣的进项税额。

要求：计算该企业4月份增值税加计抵减额、应纳增值税税额。

分析：该企业属于现代服务业，符合条件允许加计10%计算抵扣增值税进项税额。

4月份应纳增值税加计抵减额=100 000×10%=10 000（元）

4月份应纳增值税税额=310 000−100 000=210 000（元）

4月份需要实际缴纳增值税税额=210 000−10 000=200 000（元）

微课：进项税额的确认计算

（三）应纳税额的计算

在计算出销项税额和进项税额后就可以得出实际应纳税额。纳税人销售货物或提供应税劳务，其应纳税额为当期销项税额抵扣当期进项税额后的余额。其基本计算公式为：

应纳税额=当期销项税额−当期进项税额

在公式的运用过程中，应该掌握以下几点规定：

1.计算应纳税额的时间限定

（1）销项税额的确认时间

采取直接收款方式销售货物，不论货物是否发出，均为收到销售额或取得索取销售额的凭据，并将提货单交给买方的当天；采取托收承付和委托银行收款方式销售货物，为发出货物并办妥托收手续的当天；纳税人发生视同销售货物的行为，为货物移送的当天。

（2）进项税的抵扣时间

根据《国家税务总局关于进一步明确营改增有关征管问题的公告》（国家税务总局公告2017年第11号）的规定，自2017年7月1日起，增值税一般纳税人取得的2017年7月1日及以后开具的增值税专用发票和机动车销售统一发票，应自开具之日起360日内认证或登录增值税发票选择确认平台进行确认，并在规定的纳税申报期内，向主管国税机关申报抵扣进项税额。

增值税一般纳税人取得的2017年7月1日及以后开具的海关进口增值税专用缴款书，应自开具之日起360日内向主管税务机关报送《海关完税凭证抵扣清单》，申请稽核比对。

值得注意的是，一般纳税人取得上述扣税凭证，未在规定期限内到税务机关办理认证、申报抵扣或者申请稽核比对的，不得作为合法的增值税扣税凭证，不得计算抵扣进项税额。

2.计算期增值税进项税额大于销项税额的处理

由于增值税实行“凭票扣税”法，企业当期购进的货物比较多时，在计算应纳税额时会出现当期销项税额小于当期进项税额的情况。根据税法的规定，当期进项税额不足抵扣的部分可以结转下期继续抵扣。

结转下期的增值税进项税额称为“留抵税额”。

3.购进货物改变用途的规定

当期购进的货物或应税劳务、应税服务等，如果已经从当期的销项税额中予以抵扣，又改变用途的（如，用于不征税项目、免税项目、集体福利或者个人消费和发生非正常损失等），根据税法的规定应将该项购进货物或应税服务等的进项税额从当期发生的进项税额中扣减，即“进项税额转出”。

【例2-2】某建筑企业为增值税一般纳税人，符合增值税加计扣除政策规定。该建筑企业2019年4月进项税额加计抵减额结余24 000元。2019年5月发生以下经济业务：

1日，购进混凝土用作商品，取得增值税专用发票，注明的金额为50 000元，适用13%的税率。

3日，从小规模纳税人购进劳保用品一批，取得增值税普通发票，注明的金额为5 000元。

5日，购进小轿车一辆，取得机动车销售统一发票，注明的金额为100 000元，适用13%的税率。

8日，进口挖掘设备一台，价款为30 000元，海关进口增值税专用缴款书上注明的增值税税额为3 900元。设备运达企业发生运输费用20 600元，取得税务机关代开的增值税专用发票，注明的金额为20 000元，税额为600元。

10日，购进花生油400桶用于发放福利，取得增值税专用发票，注明的金额为56 000元，税额为5 040元。

11日，购进写字间一套，取得增值税专用发票，注明的金额为500 000元，适用9%的税率。

15日，取得高速公路通行费电子普通发票4张，合计含税金额为500元。

20日，销售人员报销差旅费，取得航空运输电子客票行程单1张，注明的票价和燃油附加费合计为2 200元；铁路车票1张，注明的票价为961元。

22日，为外县A房地产公司提供建筑工程施工服务（采用一般计税方法），按照工程承包合同约定结算已完工工程款项，收到工程款130 800元，开具增值税普通发票，注明的金额为120 000元，增值税为10 800元。同时该建筑企业与分包方结算已完工工程款项21 800元，取得增值税专用发票，注明的金额为20 000元，增值税为1 800元。

25日，销售已使用过的一台设备（2008年购入，当时未抵扣进项税额），取得含税收入25 750元，开具增值税普通发票。

26日，由于管理不善，2019年2月购进的一批建材被盗，账面成本为20 000元，材料适用的增值税税率为16%。

【注意】2019年4月1日前，建材适用16%的增值税税率。

29日，销售工地剩余下脚料，取得含税收入452 000元，开具增值税普通发票。

30日，提供工程设计服务，取得不含税收入500 000元，开具增值税普通发票。

要求：根据上述资料，填写该企业5月份纳税申报表（本月取得的相关发票均在本月认证并抵扣）。

分析：

1日，购进商品混凝土取得增值税专用发票，可以抵扣进项税额。

允许抵扣的进项税额=50 000×13%=6 500（元）

3日，从小规模纳税人购进劳保用品一批，取得增值税普通发票，不允许抵扣进项税额。

5日，购进小轿车取得机动车销售统一发票，可以抵扣进项税额。

允许抵扣的进项税额=100 000×13%=13 000（元）

8日，进口设备取得海关进口增值税专用缴款书上载明的增值税，以及设备运抵企业税务机关代开的运费增值税专用发票载明的增值税，均可抵扣。

允许抵扣的进项税额=3 900+600=4 500（元）

10日，购进花生油用于发放福利，增值税专用发票载明的税额不允许抵扣。

11日，购进写字间取得的增值税专用发票载明的增值税进项税额允许抵扣。

允许抵扣的进项税额=500 000×9%=45 000（元）

15日，取得高速公路通行费电子普通发票，按规定可以抵扣进项税额。

$$允许抵扣的进项税额=\frac{道路、桥、闸通行费发票上注明的金额}{1+5\%}\times 5\%$$

$$=\frac{500}{1+5\%}\times 5\%=23.81（元）$$

20日，按现行政策规定，购进旅客运输服务可以抵扣进项税额。

$$航空旅客运输进项税额=\frac{票价+燃油附加费}{1+9\%}\times 9\%$$

$$=\frac{2\,200}{1+9\%}\times 9\%=181.65（元）$$

$$铁路旅客运输进项税额=\frac{票面金额}{1+9\%}\times 9\%$$

$$=\frac{961}{1+9\%}\times 9\%=79.35（元）$$

22日，对外提供服务取得收入，应确认增值税销项税额。

销项税额=10 800−1 800=9 000（元）

25日，销售使用过的设备，应按简易办法计算增值税。

$$简易计税应纳增值税=\frac{25\,750}{1+3\%}\times 2\%=500（元）$$

26日，管理不善造成建材被盗，被盗部分建材的进项税应予以转出。中途遇有税率调整，应按取得时的税率转出不允许抵扣的进项税额。该商品在2019年2月适用16%的增值税税率。

转出进项税额=20 000×16%=3 200（元）

29日，销售工地剩余下脚料，应确认增值税销项税额。

应确认销项税额=$\frac{452\ 000}{1+13\%}$×13%=52 000（元）

30日，提供工程设计服务取得收入，应确认增值税销项税额。

应确认销项税额=500 000×6%=30 000（元）

计算：

本期销项税额合计=9 000+52 000+30 000=91 000（元）

本期进项税额合计=6 500+13 000+4 500+45 000+23.81+181.65+79.35=69 284.81（元）

允许加计扣除的进项税额=69 284.81×10%=6 928.48（元）

转出进项税额=3 200元

一般计税法应纳增值税税额=91 000–（69 284.81+6 928.48−3 200+24 000）

=−6 013.29（元）

微课：应纳税额的计算

简易征收的应纳税额=500元

二、小规模纳税人增值税计算

小规模纳税人销售货物，提供应税劳务，销售应税服务等，采用简易计税办法，按照销售额和3%的征收率计算应纳税额。其计算公式为：

应纳税额=销售额×征收率

【提示】此处销售额为不含增值税的销售额。

【例2-3】大学生王维维自主创业，在校园附近开办了一个媒体工作室（个体工商户，增值税小规模纳税人），主要为学生提供影像、文字方面的设计和制作。2019年4—6月份取得营业收入41.2万元，当月购进各种耗材共支付买价24万元。

要求：计算其应纳增值税税额。

分析：

小规模纳税人适用3%的征收率，所以：

不含税销售额=412 000÷（1+3%）=400 000（元）

应纳增值税=400 000×3%=12 000（元）

该媒体工作室2019年4—6月份应缴纳增值税12 000元。

小规模纳税人采用简易办法征收增值税，故没有进项税。

【注意】如果该媒体工作室4—6月份每月销售额均为8万元，按现行政策规定，小微企业月应纳税销售额不足10万元、季度销售额不足30万元，免征增值税。

三、特殊经营行为的税务处理

2016年“营改增”后，保留了混合销售和兼营行为，“兼营非应税劳务”不复存在。一项销售行为如果既涉及货物又涉及服务，为混合销售。从事货物的生产、批发或者零售的单位和个体工商户的混合销售行为，按照销售货物缴纳增值税；其他单位和个体工商户的混合销售行为，按照销售服务缴纳增值税。特殊经营行为的税务处理见表2-3。

表2-3　　特殊经营行为的税务处理

特殊经营行为	经营行为的特点	税务处理
兼营行为	纳税人兼营销售货物、劳务、服务、无形资产或者不动产	分别核算适用不同税率或者征收率的销售额；未分别核算的，从高适用税率
	纳税人兼营免税、减税项目	应当分别核算免税、减税项目的销售额；未分别核算的，不得免税、减税
	适用一般计税方法的纳税人，兼营简易计税方法计税项目、免征增值税项目	应该分别核算一般计税方法的销售额、简易计税的销售额和免税项目的销售额；未分别核算的，一律从高从重计税。如果无法划分不得抵扣的进项税额，按照相关公式计算不得抵扣的进项税额
混合销售行为	一项销售行为如果既涉及货物又涉及服务	按主业判断如何纳税：从事货物的生产、批发或者零售的单位和个体工商户（包括以从事货物的生产、批发或者零售为主，并兼营销售服务的单位和个体工商户在内）的混合销售行为，按照销售货物缴纳增值税；其他单位和个体工商户的混合销售行为，按照销售服务缴纳增值税

【注意】纳税人销售活动板房、机器设备、钢结构件等自产货物的同时提供建筑、安装服务，不属于《营业税改征增值税试点实施办法》（财税〔2016〕36号附件1）第四十条规定的混合销售，应分别核算货物和建筑服务的销售额，分别适用不同的税率或者征收率。一般纳税人销售电梯的同时提供安装服务，其安装服务可以按照甲供工程选择适用简易计税方法计税。

一般纳税人销售自产机器设备的同时提供安装服务，应分别核算机器设备和安装服务的销售额，安装服务可以按照甲供工程选择适用简易计税方法计税。

【例2-4】某酒店是增值税一般纳税人，除提供堂食之外，还提供送餐服务。2019年5月份取得堂食收入53万元，送餐收入31万元，另外取得餐盒销售收入0.8万元（均含税）。酒店业适用6%的增值税税率。

要求：计算该酒店2019年5月份应纳增值税税额。

分析：

酒店提供堂食取得收入应纳增值税$=\frac{530\,000}{1+6\%}\times 6\%=30\,000$（元）

酒店送餐服务中发生餐盒销售收入，属于混合销售，应同酒店业的餐饮服务一并适用6%的增值税税率。

送餐服务应确认增值税销项税额$=\frac{310\,000+8\,000}{1+6\%}\times 6\%=18\,000$（元）

该酒店2019年5月份应纳增值税48 000元（30 000+18 000）。

四、进口货物应纳税额的计算

进口货物的纳税人为收货人或办理报关手续的单位和个人。我国在规定对进口货物征税的同时，对某些进口货物也做出了减免税和不征税的规定，另外，还规定了对实行保税的货物不征增值税。

进口货物的适用税率与国内购销货物相同。

纳税人进口货物，按照组成计税价格和规定的税率计算应纳税额，其组成计税价格和应纳税额的计算公式如下：

$$\text{组成计税价格}=\text{关税完税价格}+\text{关税}+\text{消费税}$$

$$\text{应纳税额}=\text{组成计税价格}\times\text{税率}$$

五、出口退（免）税的计算

出口货物退（免）税制度是指在国际贸易中，对报关出口的货物退还在国内各生产环节和流转环节按税法规定已缴纳的增值税和消费税，或免征应缴纳的增值税和消费税。它是国际贸易中通常采用并为世界各国普遍接受的、目的在于鼓励各国出口货物公平竞争的一种税收措施。按照现行规定，出口货物退（免）税的方式主要有免退税、免抵退税和免税三种。

免税，是指免征出口环节的增值税和消费税，并不退还国内环节负担的增值税进项税额（或者该出口产品在国内就是免税的）。由于免税不涉及退税，故此处不予赘述。

（一）免退税

免退税是指免征最后环节增值部分应纳税款，按购进金额计算退还税款。免退税方法主要适用于外贸出口企业。

【例2-5】某外贸企业出口商品一批，出口价折合人民币为500万元，出口环节免征关税、增值税。已知该商品国内买价为350万元，适用13%的税率。该商品出口退税率为9%。

国内购买支付的增值税：350×13%=45.5（万元）

出口后，企业可凭出口报关单据申请退税：350×9%=31.5（万元）

不予退税的4%，企业做进项税额转出处理，转入主营业务成本。

（二）免抵退税

免抵退税方法的“免”税，是指对生产企业出口的自产货物免征本企业生产销售环节增值税；“抵”税，是指生产企业出口自产货物所耗用的原材料、零部件、燃料、动力等所含应予退还的进项税额，抵顶内销货物的应纳税额；“退”税，是指生产企业出口自产货物，在当月内应抵顶的进项税额大于应纳税额时，对未抵顶完的税额部分按规定予以退税。我国对生产企业自营或委托出口货物实行免抵退税政策。

免抵退税的计算公式如下：

1. 免抵退税不得免征和抵扣税额的计算

$$\begin{matrix}\text{免抵退税不得}\\ \text{免征和抵扣税额}\end{matrix}=\begin{matrix}\text{当期出口}\\ \text{货物离岸价格}\end{matrix}\times\begin{matrix}\text{外汇}\\ \text{人民币牌价}\end{matrix}\times\left(\begin{matrix}\text{出口货物}\\ \text{征税率}\end{matrix}-\begin{matrix}\text{出口货物}\\ \text{退税率}\end{matrix}\right)-\begin{matrix}\text{免抵退税不得免征}\\ \text{和抵扣税额抵减额}\end{matrix}$$

$$\begin{matrix}\text{免抵退税不得免征}\\ \text{和抵扣税额抵减额}\end{matrix}=\begin{matrix}\text{免税购进}\\ \text{原材料价格}\end{matrix}\times\left(\begin{matrix}\text{出口货物}\\ \text{征税率}\end{matrix}-\begin{matrix}\text{出口货物}\\ \text{退税率}\end{matrix}\right)$$

2. 当期应纳税额的计算

$$\begin{matrix}\text{当期}\\ \text{应纳税额}\end{matrix}=\begin{matrix}\text{当期内销}\\ \text{货物销项税额}\end{matrix}-\left(\begin{matrix}\text{当期}\\ \text{进项税额}\end{matrix}-\begin{matrix}\text{当期免抵退税}\\ \text{不得免征和抵扣税额}\end{matrix}\right)-\begin{matrix}\text{上期}\\ \text{留抵税额}\end{matrix}$$

当期应纳税额>0，此金额为本期应纳税额，本期不予退税。

当期应纳税额<0，此金额为当期期末留抵税额。本期有退税额，退税金额通过以下步骤比较确定。

3. 免抵退税额的计算

免抵退税额=出口货物离岸价格×外汇人民币牌价×出口货物退税率−免抵退税额抵减额

免抵退税额抵减额=免税购进原材料价格×出口货物退税率

4. 当期应退税额和当期免抵退税额的计算

当期应退税额和当期免抵退税额的计算分为以下两种情况：

当期期末留抵税额≤当期免抵退税额时，当期应退税额=当期期末留抵税额，当期免抵税额=当期免抵退税额−当期应退税额。

当期期末留抵税额＞当期免抵退税额时，当期应退税额=当期免抵退税额，当期免抵税额为0。

【例2−6】某自营出口生产企业是增值税一般纳税人，出口货物的征税率为13%，退税率为9%。2019年5月份购进原材料一批，取得的增值税专用发票上注明的价款为200万元，外购货物准予抵扣进项税额为26万元。上期期末留抵税额为3万元。当月内销货物销售额为100万元，销项税额为13万元。本月出口货物售价折合人民币为200万元。

要求：计算企业本期应退增值税税额。

分析：

免抵退税不得免征和抵扣税额=200×（13%−9%）=8（万元）

应纳增值税=100×13%−（26−8）−3=−8（万元）

出口货物免抵退税额=200×9%=18（万元）

本期期末留抵税额8万元小于当期免抵退税额，所以当期应退税额等于当期期末留抵税额8万元。

微课：出口退税的计算

当期免抵税额=18−8=10（万元）

任务三　增值税核算

一、一般纳税人增值税的核算

（一）账户设置

我国增值税严格实行“价外计税”的办法，即以不含增值税的价格为计税依据；同时，实行“凭票抵扣”制度。因此，企业对外提供销售取得收入的价款和税款应分别核算。

为了准确地反映应纳增值税的计算和缴纳情况，按照规定，增值税一般纳税人应当在“应交税费”科目下设置“应交增值税”“未交增值税”“预交增值税”“待抵扣进项税额”“待认证进项税额”“待转销项税额”“增值税留抵税额”“简易计税”“转让金融商品应交增值税”“代扣代交增值税”等明细科目。

1.“应交增值税”明细科目

增值税一般纳税人应在“应交增值税”明细账内设置“进项税额”“销项税额抵减”“已交税金”“转出未交增值税”“减免税款”“出口抵减内销产品应纳税额”“销项税额”“出口退税”“进项税额转出”“转出多交增值税”等专栏。其中：

（1）“进项税额”专栏，记录一般纳税人购进货物、加工修理修配劳务、服务、无形资产或不动产而支付或负担的、准予从当期销项税额中抵扣的增值税税额；

（2）“销项税额抵减”专栏，记录一般纳税人按照现行增值税制度规定因扣减销售额而减少的销项税额；

（3）“已交税金”专栏，记录一般纳税人当月已缴纳的增值税税额；

（4）“转出未交增值税”和“转出多交增值税”专栏，分别记录一般纳税人月度终了转出当月应交未交或多交的增值税税额；

（5）“减免税款”专栏，记录一般纳税人按现行增值税制度规定准予减免的增值税税额；

（6）“出口抵减内销产品应纳税额”专栏，记录实行“免、抵、退”办法的一般纳税人按规定计算的出口货物的进项税抵减内销产品的应纳税额；

（7）“销项税额”专栏，记录一般纳税人销售货物、加工修理修配劳务、服务、无形资产或不动产应收取的增值税税额；

（8）“出口退税”专栏，记录一般纳税人出口货物、加工修理修配劳务、服务、无形资产按规定退回的增值税税额；

（9）“进项税额转出”专栏，记录一般纳税人购进货物、加工修理修配劳务、服务、无形资产或不动产等发生非正常损失以及其他原因而不应从销项税额中抵扣、按规定转出的进项税额。

“应交税费——应交增值税”明细账的结构见表2-4。

表2-4 应交税费——应交增值税

年		凭证号数	摘要	借方							贷方					余额
月	日			合计	进项税额	销项税额抵减	已交税金	减免税款	转出未交增值税	出口抵减内销产品应纳税额	合计	销项税额	出口退税	转出多交增值税	进项税额转出	

知识链接

一般纳税人期末的增值税账务处理

综合前述内容，增值税一般纳税人会计期末增值税账务处理通常如下：

1.月份终了，将当月应交未交增值税税额从“应交税费——应交增值税”科目转入“未交增值税”明细科目。

借：应交税费——应交增值税（转出未交增值税）

　　贷：应交税费——未交增值税

2.月份终了，将当月多交的增值税税额自“应交税费——应交增值税”科目转入“未交增值税”明细科目。

借：应交税费——未交增值税

　　贷：应交税费——应交增值税（转出多交增值税）

3.月份终了，将当月预缴的增值税税额自“应交税费——预交增值税”科目转入“未交增值税”明细科目。

借：应交税费——未交增值税

　　贷：应交税费——预交增值税

4.当月缴纳以前期间未缴的增值税税额。

借：应交税费——未交增值税

　　贷：银行存款

2.“未交增值税”明细科目

核算一般纳税人月度终了从“应交增值税”或“预交增值税”明细科目转入当月应交未交、多交或预缴的增值税税额，以及当月缴纳以前期间未缴的增值税税额。

3.“预交增值税”明细科目

核算一般纳税人转让不动产、提供不动产经营租赁服务、提供建筑服务、采用预收款方式销售自行开发的房地产项目等，以及其他按现行增值税制度规定应预缴的增值税税额。

4.“待抵扣进项税额”明细科目

核算一般纳税人已取得增值税扣税凭证并经税务机关认证，按照现行增值税制度规定准予以后期间从销项税额中抵扣的进项税额。具体包括：实行纳税辅导期管理的一般纳税人取得的尚未交叉稽核比对的增值税扣税凭证上注明或计算的进项税额；按照财税〔2018〕33号文件规定，从一般纳税人转过来的小规模纳税人尚未申报抵扣的进项税额以及转登记日当期的期末留抵税额。

【注意】自2019年4月1日起，纳税人取得不动产或者不动产在建工程的进项税额不再分2年抵扣。故本科目不再反映“取得并按固定资产核算的不动产或者取得的不动产在建工程，按规定准予以后期间从销项税额中抵扣的进项税额”。

5.“待认证进项税额”明细科目

核算一般纳税人由于未经税务机关认证而不得从当期销项税额中抵扣的进项税额。这包括：一般纳税人已取得增值税扣税凭证、按照现行增值税制度规定准予从销项税额中抵扣，但尚未经税务机关认证的进项税额；一般纳税人已申请稽核比对但尚未取得稽核相符结果的海关缴款书进项税额。

6.“待转销项税额”明细科目

核算一般纳税人销售货物、加工修理修配劳务、服务、无形资产或不动产，已确认相关收入（或利得）但尚未发生增值税纳税义务而需于以后期间确认为销项税额的增值税税额。

7.“增值税留抵税额”明细科目

核算兼有销售服务、无形资产或者不动产的原增值税一般纳税人，截止到纳入营改增试点之日前的增值税期末留抵税额按照现行增值税制度规定不得从销售服务、无形资产或不动产的销项税额中抵扣的增值税留抵税额。

8.“简易计税”明细科目

核算一般纳税人采用简易计税方法发生的增值税计提、扣减、预缴、缴纳等业务。

9.“转让金融商品应交增值税”明细科目

核算增值税纳税人转让金融商品发生的增值税税额。

10.“代扣代交增值税”明细科目

核算纳税人购进在境内未设经营机构的境外单位或个人在境内的应税行为代扣代缴的增值税。

综上所述，一般纳税人增值税核算所涉及的会计科目如图2-1所示。

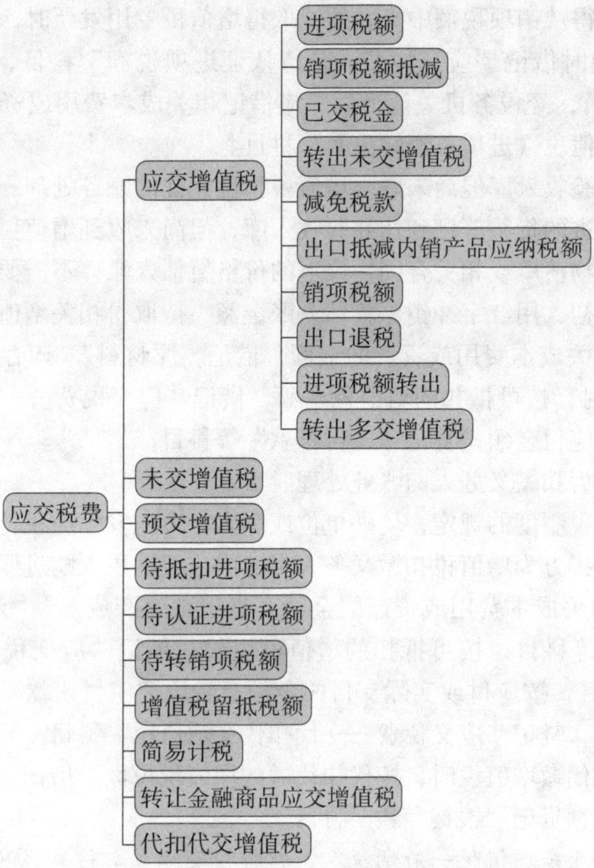

图2-1　一般纳税人增值税核算所涉及会计科目

（二）一般纳税人增值税的账务处理

一般纳税人的增值税核算，主要是进项税额、销项税额、进项税额转出、出口退税和税款缴纳等方面的账务处理。

1.采购等业务的账务处理

（1）采购等业务进项税额允许抵扣的账务处理

一般纳税人购进货物、加工修理修配劳务、服务、无形资产或不动产，按应计入相关成本费用或资产的金额，借记“在途物资”或“原材料”、“库存商品”、“生产成本”、“无形资产”、“固定资产”、“管理费用”等科目，按当月已认证的可抵扣增值税税额，借记“应交税费——应交增值税（进项税额）”科目，按当月未认证的可抵扣增值税税额，借记“应交税费——待认证进项税额”科目，按应付或实际支付的金额，贷记“应付账款”“应付票据”“银行存款”等科目。发生退货的，如原增值税专用发票已做认证，应根据税务机关开具的红字增值税专用发票做相反的会计分录；如原增值税专用发票未做认证，应将发票退回并做相反的会计分录。

（2）采购等业务进项税额不得抵扣的账务处理

一般纳税人购进货物、加工修理修配劳务、服务、无形资产或不动产，用于采用简易计税方法计税项目、免征增值税项目、集体福利或个人消费等，其进项税额按照现行增值税制度规定不得从销项税额中抵扣的，取得增值税专用发票时，应借记相关成本费用或资产科目，同时借记“应交税费——待认证进项税额”科目，贷记“银行存款”“应付账款”等科目，经税务机关认证后，应借记相关成本费用或资产科目，贷记“应交税费——应交增值税（进项税额转出）”科目。

（3）货物等已验收入库但尚未取得增值税扣税凭证的账务处理

一般纳税人购进的货物等已到达并验收入库，但尚未收到增值税扣税凭证并未付款的，应在月末按货物清单或相关合同协议上的价格暂估入账，不需要将增值税的进项税额暂估入账。下月初，用红字冲销原暂估入账金额，待取得相关增值税扣税凭证并经认证后，按应计入相关成本费用或资产的金额，借记“原材料”“库存商品”“固定资产”“无形资产”等科目，按可抵扣的增值税税额，借记“应交税费——应交增值税（进项税额）”科目，按应付金额，贷记“应付账款”等科目。

（4）购买方作为扣缴义务人的账务处理

按照现行增值税制度的规定，境外单位或个人在境内发生应税行为，在境内未设有经营机构的，以购买方为增值税扣缴义务人。境内一般纳税人购进服务、无形资产或不动产，按应计入相关成本费用或资产的金额，借记“生产成本”“无形资产”“固定资产”“管理费用”等科目，按可抵扣的增值税税额，借记“应交税费——应交增值税（进项税额）”科目，按应付或实际支付的金额，贷记“应付账款”等科目，按应代扣代缴的增值税税额，贷记“应交税费——代扣代交增值税”科目。

实际缴纳代扣代缴增值税时，按代扣代缴的增值税税额，借记“应交税费——代扣代交增值税”科目，贷记“银行存款”科目。

【例2-7】A企业是增值税一般纳税人，材料按实际成本核算。2019年5月份发生如下经济业务：

1.从本市购进甲材料4 000千克，单价为6元/千克，适用13%的税率，取得增值税专用发票。企业已经开出银行承兑汇票，材料尚未收到。

2.支付甲材料购货运费2 000元（不含税），取得货运公司开具的增值税专用发票。运费通过银行转账方式支付。

3.从本市购进乙材料20件，不含税单价为3 000元/件，对方开具增值税普通发票。货款通过银行转账方式支付，材料验收入库。

4.购买一栋厂房，取得销售方开具的增值税专用发票，注明的价款为900万元，适用9%的税率。购房款已签发转账支票支付。

5.购买一台二手小汽车，对方按简易办法计税，开具增值税普通发票，注明价税合计共8万元，款项尚未支付。

6.业务3所购买的原材料因质量原因做退货处理。

7.购买C材料，合同约定不含税价款为10万元，适用13%的税率。月末商品已收到但发票尚未收到。

要求：分析业务并做相应账务处理。

分析：

业务1，购进原材料取得增值税专用发票，按规定允许抵扣进项税额。原材料尚未验收入库，应该通过“在途物资”账户反映。

借：在途物资　　24 000

　　应交税费——应交增值税（进项税额）　　3 120

　　贷：应付票据　　27 120

业务2，支付的购买材料的运费，应该计入材料成本。

借：在途物资　　2 000

　　应交税费——应交增值税（进项税额）　　180

　　贷：银行存款　　2 180

业务3，购进材料取得增值税普通发票，按规定不允许抵扣进项税额，税额要计入材料成本。

借：原材料　　67 800

　　贷：银行存款　　67 800

业务4，按现行政策规定，购置不动产，其进项税额允许一次性抵扣。

借：固定资产　　9 000 000

　　应交税费——应交增值税（进项税额）　　810 000

　　贷：银行存款　　9 810 000

业务5，购买二手小汽车取得增值税普通发票，其进项税额不允许抵扣，应与价款一并计入小汽车成本。

借：固定资产　　80 000

　　贷：应付账款　　80 000

业务6，购货退回，原已确认的进项税额需要红字转出。

借：应收账款　　27 120

　　应交税费——应交增值税（进项税额）　　3 120

　　贷：在途物资　　24 000

业务7，月末商品已到发票未到，应该暂估入账，但不需要反映增值税进项税额。

借：原材料　　100 000

　　贷：应付账款　　100 000

下月初，用红字冲销原暂估入账金额，待取得相关增值税扣税凭证后再做相应的采购业务处理。

2.销售等业务的账务处理

（1）按适用税率计算销项税额的销售业务

企业销售货物、加工修理修配劳务、服务、无形资产或不动产，应当按应收或已收的金额，借记“应收账款”“应收票据”“银行存款”等科目，按取得的收入金额，贷记“主营业务收入”“其他业务收入”“固定资产清理”“工程结算”等科目，按现行增值税制度规定计算的销项税额，贷记“应交税费——应交增值税（销项税额）”科目。发生销售退回的，应根据按规定开具的红字增值税专用发票做相反的会计分录。

【注意】销售退回相反会计分录需要将按规定开具的红字增值税专用发票作为凭证附件。

（2）采用简易计税方法计算的应纳增值税税额的销售业务

一般纳税人销售货物、加工修理修配劳务、服务、无形资产或不动产，采用简易计税方法计算的应纳增值税税额，贷记“应交税费——简易计税”科目。

（3）视同销售的账务处理

企业发生税法上视同销售的行为，应当按照企业会计准则相关规定进行相应的会计处理，并按照现行增值税制度规定计算的销项税额（或采用简易计税方法计算的应纳增值税税额），借记“应付职工薪酬”“利润分配”等科目，贷记“应交税费——应交增值税（销项税额）”或“应交税费——简易计税”科目。

【例2-8】A企业是增值税一般纳税人，2019年5月份发生如下经济业务：

1.对外销售P产品一批，开具增值税专用发票，注明的价款为200万元，适用13%的税率。商品已发出，货款暂未收到。

2.对外销售Q产品一批，开具增值税普通发票，注明的价款为30万元，适用13%的税率，货款已通过银行转账收讫。

3.企业将自产的Q产品用于集体福利。该产品的不含税市场价格为100万元，生产成本为70万元。

4.销售“营改增”前构建的厂房一栋，按简易办法计税。该厂房账面原值为200万元，已提折旧120万元。企业对外开具增值税普通发票，价税合计共500万元，款项已通过银行转账收讫。

要求：分析业务并做相应账务处理。

分析：

业务1，应确认销售收入，并确认增值税销项税额。

借：应收账款	2 260 000	
贷：主营业务收入		2 000 000
应交税费——应交增值税（销项税额）		260 000

业务2，应确认销售收入，并确认增值税销项税额。

借：银行存款	339 000	
贷：主营业务收入		300 000
应交税费——应交增值税（销项税额）		39 000

【提示】在实务工作中，是否确认增值税销项税额与开具何种发票无关，只需判断是否发生增值税销售行为，包括视同销售行为。

业务3，自产产品用于集体福利，属于视同销售行为，应按市场价格确认销售收入，并确认增值税销项税额。

销项税额=1 000 000×13%=130 000（元）

借：应付职工薪酬　　1 130 000

　　贷：主营业务收入　　1 000 000

　　　　应交税费——应交增值税（销项税额）　　130 000

借：主营业务成本　　700 000

　　贷：库存商品　　700 000

业务4，销售“营改增”前构建的厂房，可以按简易办法计税，适用3%的征收率减按2%计算。

$$应纳税额=\frac{5\,000\,000}{1+3\%}\times 2\%=97\,087.38（元）$$

借：固定资产清理　　97 087.38

　　贷：应交税费——简易计税　　97 087.38

按照国家统一的会计制度确认收入或利得的时点早于按照增值税制度确认增值税纳税义务发生时点的，应将相关销项税额记入“应交税费——待转销项税额”科目，待实际发生纳税义务时再转入“应交税费——应交增值税（销项税额）”科目。

知识链接

视同销售到底确不确认销售收入？

对于视同销售行为，我们见过两种处理方式：一是按市场价格确认增值税销项税额，同时确认销售收入；另一种情况是按市场价格确认增值税销项税额，但不确认销售收入，而是直接减少存货的账面价值。

那么，视同销售行为应该如何进行账务处理呢？如何判断呢？

对于这个问题，我们首先要明确这样一个基本原则：视同销售是税法上的概念，目的是确认要不要缴税，而是否确认收入要按照企业会计准则的相关规定处理。这是两个完全独立，且互不影响的处理方向。

《增值税暂行条例实施细则》明确规定，单位和个体经营者的下列行为，视同销售货物，应当缴纳增值税：

(1) 将货物交付其他单位或个人代销；

(2) 销售代销货物；

(3) 设有两个以上机构并实行统一核算的纳税人，将货物从一个机构移送其他机构用于销售，但相关机构设在同一县（市）的除外；

(4) 将自产、委托加工的货物用于非应税项目；

(5) 将自产、委托加工货物用于集体福利或个人消费；

(6) 将自产、委托加工或购买的货物作为投资，提供给其他单位或个体经营者；

(7) 将自产、委托加工或购买的货物分配给股东或投资者；

(8) 将自产、委托加工或购买的货物无偿赠送他人。

另外，根据财税〔2016〕36号文附件1第十四条的规定，下列情形视同销售：

(1) 单位或者个体工商户向其他单位或者个人无偿提供服务，但用于公益事业或者以社会公众为对象的除外。

(2) 单位或者个人向其他单位或者个人无偿转让无形资产或者不动产，但用于公益事业或者以社会公众为对象的除外。

(3) 财政部和国家税务总局规定的其他情形。

同时，我国企业所得税法律制度规定，企业将资产移送他人的下列情形，因资产所有权属已发生改变而不属于内部处置资产，应按规定视同销售确认收入：

(1) 用于市场推广或销售；

(2) 用于交际应酬；

(3) 用于职工奖励或福利；

(4) 用于股息分配；

(5) 用于对外捐赠；

(6) 其他改变资产所有权属的用途。

综上所述，【例2-8】业务3中"自产产品用于集体福利"属于税法中的"视同销售"行为，同时企业所得税法律制度明确规定应该确认收入。

【例2-9】某公司承接一项施工项目，2019年6月开工，按照一般计税方法计税。10月30日工程项目完工后与业主一次性办理工程价款结算，不含税工程价款为1 000万元，增值税为90万元。

业主支付了90%的工程价款，其余部分作为质保金于第二年10月30日支付。按照增值税相关政策的规定，该笔质保金应于收到时产生纳税义务。

根据上述业务，该公司应该做如下账务处理（此题涉及建筑施工企业会计核算方法和会计科目，有些特殊）：

①办理工程价款结算，收到部分工程款时：

借：银行存款	9 810 000	
应收账款	1 090 000	
贷：工程结算		10 000 000
应交税费——应交增值税（销项税额）		810 000
——待转销项税额		90 000

②第二年收到质保金时，结转待转销项税额：

借：银行存款	1 090 000	
贷：应收账款		1 090 000
借：应交税费——待转销项税额	90 000	
贷：应交税费——应交增值税（销项税额）		90 000

月末，企业根据缴纳的增值税计算附征的城市维护建设税、教育费附加和地方教育附加；如果属于异地项目，涉及预缴增值税和根据预缴增值税计算缴纳附加税费。

【例2-10】某公司承接一项施工项目，2016年3月签订合同并开工。2019年5月30日工程项目完工后与业主一次性办理工程价款结算，不含税工程价款为1 000万元，增值税为30万元。

业主支付了90%的工程价款，其余部分作为质保金于第二年5月30日支付。按照增值税相关政策的规定，该笔质保金应于收到时产生纳税义务。

该施工项目是2016年3月份签订合同并开工的，应属于建筑业老项目，可以选择按简易办法计税（本例假设企业选择按简易办法计税处理）。

①办理工程价款结算，收到部分工程款：

借：银行存款 9 270 000

应收账款 1 030 000

贷：工程结算 10 000 000

应交税费——简易计税 270 000

——待转销项税额 30 000

②缴纳增值税，计提城市维护建设税及教育费附加：

借：应交税费——简易计税 270 000

——应交城市维护建设税 18 900

——应交教育费附加 8 100

贷：银行存款 297 000

借：税金及附加 27 000

贷：应交税费——应交城市维护建设税 18 900

——应交教育费附加 8 100

③第二年收到质保金时，结转待转销项税额：

借：银行存款 1 030 000

贷：应收账款 1 030 000

借：应交税费——待转销项税额 30 000

贷：应交税费——简易计税 30 000

④缴纳增值税，计提城市维护建设税及教育费附加：

借：应交税费——简易计税 30 000

——应交城市维护建设税 2 100

——应交教育费附加 900

贷：银行存款 33 000

借：税金及附加 3 000

贷：应交税费——应交城市维护建设税 2 100

——应交教育费附加 900

3.差额征税的账务处理

（1）企业发生相关成本费用允许扣减销售额的账务处理

按现行增值税制度的规定，企业发生相关成本费用允许扣减销售额的，发生成本费用时，按应付或实际支付的金额，借记“主营业务成本”“工程施工”等科目，贷记“应付账款”“应付票据”“银行存款”等科目。待取得合规增值税扣税凭证且发生纳税义务时，按照允许抵扣的税额，借记“应交税费——应交增值税（销项税额抵减）”科目，贷记“主营业务成本”“工程施工”等科目。

（2）金融商品转让按规定以盈亏相抵后的余额作为销售额的账务处理

金融商品实际转让月份月末，如产生转让收益，则按应纳税额借记“投资收益”等科目，贷记“应交税费——转让金融商品应交增值税”科目；如产生转让损失，则按可结转下月抵扣税额，借记“应交税费——转让金融商品应交增值税”科目，贷记“投资收益”等科目。缴纳增值税时，应借记“应交税费——转让金融商品应交增值税”科目，贷记“银行存款”科目。年末，“应交税费——转让金融商品应交增值税”科目如有借方余额，则借记“投资收益”等科目，贷记本科目。

【例2-11】B公司是增值税一般纳税人，提供客运场站服务，2019年5月取得含税收入106万元；应支付承运方运费21.2万元，取得承运方开具的增值税专用发票，款项尚未支付。

分析：该企业提供客运场站服务，按现行政策的规定，应按差额征税。企业做账务处理如下：

①B公司提供应税服务，确认营业收入和增值税销项税额。

借：应收账款　　1 060 000

　　贷：主营业务收入　　1 000 000

　　　　应交税费——应交增值税（销项税额）　　60 000

②B公司支付承运方运费，按规定抵减销项税额。

借：主营业务成本　　200 000

　　应交税费——应交增值税（销项税额抵减）　　12 000

　　贷：应付账款　　212 000

4.出口退税的账务处理

我国的出口货物税收政策分为三种形式：出口免税并退税；出口免税不退税；出口不免税也不退税。出口免税是指对货物在出口销售环节不征增值税、消费税，这是把货物的出口环节与出口前的销售环节视为一个征税环节；出口退税是指对货物在出口前实际承担的税款，按规定的退税率计算退税额，予以退还。出口免税不退税是指适用该政策的出口货物在前一道生产、销售环节或进口环节已经免税，故出口时该货物的价格不含税，也就无须退税。出口不免税是指对国家限制或禁止出口的某些货物的出口环节视同内销环节，照常征税；出口不退税是指对这些出口货物不退还出口前所负担的税款。适用出口不免税也不退税政策的主要是税法限制或禁止出口的货物，如天然牛黄、白银等。

为核算纳税人出口货物应收取的出口退税款，设置“其他应收款——应收退税款（增值税出口退税）”科目，该科目借方反映销售出口货物按规定向税务机关申报应退回的增值税、消费税等，贷方反映实际收到的出口货物应退回的增值税、消费税等。期末借方余额，反映尚未收到的应退税额。

（1）未实行“免、抵、退”办法的一般纳税人出口货物按规定退税的，按规定计算的应收出口退税额，借记“其他应收款——应收退税款（增值税出口退税）”科目，贷记“应交税费——应交增值税（出口退税）”科目，收到出口退税时，借记“银行存款”科目，贷记“其他应收款——应收退税款（增值税出口退税）”科目；退税额低于购进时取得的增值税专用发票上的增值税的差额，借记“主营业务成本”科目，贷记“应交税费——应交增值税（进项税额转出）”科目。

（2）实行“免、抵、退”办法的一般纳税人出口货物，在货物出口销售后结转产品销售成本时，按规定计算的退税额低于购进时取得的增值税专用发票上的增值税的差额，借记“主营业务成本”科目，贷记“应交税费——应交增值税（进项税额转出）”科目；按规定计算的当期出口货物的进项税抵减内销产品的应纳税额，借记“应交税费——应交增值税（出口抵减内销产品应纳税额）”科目，贷记“应交税费——应交增值税（出口退税）”科目。在规定期限内，内销产品的应纳税额不足以抵减出口货物的进项税额，不足部分按有关税法规定给予退税的，应在实际收到退税款时，借记“银行存款”科目，贷记“应交税费——应交增值税（出口退税）”科目。

【例2-12】某外贸公司购进出口用化妆品，取得的增值税专用发票注明的价款为80万元，适用13%的增值税税率。当月该批商品已全部出口，售价为100万元，申请退税的单证齐全，退税率为9%。

外贸企业出口业务，实行“免退税”政策。该企业应做账务处理如下：

①购进货物取得增值税专用发票，允许抵扣增值税进项税额。

进项税额=800 000×13%=104 000（元）

借：库存商品　800 000

　　应交税费——应交增值税（进项税额）　104 000

　　贷：银行存款　904 000

②出口环节增值税适用零税率。

借：应收账款　1 000 000

　　贷：主营业务收入　1 000 000

借：主营业务成本　800 000

　　贷：库存商品　800 000

③计算增值税退税款，记入“应交税费——应交增值税（出口退税）”科目。

退税款=800 000×9%=72 000（元）

借：其他应收款——应收退税款（增值税出口退税）　72 000

　　贷：应交税费——应交增值税（出口退税）　72 000

④征退税差额=800 000×（13%-9%）=32 000（元）

按规定，征退税差额应从允许抵扣的进项税额中转出，计入主营业务成本。

借：主营业务成本　32 000

　　贷：应交税费——应交增值税（进项税额转出）　32 000

⑤收到退税款。

借：银行存款　32 000

　　贷：其他应收款——应收退税款（增值税出口退税）　32 000

【例2-13】某生产企业兼有产品内销和出口业务。2019年5月，该企业国内购销及出口销售的情况如下：期初增值税留抵5万元，本月购进原材料等货物500万元，允许抵扣的进项税额为65万元，内销产品销售额为300万元，出口货物离岸价折合人民币1 200万元。适用的增值税税率为13%，退税率为12%。

生产型企业产品兼有出口和内销的，出口实行“免抵退税”政策。该企业应做账务处理如下：

①外购原材料等货物的会计分录为：

借：原材料等 5 000 000

　应交税费——应交增值税（进项税额） 650 000

　　贷：银行存款 5 650 000

②产品外销的会计分录为：

借：银行存款 12 000 000

　　贷：主营业务收入 12 000 000

③内销产品的会计分录为：

借：银行存款 3 390 000

　　贷：主营业务收入 3 000 000

　　　应交税费——应交增值税（销项税额） 390 000

④计算当月出口货物不得免征和抵扣税额：

1 200×（13%-12%）=12（万元）

借：主营业务成本 120 000

　　贷：应交税费——应交增值税（进项税额转出） 120 000

⑤计算本月应纳税额=39-（65-12）-5=-19（万元）

应纳税额小于0，说明当期期末留抵税额为19万元。

应退税额和免抵税额=1 200×12%=144（万元）

当期期末留抵税额（19万元）<当期免抵退税额（144万元）

即：当期应退税额=19万元

当期免抵税额=144-19=125（万元）

借：其他应收款——应收退税款（增值税出口退税） 190 000

　　贷：应交税费——应交增值税（出口退税） 190 000

借：应交税费——应交增值税（出口抵减内销产品应纳税额） 1 250 000

　　贷：应交税费——应交增值税（出口退税） 1 250 000

⑥收到退税款时：

借：银行存款 190 000

　　贷：其他应收款——应收退税款（增值税出口退税） 190 000

5.进项税额抵扣情况发生改变的账务处理

因发生非正常损失或改变用途等，原已计入进项税额、待抵扣进项税额或待认证进项税额，但按现行增值税制度规定不得从销项税额中抵扣的，借记“待处理财产损溢”“应付职工薪酬”“固定资产”“无形资产”等科目，贷记“应交税费——应交增值税（进项税额转出）”、“应交税费——待抵扣进项税额”或“应交税费——待认证进项税额”科目；原不得抵扣且未抵扣进项税额的固定资产、无形资产等，因改变用途等用于允许抵扣进项税额的应税项目的，应按允许抵扣的进项税额，借记“应交税费——应交增值税（进项税额）”科目，贷记“固定资产”“无形资产”等科目。固定资产、无形资产等经上述调整后，应按调整后的账面价值在剩余尚可使用寿命内计提折旧或摊销。

一般纳税人购进时已全额计提进项税额的货物或服务等转用于不动产在建工程的，

对于结转以后期间的进项税额，应借记“应交税费——待抵扣进项税额”科目，贷记“应交税费——应交增值税（进项税额转出）”科目。

【注意】税法上的非正常损失，是指因管理不善造成货物被盗、丢失、霉烂变质，以及因违反法律法规造成货物或者不动产被依法没收、销毁、拆除的情形。

【例2-14】某企业是增值税一般纳税人，2019年5月8日购入一幢办公楼，取得的增值税专用发票上注明的价款为2 000万元，进项税额为180万元。3个月后改变用途，用于职工食堂，此时不动产的净值为1 985万元。

分析：已抵扣进项税额的不动产，发生非正常损失或者改变用途，转用于简易计税方法计税项目、免征增值税项目、集体福利或者个人消费的，按照下列公式计算不得抵扣的进项税额：

不得抵扣的进项税额=（已抵扣进项税额+待抵扣进项税额）×不动产净值率

$$\text{不动产净值率}=\frac{\text{不动产净值}}{\text{不动产原值}}\times 100\%$$

再比较不得抵扣的进项税额与该不动产已抵扣进项税额的大小，从进项税额或待抵扣进项税额中扣减。如果不得抵扣的进项税额小于或等于该不动产已抵扣进项税额，应于该不动产改变用途的当期，将不得抵扣的进项税额从进项税额中扣减；反之，如果不得抵扣的进项税额大于该不动产已抵扣进项税额，应于该不动产改变用途的当期，将已抵扣进项税额从进项税额中扣减，并从该不动产待抵扣进项税额中扣减不得抵扣进项税额与已抵扣进项税额的差额。

①购入办公楼时：

借：固定资产	20 000 000	
应交税费——应交增值税（进项税额）	1 800 000	
贷：银行存款		21 800 000

②3个月后改变用途：

$$\text{不动产净值率}=\frac{1985}{2\,000}\times 100\%=99.25\%$$

不得抵扣的进项税额=1 800 000×99.25%=1 786 500（元）

借：应付职工薪酬——职工福利费	1 786 500	
贷：应交税费——应交增值税（进项税额转出）		1 786 500

如果前述办公楼为2018年购入，按当时的政策，企业购入不动产取得增值税专用发票允许抵扣进项税额，但需要分2年抵扣。其中第一年抵扣60%，第二年抵扣剩余的40%。

购入时的账务处理如下：

借：固定资产	20 000 000	
应交税费——应交增值税（进项税额）	1 080 000	
——待抵扣进项税额	720 000	
贷：银行存款		21 800 000

改变用途时，按前述公式计算不得抵扣的进项税额，并将不允许抵扣的进项税额和待抵扣进项税额一并转出。

6.月末转出多交增值税和未交增值税的账务处理

月度终了，企业应当将当月应交未交或多交的增值税自“应交增值税”明细科目转入“未交增值税”明细科目。对于当月应交未交的增值税，借记“应交税费——应交增值税（转出未交增值税）”科目，贷记“应交税费——未交增值税”科目；对于当月多交的增值税，借记“应交税费——未交增值税”科目，贷记“应交税费——应交增值税（转出多交增值税）”科目。

【例2-15】某企业是增值税一般纳税人，本月增值税情况汇总如下：本月发生的增值税销项税额为120万元，进项税额为100万元。

月末应编制如下会计分录：

借：应交税费——应交增值税（转出未交增值税）　200 000

　　贷：应交税费——未交增值税　200 000

如果本月发生的增值税销项税额为101万元，进项税额为102万元，则月末不需编制会计分录，此时“应交税费——应交增值税”账户有借方余额1万元，为期末留抵增值税税额。

如果本月发生的增值税销项税额为90万元，进项税额为70万元，已交税金为30万元（当月缴纳当月的增值税在“已交税金”明细科目核算），则月末应编制如下会计分录：

借：应交税费——未交增值税　100 000

　　贷：应交税费——应交增值税（转出多交增值税）　100 000

如果本月发生的增值税销项税额为80万元，进项税额为100万元，已交税金为30万元，则月末应编制如下会计分录：

借：应交税费——未交增值税　300 000

　　贷：应交税费——应交增值税（转出多交增值税）　300 000

【注意】转出多交增值税只能在本期已交税金范围内转回，此题转出多交的增值税只有30万元，而不是50万元，借方与贷方的差额20万元属于尚未抵扣的增值税。

7.缴纳增值税的账务处理

（1）缴纳当月应交增值税的账务处理。企业缴纳当月应交的增值税，借记“应交税费——应交增值税（已交税金）”科目，贷记“银行存款”科目。

（2）缴纳以前期间未交增值税的账务处理。企业缴纳以前期间未交的增值税，借记“应交税费——未交增值税”科目，贷记“银行存款”科目。

（3）预缴增值税的账务处理。企业预缴增值税时，借记“应交税费——预交增值税”科目，贷记“银行存款”科目。月末，企业应将“预交增值税”明细科目余额转入“未交增值税”明细科目，借记“应交税费——未交增值税”科目，贷记“应交税费——预交增值税”科目。

（4）减免增值税的账务处理。对于当期直接减免的增值税，借记“应交税费——应交增值税（减免税款）”科目，贷记损益类相关科目。

【例2-16】某新设商业企业是辅导期增值税一般纳税人，本月按规定需要预缴增值税32 900元。

分析：辅导期纳税人一个月内多次领购专用发票的，应从当月第二次领购专用发票起，按照上一次已领购并开具的专用发票销售额的3%预缴增值税，未预缴增值税的，主管税务机关不得向其发售专用发票。

预缴增值税时的账务处理如下：

借：应交税费——预交增值税　　32 900

　　贷：银行存款　　32 900

期末，将“应交税费——预交增值税”科目金额转入“应交税费——未交增值税”科目。

借：应交税费——未交增值税　　32 900

　　贷：应交税费——预交增值税　　32 900

8.增值税税控系统专用设备和技术维护费用抵减增值税的账务处理

按现行增值税制度规定，企业初次购买增值税税控系统专用设备支付的费用以及缴纳的技术维护费允许在增值税应纳税额中全额抵减的，按规定抵减的增值税应纳税额，借记“应交税费——应交增值税（减免税款）”科目，贷记“管理费用”等科目。

【例2-17】某新设企业是增值税一般纳税人，本月初次购买增值税税控装置，取得增值税专用发票，注明的价款为3 000元，税额为390元。

分析：按增值税有关规定，初次购买增值税税控系统专用设备支付的费用以及缴纳的技术维护费允许在增值税应纳税额中全额抵减。取得的增值税专用发票中的税额不允许再从销项税额中扣除。

企业购入增值税税控系统专用设备时应做如下账务处理：

借：固定资产/管理费用等　　3 390

　　贷：银行存款等　　3 390

借：应交税费——应交增值税（减免税款）　　3 390

　　贷：管理费用　　3 390

二、小规模纳税人增值税的核算

（一）账户设置

小规模纳税人核算增值税，只要核算增值税的应缴数、已缴数及欠缴或多缴数即可。这样，大多数企业只需要在“应交税费”科目下设置“应交增值税”明细科目并采用借贷余三栏账页即可。从事特殊业务的企业，根据需要可以增设“转让金融商品应交增值税”“代扣代交增值税”两个明细科目。小规模纳税人增值税核算所涉及的会计科目如图2-2所示。

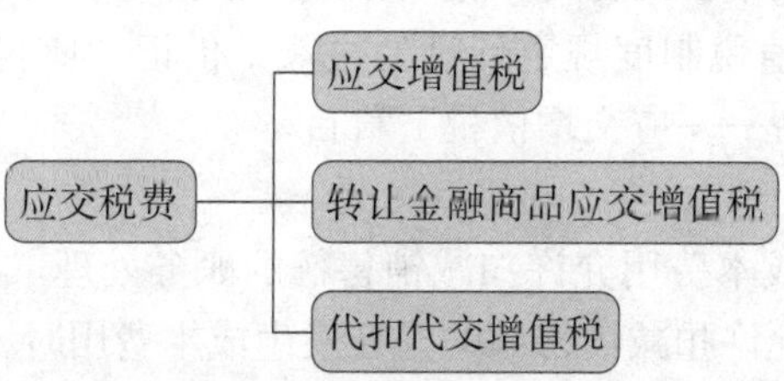

图2-2　小规模纳税人增值税核算所涉及的会计科目

小规模纳税人实行简易办法按照3%的征收率计算缴纳增值税，其购进的货物，不论是否取得增值税专用发票，均应按应付或实际支付的全部价款，借记“材料采购”“在途物资”“管理费用”等科目，贷记“应付账款”“应付票据”“银行存款”等科目。

小规模纳税人销售货物或应税劳务，一律不得开具增值税专用发票，以实现的销售收入和按规定应收取的增值税的合计数，借记“应收账款”“银行存款”等科目；按规定收取的增值税税额，贷记“应交税费——应交增值税”科目；按两者之间的差额，贷记“主营业务收入”科目。

小规模纳税人按规定的纳税期限上缴税款时，借记“应交税费——应交增值税”科目，贷记“银行存款”科目；收到退回多缴的税款时，做相反的会计分录。

(二) 小规模纳税人增值税的账务处理

1.取得资产或接受劳务等业务的账务处理

(1) 小规模纳税人采购等业务的账务处理

小规模纳税人购买货物、加工修理修配劳务、服务、无形资产或不动产，取得增值税专用发票上注明的增值税应计入相关成本费用或资产成本，不通过“应交税费——应交增值税”科目核算。

(2) 购买方作为扣缴义务人的账务处理

按照现行增值税制度的规定，境外单位或个人在境内发生应税行为，在境内未设有经营机构的，以购买方为增值税扣缴义务人。境内小规模纳税人购进服务、无形资产或不动产，按应计入相关成本费用或资产的金额，借记“生产成本”“无形资产”“固定资产”“管理费用”等科目，按应付或实际支付的金额，贷记“应付账款”等科目，按应代扣代缴的增值税税额，贷记“应交税费——代扣代交增值税”科目。实际缴纳代扣代缴增值税时，按代扣代缴的增值税税额，借记“应交税费——代扣代交增值税”科目，贷记“银行存款”科目。

2.销售等业务的账务处理

(1) 销售业务的账务处理

企业销售货物、加工修理修配劳务、服务、无形资产或不动产，应当按应收或已收的金额，借记“应收账款”“应收票据”“银行存款”等科目，按取得的收入金额，贷记“主营业务收入”“其他业务收入”“固定资产清理”“工程结算”等科目，按现行增值税制度规定计算的增值税税额，贷记“应交税费——应交增值税”科目。发生销售退回的，应根据按规定开具的红字增值税专用发票做相反的会计分录。

(2) 视同销售的账务处理

企业发生税法上视同销售的行为，应当按照企业会计准则的相关规定进行相应的会计处理，并按照现行增值税制度规定计算的税额，借记“应付职工薪酬”“利润分配”等科目，贷记“应交税费——应交增值税”科目。

3.差额征税的账务处理

(1) 企业发生相关成本费用允许扣减销售额的账务处理。按现行增值税制度规定，企业发生相关成本费用允许扣减销售额的，在发生成本费用时，按应付或实际支付的金额，借记“主营业务成本”“工程施工”等科目，贷记“应付账款”“应付票据”“银行存款”等科目。待取得合规增值税扣税凭证且发生纳税义务时，按照允许抵扣的税额，借记“应交税费——应交增值税”科目，贷记“主营业务成本”“工程施工”等科目。

（2）金融商品转让按规定以盈亏相抵后的余额作为销售额的账务处理。金融商品实际转让月末，如产生转让收益，则按应纳税额借记“投资收益”等科目，贷记“应交税费——转让金融商品应交增值税”科目；如产生转让损失，则按可结转下月抵扣的税额，借记“应交税费——转让金融商品应交增值税”科目，贷记“投资收益”等科目。缴纳增值税时，应借记“应交税费——转让金融商品应交增值税”科目，贷记“银行存款”科目。年末，“应交税费——转让金融商品应交增值税”科目如有借方余额，则借记“投资收益”等科目，贷记“应交税费——转让金融商品应交增值税”科目。

4.缴纳增值税的账务处理

企业缴纳当月应交的增值税，借记“应交税费——应交增值税”科目，贷记“银行存款”科目。

5.增值税税控系统专用设备和技术维护费用抵减增值税的账务处理

按现行增值税制度的规定，企业初次购买增值税税控系统专用设备支付的费用以及缴纳的技术维护费允许在增值税应纳税额中全额抵减的，按可抵减的增值税应纳税额，借记“应交税费——应交增值税”科目，贷记“管理费用”等科目。

6.关于小微企业免征增值税的会计处理的规定

小微企业在取得销售收入时，应当按照税法的规定计算应交增值税，并确认为应交税费，在达到增值税制度规定的免征增值税条件时，将有关应交增值税转入当期损益。

任务四　增值税的申报与缴纳

一、纳税义务发生时间

根据《增值税暂行条例》（中华人民共和国国务院令第691号）第十九条的规定：发生应税销售行为，为收讫销售款项或者取得索取销售款项凭据的当天；先开具发票的，为开具发票的当天。进口货物，为报关进口的当天。增值税扣缴义务发生时间为纳税人增值税纳税义务发生的当天。

纳税义务发生时间按照销售货物、劳务、服务、无形资产和不动产又可以分为以下两大类情形。

（一）销售货物、劳务纳税义务发生时间的规定

（1）采取直接收款方式销售货物的，不论货物是否发出，均为收到货款或取得索取货款的凭据，并将提货单交给买方的当天。

（2）采取托收承付和委托银行收款方式销售货物的，为发出货物并办妥托收手续的当天。

（3）采取赊销和分期收款方式销售货物的，为合同约定的收款日期的当天；无书面合同的或者书面合同没有约定收款日期的，为货物发出的当天。

(4) 采取预收货款方式销售货物的，为货物发出当天。但生产销售生产工期超过12个月的大型机械设备、船舶、飞机等货物，为收到预收款或者书面合同约定的收款日期的当天。

(5) 委托其他单位代销货物的，为收到代销单位开来代销清单当天；未收到代销清单及货款的，为发出代销货物满180天的当天。

(6) 销售应税劳务的，为提供劳务同时收讫货款或取得索取货款凭据的当天。

(7) 纳税人发生视同销售货物行为的，为货物移送的当天。

(二) 销售服务、无形资产和不动产纳税义务发生时间的规定

(1) 纳税人发生应税行为并收讫销售款项或者取得索取销售款项凭据的当天；先开具发票的，为开具发票的当天。

收讫销售款项，是指纳税人销售服务、无形资产、不动产过程中或者完成后收到款项。

取得索取销售款项凭据的当天，是指书面合同确定的付款日期；未签订书面合同或者书面合同未确定付款日期的，为服务、无形资产转让完成的当天或者不动产权属变更的当天。

(2) 纳税人从事金融商品转让的，为金融商品所有权转移的当天。

(3) 纳税人发生视同销售服务、无形资产或者不动产的，其纳税义务发生时间为服务、无形资产转让完成的当天或者不动产权属变更的当天。

二、纳税期限

根据《增值税暂行条例》第二十三条、第二十四条的规定：增值税的纳税期限分别为1日、3日、5日、10日、15日、1个月或者1个季度。纳税人的具体纳税期限，由主管税务机关根据纳税人应纳税额的大小分别核定；不能按照固定期限纳税的，可以按次纳税。

纳税人以1个月或者1个季度为1个纳税期的，自期满之日起15日内申报纳税；以1日、3日、5日、10日或者15日为1个纳税期的，自期满之日起5日内预缴税款，于次月1日起15日内申报纳税并结清上月应纳税款。

扣缴义务人解缴税款的期限，依照上述规定执行。

纳税人进口货物，应当自海关填发海关进口增值税专用缴款书之日起15日内缴纳税款，逾期按日征收税款总额万分之五的滞纳金。

根据《财政部 国家税务总局关于全面推开营业税改征增值税试点的通知》(财税〔2016〕36号) 附件1《营业税改征增值税试点实施办法》第四十七条相关规定：以1个季度为纳税期限的规定适用于小规模纳税人、银行、财务公司、信托投资公司、信用社，以及财政部和国家税务总局规定的其他纳税人。

三、纳税地点

一般情况下，增值税实行“就地纳税”原则。

(1) 固定业户应当向其机构所在地的主管税务机关申报纳税。总机构和分支机构不

在同一县（市）的，应当分别向各自所在地的主管税务机关申报纳税；经国务院财政、税务主管部门或者其授权的财政、税务机关批准，可以由总机构汇总向总机构所在地的主管税务机关申报纳税。

（2）固定业户到外县（市）销售货物或者劳务，应当向其机构所在地的主管税务机关报告外出经营事项，并向其机构所在地的主管税务机关申报纳税；未报告的，应当向销售地或者劳务发生地的主管税务机关申报纳税；未向销售地或者劳务发生地的主管税务机关申报纳税的，由其机构所在地的主管税务机关补征税款。

（3）非固定业户销售货物或者劳务，应当向销售地或者劳务发生地的主管税务机关申报纳税；未向销售地或者劳务发生地的主管税务机关申报纳税的，由其机构所在地或者居住地的主管税务机关补征税款。

（4）进口货物，应当向报关地海关申报纳税。

扣缴义务人应当向其机构所在地或者居住地的主管税务机关申报缴纳其扣缴的税款。

四、纳税申报

增值税一般纳税人和小规模纳税人采用不同的办法申报纳税。

（一）一般纳税人纳税申报办法

一般纳税人按月申报，申报期为次月1日起至15日。

1.纳税申报流程

（1）每月月末或者下月初纳税申报前，插着税控盘在增值税发票认证平台上，勾选认证本月收到的增值税专用发票及机动车销售统一发票。就是将本月收到的增值税专用发票及机动车销售统一发票的税额上传到税务局系统。

增值税发票勾选认证的时间范围，包括从取得发票当月到下月纳税申报前，都可以勾选认证。

（2）每月月初，在税控系统里，要先做“上报汇总”，就是将本月在税控盘上的开票信息上传到税务系统。

（3）纳税申报，登录电子税务局的办税平台网页，一键读取本月开票信息及收到可以抵扣的票据信息后，仔细核对每张申报表导入数据，如果数据有误，可以手动修改表中数据。经核查，各表导入数据无误后，报表依次保存，一键申报。

（4）申报成功后，但税控系统进行清卡（反写）操作，注意税控盘里报税资料是否清空，税盘锁死日期应该顺延到下月申报期的最后一日。

在实际工作中，月初税控系统“上报汇总”后，无论是否进行纳税申报，都可以开具本月的增值税专用发票。但这个开票权限，只能到本月申报期最后一天。

企业若想在月初申报期购买发票，必须是“上报汇总—纳税申报—交完税款—清卡（反写）”后，才能购买。

2.一般纳税人的纳税申报表的填写

【学中做2-1】

大连华科企业管理有限公司是增值税一般纳税人，主要从事“现代服务业——商务辅助服务”，符合《关于深化增值税改革有关政策的公告》（财政部　税务总局　海关总署公告2019年第39号）的加计扣除政策规定。2019年3月底期末留抵税额为3万元。2019年4月份发生如下经济业务：

（1）采购货物一批，取得供货方开具的3张税率为13%的增值税专用发票，发票注明价款合计为100万元，增值税进项税额合计为13万元。发票已经网上勾选认证完毕。

（2）销售货物一批，对外开具增值税专用发票，注明的价款为200万元，适用13%的税率；2019年1月份的一笔销售业务，本月开出的增值税专用发票上注明的税额为8万元，适用16%的税率，该业务已在1月份按未开具发票足额申报缴纳增值税。

（3）本月提供企业管理服务取得销售收入，开具的增值税专用发票上注明的价款为250万元，适用6%的税率。

（4）企业8名员工出差，发生往返机票（含燃油费）合计10 900元，按员工提供的航空电子客票行程单予以报销。

（5）企业1月份购入一层写字间，取得增值税专用发票，截至2019年4月底尚有购入写字间的不动产待抵扣进项税额20万元未抵扣（2019年4月1日前，购入固定资产的进项税按2年抵扣，分别在第一年抵扣60%，第二年抵扣剩余的40%，本题所指未抵扣进项税额为购入写字间的进项税额的40%）。

工作任务：

（1）还原该企业各项经济业务发生时应进行的账务处理；

（2）计算企业需要确认的销项税额，并逐笔分析经济业务；

（3）计算企业允许确认的进项税额，并逐笔分析经济业务；

（4）计算企业应纳增值税税额；

（5）填写增值税纳税申报表主表及其附表。

工作指导：

（1）根据相关政策规定，该企业系增值税一般纳税人，应按符合规定的票据抵扣增值税进项税额。

（2）企业购进国内旅客运输服务，其进项税额允许从销项税额中抵扣。

允许抵扣进项税额$=\dfrac{10\,900}{1+9\%}\times 9\%=900$（元）

（3）购进固定资产尚未抵扣的进项税额，按现行政策规定，允许一次性计入进项税额。

本月可以抵扣进项税额=130 000+900+200 000=330 900（元）

（4）1月份已按规定缴纳增值税，本月补开增值税专用发票，属于前期“未开具发票的销售额”和前期“未开具发票的销项税额”的减少，在纳税申报表中做一增一减处理。

本期销项税额=2 000 000×13%+80 000−80 000+2 500 000×6%=410 000（元）

（5）填写一般纳税人增值税纳税申报表及其附表，见表2-5至表2-10。

表2-5　　**增值税纳税申报表**

（一般纳税人适用）

根据国家税收法律法规及增值税相关规定制定本表。纳税人不论有无销售额，均应按税务机关核定的纳税期限填写本表，并向当地税务机关申报。

税款所属时间：自　年　月　日至　年　月　日　填表日期：　年　月　日　　金额单位：元至角分

纳税人识别号		所属行业：				
纳税人名称	（公章）	法定代表人姓名		注册地址		生产经营地址
开户银行及账号		登记注册类型			电话号码	

	项　目	栏次	一般项目		即征即退项目	
			本月数	本年累计	本月数	本年累计
销售额	（一）按适用税率计税销售额	1				
	其中：应税货物销售额	2				
	应税劳务销售额	3				
	纳税检查调整的销售额	4				
	（二）按简易办法计税销售额	5				
	其中：纳税检查调整的销售额	6				
	（三）免、抵、退办法出口销售额	7			—	—
	（四）免税销售额	8			—	—
	其中：免税货物销售额	9			—	—
	免税劳务销售额	10			—	—
税款计算	销项税额	11	410 000			
	进项税额	12	330 900			
	上期留抵税额	13	30 000			—
	进项税额转出	14				
	免、抵、退应退税额	15			—	—
	按适用税率计算的纳税检查应补缴税额	16			—	—
	应抵扣税额合计	17=12+13-14-15+16	360 900	—		—
	实际抵扣税额	18（如17<11，则为17，否则为11）				
	应纳税额	19=11-18	16 010			
	期末留抵税额	20=17-18				—
	简易计税办法计算的应纳税额	21				
	按简易计税办法计算的纳税检查应补缴税额	22			—	—
	应纳税额减征额	23				
	应纳税额合计	24=19+21-23				
税款缴纳	期初未缴税额（多缴为负数）	25				
	实收出口开具专用缴款书退税额	26			—	—
	本期已缴税额	27=28+29+30+31				
	①分次预缴税额	28		—		—
	②出口开具专用缴款书预缴税额	29		—	—	—
	③本期缴纳上期应纳税额	30				
	④本期缴纳欠缴税额	31				
	期末未缴税额（多缴为负数）	32=24+25+26-27				
	其中：欠缴税额（≥0）	33=25+26-27		—		—
	本期应补（退）税额	34=24-28-29		—		—
	即征即退实际退税额	35	—	—		
	期初未缴查补税额	36			—	—
	本期入库查补税额	37			—	—
	期末未缴查补税额	38=16+22+36-37			—	—

授权声明	申报人声明
如果你已委托代理人申报，请填写下列资料： 为代理一切税务事宜，现授权 （地址）　　为本纳税人的代理申报人，任何与本申报表有关的往来文件，都可寄予此人。 授权人签字：	本纳税申报表是根据国家税收法律法规及相关规定填报的，我确定它是真实的、可靠的、完整的。 声明人签字：

主管税务机关：　　　　接收人：　　　　接收日期：

表2-6

增值税纳税申报表附列资料（一）

（本期销售情况明细）

税款所属时间：　　年　　月　　日至　　年　　月　　日

纳税人名称：（公章）　　　　　　　　　　　　　　　　　　　　　金额单位：元至角分

项目及栏次				开具增值税专用发票		开具其他发票		未开具发票		纳税检查调整		合计			服务、不动产和无形资产扣除项目本期实际扣除金额	扣除后	
				销售额	销项(应纳)税额	销售额	销项(应纳)税额	销售额	销项(应纳)税额	销售额	销项(应纳)税额	销售额	销项(应纳)税额	价税合计		含税(免税)销售额	销项(应纳)税额
				1	2	3	4	5	6	7	8	9=1+3+5+7	10=2+4+6+8	11=9+10	12	13=11-12	14=13÷(100%+税率或征收率)×税率或征收率
一、一般计税方法计税	全部征税项目	13%税率的货物及加工修理修配劳务	1	2 500 000	340 000			-500 000	-80 000			2 000 000	260 000	—	—	—	—
		13%税率的服务、不动产和无形资产	2														
		9%税率的货物及加工修理修配劳务	3											—	—	—	—
		9%税率的服务、不动产和无形资产	4														
		6%税率	5	2 500 000	150 000							2 500 000	150 000	2 650 000			
	其中：即征即退项目	即征即退货物及加工修理修配劳务	6	—	—	—	—	—	—	—	—			—	—	—	—
		即征即退服务、不动产和无形资产	7	—	—	—	—	—	—	—	—						
二、简易计税方法计税	全部征税项目	6%征收率	8							—	—			—	—	—	—
		5%征收率的货物及加工修理修配劳务	9a							—	—			—	—	—	—
		5%征收率的服务、不动产和无形资产	9b							—	—			—	—	—	—
		4%征收率	10							—	—			—	—	—	—
		3%征收率的货物及加工修理修配劳务	11							—	—			—	—	—	—
		3%征收率的服务、不动产和无形资产	12							—	—						
		预征率　%	13a							—	—						
		预征率　%	13b							—	—						
		预征率　%	13c							—	—						
	其中：即征即退项目	即征即退货物及加工修理修配劳务	14	—	—	—	—	—	—	—	—			—	—	—	—
		即征即退服务、不动产和无形资产	15	—	—	—	—	—	—	—	—						
三、免抵退税		货物及加工修理修配劳务	16	—	—		—		—	—	—		—	—	—	—	—
		服务、不动产和无形资产	17	—	—		—		—	—	—		—				—
四、免税		货物及加工修理修配劳务	18				—		—	—	—		—	—	—	—	—
		服务、不动产和无形资产	19	—	—		—		—	—	—		—				—

表2-7 增值税纳税申报表附列资料（二）

（本期进项税额明细）

税款所属时间：　　年　　月　　日至　　年　　月　　日

纳税人名称：（公章）　　　　　　　　　　　　　　　　金额单位：元至角分

一、申报抵扣的进项税额				
项目	栏次	份数	金额	税额
（一）认证相符的增值税专用发票	1=2+3	3	1 000 000	130 000
其中：本期认证相符且本期申报抵扣	2	3	1 000 000	130 000
前期认证相符且本期申报抵扣	3			
（二）其他扣税凭证	4=5+6+7+8a+8b	16	10 000	200 900
其中：海关进口增值税专用缴款书	5			
农产品收购发票或者销售发票	6			
代扣代缴税收缴款凭证	7		—	
加计扣除农产品进项税额	8a	—	—	
其他	8b	16	10 000	200 900
（三）本期用于购建不动产的扣税凭证	9			
（四）本期用于抵扣的旅客运输服务扣税凭证	10			
（五）外贸企业进项税额抵扣证明	11	—	—	
当期申报抵扣进项税额合计	12=1+4+11	19	1 010 000	330 900

二、进项税额转出额		
项目	栏次	税额
本期进项税额转出额	13=14至23之和	
其中：免税项目用	14	
集体福利、个人消费	15	
非正常损失	16	
简易计税方法征税项目用	17	
免抵退税办法不得抵扣的进项税额	18	
纳税检查调减进项税额	19	
红字专用发票信息表注明的进项税额	20	
上期留抵税额抵减欠税	21	
上期留抵税额退税	22	
其他应作进项税额转出的情形	23	

三、待抵扣进项税额				
项目	栏次	份数	金额	税额
（一）认证相符的增值税专用发票	24	—	—	—
期初已认证相符但未申报抵扣	25			
本期认证相符且本期未申报抵扣	26			
期末已认证相符但未申报抵扣	27			
其中：按照税法规定不允许抵扣	28			
（二）其他扣税凭证	29=30至33之和			
其中：海关进口增值税专用缴款书	30			
农产品收购发票或者销售发票	31			
代扣代缴税收缴款凭证	32		—	
其他	33			
	34			

四、其他				
项目	栏次	份数	金额	税额
本期认证相符的增值税专用发票	35	3	1 000 000	130 000
代扣代缴税额	36	—	—	

表2-8　　增值税纳税申报表附列资料（三）

（服务、不动产和无形资产扣除项目明细）

税款所属时间：　　年　　月　　日至　　年　　月　　日

纳税人名称：（公章）　　　　金额单位：元至角分

项目及栏次		本期服务、不动产和无形资产价税合计额（免税销售额）	服务、不动产和无形资产扣除项目				
			期初余额	本期发生额	本期应扣除金额	本期实际扣除金额	期末余额
		1	2	3	4=2+3	5(5≤1且5≤4)	6=4-5
13%税率的项目	1						
9%税率的项目	2						
6%税率的项目（不含金融商品转让）	3						
6%税率的金融商品转让项目	4						
5%征收率的项目	5						
3%征收率的项目	6						
免抵退税的项目	7						
免税的项目	8						

表2-9　　增值税纳税申报表附列资料（四）

（税额抵减情况表）

税款所属时间：　　年　　月　　日至　　年　　月　　日

纳税人名称：（公章）　　　　金额单位：元至角分

一、税额抵减情况						
序号	抵减项目	期初余额	本期发生额	本期应抵减税额	本期实际抵减税额	期末余额
		1	2	3=1+2	4≤3	5=3-4
1	增值税税控系统专用设备费及技术维护费					
2	分支机构预征缴纳税款					
3	建筑服务预征缴纳税款					
4	销售不动产预征缴纳税款					
5	出租不动产预征缴纳税款					

二、加计抵减情况							
序号	加计抵减项目	期初余额	本期发生额	本期调减额	本期可抵减额	本期实际抵减额	期末余额
		1	2	3	4=1+2-3	5	6=4-5
6	一般项目加计抵减额计算	0	33 090		33 090	33 090	0
7	即征即退项目加计抵减额计算						
8	合计						

表2-10　　增值税减免税申报明细表

税款所属时间：　　年　　月　　日至　　年　　月　　日

纳税人名称：(公章)　　　　金额单位：元至角分

一、减税项目						
减税性质代码及名称	栏次	期初余额	本期发生额	本期应抵减税额	本期实际抵减税额	期末余额
		1	2	3=1+2	4≤3	5=3−4
合计	1					
	2					
	3					
	4					
	5					
	6					
二、免税项目						
免税性质代码及名称	栏次	免征增值税项目销售额	免税销售额扣除项目本期实际扣除金额	扣除后免税销售额	免税销售额对应的进项税额	免税额
		1	2	3=1−2	4	5
合 计	7					
出口免税	8		—	—	—	—
其中：跨境服务	9		—	—	—	—
	10					
	11					
	12					
	13					
	14					
	15					
	16					

需要说明的是，为进一步优化纳税服务，减轻纳税人负担，税务总局对增值税一般纳税人申报资料进行了简化，自2019年5月1日起，一般纳税人在办理纳税申报时，需要填报“一主表五附表”，即申报表主表、附列资料（一）至（四）和“增值税减免税申报明细表”。原“增值税纳税申报表附列资料（五）”“营改增税负分析测算明细表”不再需要填报。

做中学：

某企业为增值税一般纳税人，2019年5月发生下列经济业务：

（1）销售一批货物，开具一张13%税率的增值税专用发票，金额为100 000元，税额为13 000元。

（2）发生有形动产经营租赁业务，开具一张13%税率的增值税普通发票，金额为50 000元，税额为6 500元。

请问：该企业应如何进行纳税申报？

（二）小规模纳税人纳税申报办法

1.纳税申报资料

小规模纳税人纳税申报时，应提供以下资料："增值税纳税申报表"（适用小规模纳税人）、普通发票领用存月报表、企业财务会计报表及其他税务机关要求报送的资料。

2.小规模纳税人纳税申报表

小规模纳税人纳税申报表包括增值税纳税申报表（小规模纳税人适用）主表和增值税纳税申报表（小规模纳税人适用）附列资料。

【学中做2-2】

D公司（小规模纳税人）于2019年4月开业，5—6月发生有关业务如下：

（1）向国内生产企业甲公司销售商品，取得全部价款50 000元，通过税控系统开具增值税普通发票。

（2）承担上述货物销售的运费1 000元，取得运输部门开具的运费发票。

工作任务：

（1）思考经济业务发生时应如何进行相应的账务处理；

（2）计算企业应纳增值税税额；

（3）填写增值税纳税申报表主表及其附表。

工作指导：

（1）根据相关政策的规定，该企业系增值税小规模纳税人，按规定应填写增值税纳税申报表（小规模纳税人适用）及其附表。

（2）小规模纳税人销售商品适用3%的征收率。

不含税销售额$=\frac{50\,000}{1+3\%}=48\,543.69$（元）

应纳增值税税额$=\frac{50\,000}{1+3\%}\times 3\%=1\,456.31$（元）

（3）该企业合计月不含税销售额不到10万元，季度销售额不到30万元，享受小规模纳税人增值税免税政策。

（4）该企业免税销售额应填入纳税申报表"小微企业免税额"栏。

（5）增值税纳税申报表（小规模纳税人适用）附列资料反映应税服务扣除项目的扣除和计算，本题不涉及扣除项目，故增值税纳税申报表（小规模纳税人适用）附列资料为空表。

（6）填写小规模纳税人增值税纳税申报表，见表2-11、表2-12。

表2-11　　增值税纳税申报表

（小规模纳税人适用）

纳税人识别号：□□□□□□□□□□□□□□□□□□□□

纳税人名称（公章）：　　　　　　　　　　　　　　　　　　　　　　金额单位：元至角分

税款所属期：　　年　　月　　日至　　年　　月　　日　　　　填表日期：　　年　　月　　日

	项目	栏次	本期数		本年累计	
			货物及劳务	服务、不动产和无形资产	货物及劳务	服务、不动产和无形资产
一、计税依据	（一）应征增值税不含税销售额（3%征收率）	1				
	税务机关代开的增值税专用发票不含税销售额	2				
	税控器具开具的普通发票不含税销售额	3				
	（二）应征增值税不含税销售额（5%征收率）	4	—		—	
	税务机关代开的增值税专用发票不含税销售额	5	—		—	
	税控器具开具的普通发票不含税销售额	6	—		—	
	（三）销售使用过的固定资产不含税销售额	7(7≥8)		—		—
	其中：税控器具开具的普通发票不含税销售额	8		—		—
	（四）免税销售额	9=10+11+12	48 543.69		48 543.69	
	其中：小微企业免税销售额	10	48 543.69		48 543.69	
	未达起征点销售额	11				
	其他免税销售额	12				
	（五）出口免税销售额	13(13≥14)				
	其中：税控器具开具的普通发票销售额	14				
二、税款计算	本期应纳税额	15	0		0	
	本期应纳税额减征额	16				
	本期免税额	17	1 456.31			
	其中：小微企业免税额	18	1 456.31			
	未达起征点免税额	19				
	应纳税额合计	20=15-16	0			
	本期预缴税额	21			—	—
	本期应补（退）税额	22=20-21	0		—	—

纳税人或代理人声明：	如纳税人填报，由纳税人填写以下各栏：
本纳税申报表是根据国家税收法律法规及相关规定填报的，我确定它是真实的、可靠的、完整的。	办税人员：　　　　财务负责人： 法定代表人：　　　　联系电话：
	如委托代理人填报，由代理人填写以下各栏：
	代理人名称（公章）：　　　　经办人： 联系电话：

主管税务机关：　　　　　　接收人：　　　　　　接收日期：

表2-12　　增值税纳税申报表（小规模纳税人适用）附列资料

税款所属期：　　年　　月　　日至　　年　　月　　日　　　　填表日期：　　年　　月　　日

纳税人名称（公章）：　　　　　　　　　　　　　　　　　　　　金额单位：元至角分

应税行为（3%征收率）扣除额计算			
期初余额	本期发生额	本期扣除额	期末余额
1	2	3（3≤1+2之和，且3≤5）	4=1+2-3
应税行为（3%征收率）计税销售额计算			
全部含税收入（适用3%征收率）	本期扣除额	含税销售额	不含税销售额
5	6=3	7=5-6	8=7÷1.03
应税行为（5%征收率）扣除额计算			
期初余额	本期发生额	本期扣除额	期末余额
9	10	11（11≤9+10之和，且11≤13）	12=9+10-11
应税行为（5%征收率）计税销售额计算			
全部含税收入（适用5%征收率）	本期扣除额	含税销售额	不含税销售额
13	14=11	15=13-14	16=15÷1.05

做中学：

某企业是增值税小规模纳税人，按季申报缴纳增值税。2019年第一季度销售服饰取得不含税销售收入2万元，出租不动产取得不含税销售收入28万元，均开具增值税普通发票。本季度未发生其他增值税应税行为。

请问：该企业应如何进行纳税申报？

任务五　增值税专用发票的使用与管理

增值税专用发票，既是增值税制度的基本内容之一，也是增值税得以实施的一项重要基础。它对增值税的计算和管理起着决定性作用，其重要意义表现在以下两个方面：

第一，增值税专用发票不仅具有商事凭证的作用，由于实行凭发票购进税款扣税，购买方要向销售方支付增值税，因此增值税专用发票还具有完税凭证的作用，是记录销售方纳税义务和购买方进项税额的合法证明。

第二，增值税专用发票可以将一种货物从最初生产到最终消费之间的各个环节连接起来，按专用发票上注明的税额，逐个环节征税，逐个环节扣税，把税款从一个经营环节传递到下一个经营环节，直到把商品或劳务供应给最终消费者。从而使各环节开具的专用发票上注明的应纳税额之和就是该商品或劳务的整体税负，体现了增值税普遍征收和公平税负的特征。

增值税专用发票像链条一样，把各个环节的纳税人联结在一起，从而形成了增值税自身的制约机制，即购销双方利用发票进行交叉审计的机制。增值税专用发票的这一特殊作用，使得许多实行增值税的国家把这种发票称为“税务发票”，并将其视同钞票和支票一样予以严格管理。

一、增值税专用发票的领购使用范围

增值税专用发票（简称专用发票）只限于增值税一般纳税人领购使用，增值税小规模纳税人和非增值税纳税人不得领购使用。

依法办理税务登记的单位和个人，在办理税务登记事项后，应向主管税务机关申请领购发票。依法不需办理税务登记的单位，如需要领购发票，可按照有关规定向主管税务机关申请领购发票，经主管税务机关审核后，发给发票领购簿。领购发票的单位和个人，凭发票领购簿核准的种类、数量以及购票方式，向主管税务机关领购发票。需要临时使用发票的单位和个人，可直接向税务机关申请办理。临时到外省、自治区、直辖市从事经营活动的单位或个人，应当凭所在地税务机关的证明，向经营地税务机关申请领购经营地的发票。

销售商品、提供劳务以及从事其他经营活动的单位和个人，对外发生经营业务收取款项，收款方应向付款方开具发票；在特殊情况下，也可由付款方向收款方开具发票。填开发票的单位和个人必须在发生经营业务确认营业收入时开具发票。未发生经营业务，一律不准开具发票。所有单位和从事生产、经营活动的个人，在购买商品、接受劳务以及从事其他经营活动时支付款项，应当向收款方索取发票。取得发票时，不得要求变更品名和金额。

一般纳税人有下列情形之一者，不得领购使用专用发票：

（1）会计制度不健全，即不能按会计制度和税务机关的要求准确核算增值税的销项税额、进项税额和应纳税额者。

（2）不能向税务机关准确提供增值税销项税额、进项税额、应纳税额及其他有关增值税税务资料者。

（3）有以下行为，经税务机关责令限期改正仍未改正者：

①私自印制专用发票；

②向个人或税务机关以外的单位买取专用发票；

③借用他人专用发票；

④向他人提供专用发票；

⑤未按规定开具专用发票；

⑥未按规定保管专用发票；

⑦未按规定申报专用发票的购、用、存情况；

⑧未按规定接受税务机关的检查。

有上列情形的一般纳税人如已领购使用专用发票，税务机关应收缴其结存的专用发票。

（4）销售的货物全部属于免税项目者。

另外，纳税人当月购买专用发票而未申报纳税的，税务机关不得再向其发售专用发票。

二、增值税专用发票的开具范围和开具要求

（一）增值税专用发票的开具范围

增值税专用发票的开具范围受两个因素限制：其一，销售项目是否能够开具增值税专用发票；其二，购买方能否使用增值税专用发票抵扣税款。一般纳税人销售货物（包括视同销售货物在内），提供应税劳务，销售应税服务、无形资产和不动产，应该向购买方开具专用发票。下列情形不得开具专用发票：

（1）向消费者个人销售应税货物或者应税劳务的；

（2）销售货物或者应税劳务适用免税规定的；

（3）小规模纳税人销售货物或者应税劳务的。

（二）增值税专用发票的开具要求

增值税专用发票的开具要求如下：

（1）项目齐全，与实际交易相符；

（2）字迹清楚，不得压线、错格；

（3）发票联和抵扣联加盖发票专用章；

（4）按照增值税纳税义务的发生时间开具。

对不符合上列要求的增值税专用发票，购买方有权拒收。

依据《中华人民共和国发票管理办法》，企业开具发票应当按照规定的时限、顺序、栏目，全部联次一次性如实开具，并加盖发票专用章。任何单位和个人不得有下列虚开发票行为：

（1）为他人、为自己开具与实际经营业务情况不符的发票；

（2）让他人为自己开具与实际经营业务情况不符的发票；

（3）介绍他人开具与实际经营业务情况不符的发票。

另外，依据国家税务总局公告2017年第45号，自2018年1月1日起，纳税人通过增值税发票管理新系统开具增值税发票（包括增值税专用发票、增值税普通发票、增值税电子普通发票）时，商品和服务税收分类编码对应的简称会自动显示并打印在发票票面“货物或应税劳务、服务名称”或“项目”栏次中。

三、增值税专用发票开具时限

专用发票开具时限规定如下：

（1）采用预收货款、托收承付、委托银行收款结算方式的，为货物发出的当天。

（2）采用交款提货结算方式的，为收到货款的当天。

（3）采用赊销、分期付款结算方式的，为合同约定的收款日期的当天。

（4）将货物交付他人代销，为收到委托人送交的代销清单的当天。

（5）设有两个以上机构并实行统一核算的纳税人，将货物从一个机构移送其他机构用于销售，按规定应当征收增值税的，为货物移送的当天。

（6）将货物作为投资提供给其他单位或个体经营者，为货物移送的当天。

（7）将货物分配给股东，为货物移送的当天。

一般纳税人必须按规定时限开具专用发票，不得提前或滞后。对已开具专用发票的销售货物，要及时足额计入当期销售额计税。凡开具了专用发票，其销售额未按规定记入收入账户核算的，一律按偷税处理。

四、增值税发票的联次及票样

增值税普通发票由基本联次或者基本联次附加其他联次构成，基本联次为两联：发票联和记账联。

增值税专用发票由基本联次或者基本联次附加其他联次构成，基本联次为三联：

第一联是记账联，是销售方发票联，是销售方的记账凭证，即销售方销售货物的原始凭证。票面上的“税额”指的是“销项税额”，“金额”指的是销售货物的“不含税价格”。发票三联是具有复写功能的，一次开具，三联的内容一致。

第二联是抵扣联（购买方用来扣税）。

第三联是发票联（购买方用来记账）。

增值税专用发票的票样如图2-3所示。

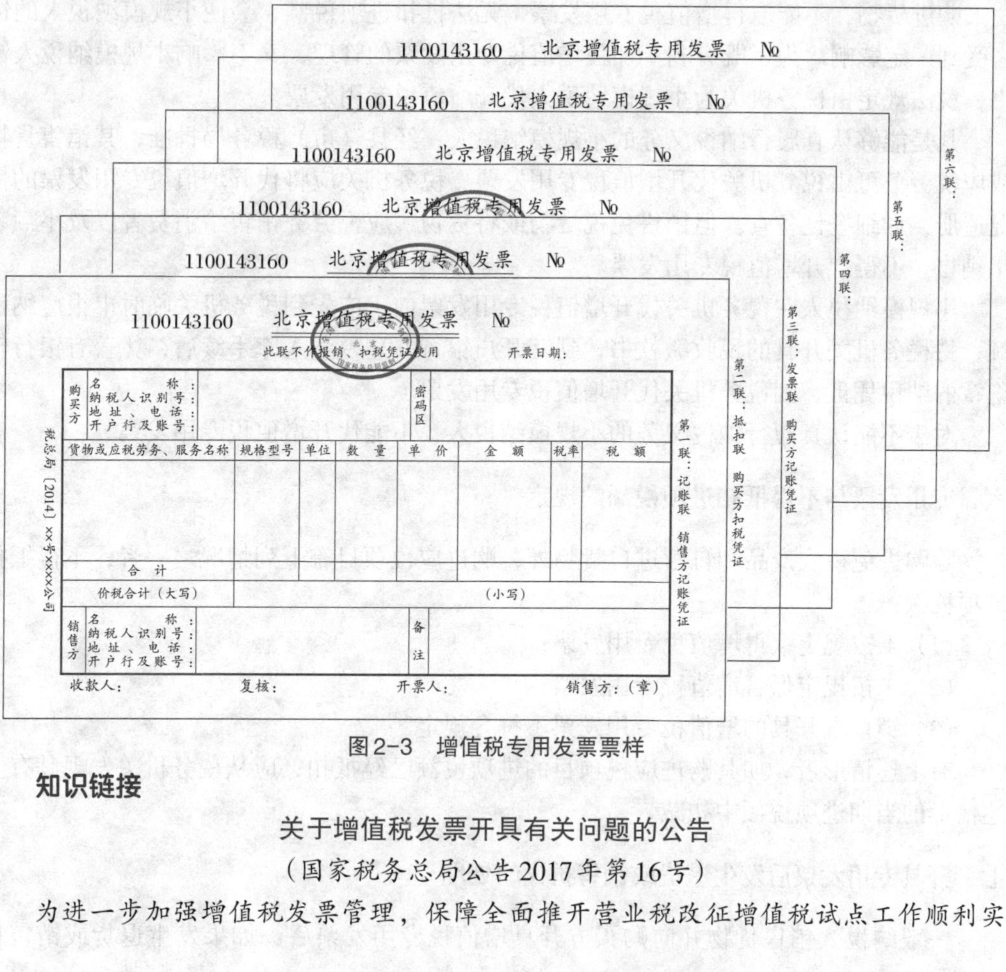

图2-3　增值税专用发票票样

知识链接

关于增值税发票开具有关问题的公告
（国家税务总局公告2017年第16号）

为进一步加强增值税发票管理，保障全面推开营业税改征增值税试点工作顺利实施，保护纳税人合法权益，营造健康公平的税收环境，现将增值税发票开具有关问题公告如下：

一、自2017年7月1日起，购买方为企业的，索取增值税普通发票时，应向销售方提供纳税人识别号或统一社会信用代码；销售方为其开具增值税普通发票时，应在“购买方纳税人识别号”栏填写购买方的纳税人识别号或统一社会信用代码。不符合规定的发票，不得作为税收凭证。

本公告所称企业，包括公司、非公司制企业法人、企业分支机构、个人独资企业、合伙企业和其他企业。

二、销售方开具增值税发票时，发票内容应按照实际销售情况如实开具，不得根据购买方要求填开与实际交易不符的内容。销售方开具发票时，通过销售平台系统与增值税发票税控系统后台对接，导入相关信息开票的，系统导入的开票数据内容应与实际交易相符，如不相符应及时修改完善销售平台系统。

五、税务机关代开增值税专用发票

按规定，小规模纳税人不得领购和使用增值税专用发票。若一般纳税人向小规模纳税人购进货物，不能取得增值税专用发票，无法抵扣进项税额，会使小规模纳税人的销售受到一定影响。为了既有利于加强增值税专用发票的管理，又不影响小规模纳税人销售，税法规定由税务机关为小规模纳税人代开增值税专用发票。

凡是能够认真履行纳税义务的小规模纳税人，经县（市）税务局批准，其销售货物或应税劳务可由税务机关代开增值税专用发票。税务机关应将代开增值税专用发票的情况造册，详细登记备查。但销售免税货物或将货物、应税劳务销售给消费者以及小额零星销售，不得代开增值税专用发票。

小规模纳税人在税务机关代开增值税专用发票前，应先到税务机关临时申报应纳税额，持税务机关开具的税收缴款书，到其开户银行办理税款入库手续后，凭盖有银行转讫章的纳税凭证，到税务机关代开增值税专用发票。

对于不能认真履行纳税义务的小规模纳税人，不能代开增值税专用发票。

六、专用发票与不得抵扣进项税额的规定

除购进免税农产品和自营进口货物外，购进应税项目有下列情况之一者，不得抵扣进项税额：

（1）未按规定取得增值税专用发票；

（2）未按规定保管增值税专用发票；

（3）销售方开具的增值税专用发票不符合规定。

有上述情形者，如其购进应税项目的进项税额已经抵扣，应从税务机关发现其有上述情形的当期进项税额中扣减。

七、开具专用发票后发生退货或销售折让的处理

一般纳税人销售货物并向购买方开具增值税专用发票后，如果发生退货或销售折

让，应视不同情况分别按以下规定办理：

（1）购买方在未付款并且未进行账务处理的情况下，须将原发票联和税款抵扣联主动退还销售方。销售方收到后，视如下情况办理：

①如果未将记账联进行账务处理，应在该发票联和税款抵扣联及有关的记账联上注明“作废”字样，并依次粘贴在记账联后面，作为扣减当期销项税额的凭证。

②如果已将记账联进行账务处理，可开具相同内容的红字增值税专用发票，将红字增值税专用发票的记账联撕下作为扣减当期销项税额的凭证；抵扣联和发票联不得撕下，将从购买方收到的原抵扣联、发票联粘贴在红字发票联后面，并在上面注明原发票记账联和红字增值税专用发票记账联的存放地点，作为开具红字增值税专用发票的依据。未收到购买方退回的专用发票前，销售方不得扣减当期销项税额。属于销售折让的，销售方应按折让后的货款重新开具增值税专用发票。

（2）在购买方已付货款，或者货款未付但已进行账务处理，发票联及抵扣联无法退还的情况下，购买方必须取得当地主管税务机关开具的进货退出或索取折让证明单送交销售方，作为销售方开具红字增值税专用发票的依据。销售方收到证明单后，根据退回货物的数量、价款和折让金额向购买方开具红字增值税专用发票。红字增值税专用发票的记账联作为销售方扣减当期销项税额的凭证，其发票联、抵扣联作为购买方扣减当期进项税额的凭证。

购买方收到红字增值税专用发票后，应将红字增值税专用发票所注明的增值税税额从当期进项税额中扣减。如不扣减，造成不纳税或少纳税的，属于偷税行为。

八、增值税专用发票的保管与检查

开具发票的单位和个人，应当按照税务机关的规定存放和保管发票，不得擅自损毁，已经开具的发票存根联和发票登记簿应当保存5年。保存期满后必须经税务机关查验后方可销毁。开具发票的单位和个人应当建立发票使用登记制度，设置发票记账簿，并定期向主管税务机关报告发票使用情况。如果办理变更或者注销税务登记，应同时办理发票和发票领购簿的变更、缴销手续；发票丢失应于丢失当日书面报告主管税务机关，并在报刊和电视等新闻媒体上公告声明作废。

印制、使用发票的单位和个人，必须接受税务机关依法检查，如实反映情况，提供有关资料，不得拒绝、隐瞒。税务机关有权检查发票的印刷、领购、开具、取得和保管情况，有权调出发票查验，有权查阅、复制与发票有关的资料、凭证，有权向当事人询问与发票有关的情况，并进行记录、录音、录像、照相、复制等。

对从境外取得的与纳税有关的发票、凭证，税务机关在纳税审查有疑义时，可以要求企业提供境外公证机构或注册会计师的确认证明，经税务机关认可后，方可作为记账凭证。

违反发票管理法规的，要依法承担有关法律责任。

知识链接

不得开具增值税专用发票的项目

按规定，不得开具增值税专用发票的项目见表2-13。

表2-13　　不得开具增值税专用发票的项目

序号	不得开具增值税专用发票	文件依据
1	购买方为消费者个人的	中华人民共和国增值税暂行条例
2	销售免税货物，法律、法规及国家税务总局另有规定的除外（如国有粮食购销企业销售免税农产品可开）	国税发〔2006〕156号
3	零售的烟、酒、食品、服装、鞋帽（不包括劳保专用部分）、化妆品等消费品	国税发〔2006〕156号
4	销售自己使用过的固定资产，适用简易办法依3%征收率减按2%征收增值税政策的	国税函〔2009〕90号
5	纳税人销售旧货	国税函〔2009〕90号
6	单采血浆站销售非临床用人体血液	国税函〔2009〕456号
7	出口货物劳务，除输入特殊区域的水电气外，出口企业和其他单位不得开具增值税专用发票	国家税务总局公告2012年第24号
8	实行增值税退（免）税办法的增值税零税率应税服务不得开具增值税专用发票	国家税务总局公告2014年第11号
9	金融商品转让	财税〔2016〕36号附件2
10	经纪代理服务，向委托方收取的政府性基金或者行政事业性收费	财税〔2016〕36号附件2
11	提供旅游服务，向旅游服务购买方收取并支付给其他单位或个人的住宿费、餐饮费、交通费等费用	财税〔2016〕36号附件2
12	纳税人提供人力资源外包服务，向委托方收取并代为发放的工资和代理缴纳的社会保险、住房公积金	财税〔2016〕47号
13	提供劳务派遣服务（安全保护服务）选择差额纳税的，向用工单位收取用于支付给劳务派遣员工（安全保护员工）的工资、福利和为其办理社会保险及住房公积金的费用	国家税务总局公告2016年第47号 国家税务总局公告2016年第68号
14	不征税项目，详见《未发生销售行为的不征税项目总结》	国家税务总局公告2016年第53号
15	境外单位通过教育部考试中心及其直属单位在境内开展考试，代为收取并支付给境外单位的考试费	国家税务总局公告2016年第69号
16	纳税人提供签证代理服务，向服务接受方收取并代为支付的签证费、认证费	国家税务总局公告2016年第69号
17	纳税人代理进口按规定免征进口增值税的货物，向委托方收取并代为支付的款项	国家税务总局公告2016年第69号
18	纳税人2016年5月1日前发生的营业税涉税业务	国家税务总局公告2017年第11号
19	航空运输销售代理企业提供境内机票代理服务	国家税务总局公告2018年第42号

项目三　消费税

学习目标

1. 明确消费税的征税范围，并能将消费税和增值税进行比较。
2. 熟悉消费税的基本法律知识，了解消费税的纳税环节。
3. 熟悉消费税税率表现形式，能正确计算消费税。
4. 能对消费税涉税业务进行正确会计处理。
5. 掌握消费税的征纳方法，能根据业务资料填制消费税纳税申报表。
6. 熟悉出口退税货物退（免）消费税的会计处理。

思维导图

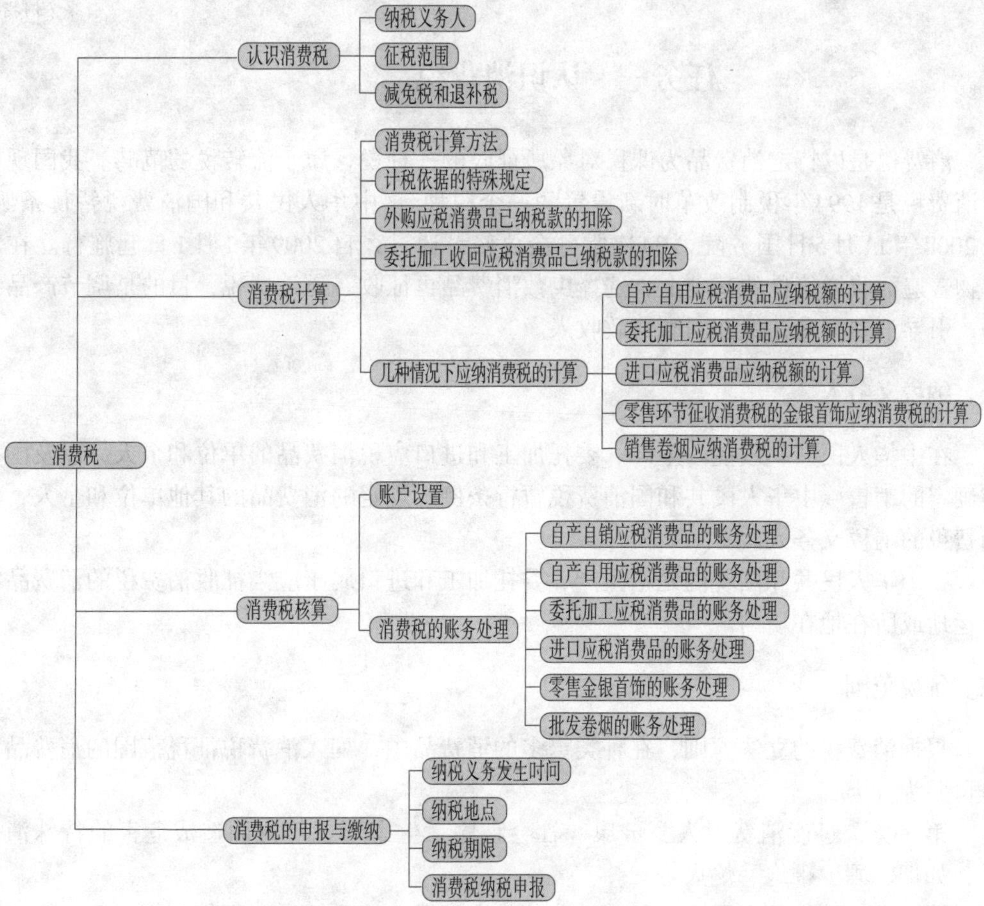

引导案例

某化妆品有限责任公司是一家经营各种化妆品、护肤护发品的合资企业。2018年5月，该公司共生产各类化妆品和护肤护发品价值30万元，但由于产品市场定位欠佳，预计该月仅能销售化妆品及护肤护发品共15万元。为了避免产品积压，该公司决定将部分剩余的化妆品馈赠给协作企业，并加大广告宣传的力度。发生如下业务：

（1）用化妆品和护肤护发品做成礼品盒馈赠给协作企业，价值3万元。

（2）赞助当地电视台举办的大型歌舞晚会用化妆品价值5万元。

（3）广告样品用化妆品和护肤护发品，未分别核算，总计价值0.4万元。

（4）将化妆品分配给本公司职工共计价值2万元。

（5）销售化妆品10万元、护肤护发品6万元。

月末进行纳税申报时，公司财务人员计算应纳消费税如下：10×15%=1.5万元。税务机关审核后，对该公司的消费税申报行为提出了质疑。

你认为该公司消费税计算是否正确？应该如何处理？

引导案例指引

任务一　认识消费税

消费税是以特定消费品为课税对象所征收的一种税，属于流转税的范畴。我国现行的消费税是1994年税制改革时新设置的一个税种。《中华人民共和国消费税暂行条例》于2008年11月5日国务院第34次常务会议修订通过，自2009年1月1日起施行。在对货物普遍征收增值税的基础上，选择少数消费品再征收一道消费税，目的是调节产品结构，引导消费方向，保证国家财政收入。

一、纳税义务人

在中华人民共和国境内生产、委托加工和进口应税消费品的单位和个人，以及国务院确定的销售《中华人民共和国消费税暂行条例》规定的消费品的其他单位和个人，为消费税的纳税义务人。

在中华人民共和国境内是指生产、委托加工和进口属于应当征收消费税的消费品的起运地或所在地在境内。

二、征税范围

根据消费税的立法原则，在种类繁多的消费品中，列入消费税征税范围的消费品大体可归为五类：

第一类，过度消费对人身健康、社会秩序、生态环境等方面造成危害的特殊消费品，如烟、酒、鞭炮、焰火等。

第二类，非生活必需品，如高档化妆品、贵重首饰、珠宝玉石等。

第三类，高能耗及高档消费品，如摩托车、小汽车等。

第四类，不可再生和替代的稀缺资源消费品，如汽油、柴油等油品。

第五类，税基宽广、消费普遍、征税后不影响居民基本生活并有一定财政意义的消费品。

消费税的征税范围往往要根据国家的政策和经济运行情况及消费结构的变化进行适当调整。2006年4月1日，我国消费税的征税范围进行了比较大的调整。目前，我国消费税的征税范围主要体现以下两个特征：

一是消费税是选择部分消费品列举品目征收的。消费税的征税范围与增值税的部分征税范围是交叉的。也就是说，对消费税列举的征税范围，既要征收消费税，又要征收增值税。

二是凡在我国境内生产和进口属于消费税税目税率表中列举的消费品都需要缴纳消费税。为了平衡税收负担，堵塞税收漏洞，对于那些未体现销售而发出、使用和收回的应税消费品，也视同销售，纳入消费税的征税范围。

消费税采用比例税率和定额税率两种形式。消费税税目税率表见表3-1。

表3-1　　消费税税目税率表

税目	税率
一、烟	
1.卷烟	
（1）甲类卷烟（调拨价格70元/条以上（含），生产环节）	56%加0.003元/支（每标准箱50 000支）
（2）乙类卷烟（调拨价格70元/条以上（含），生产环节）	36%加0.003元/支（每标准箱50 000支）
（3）商业批发	11%加0.005元/支（每标准箱50 000支）
2.雪茄烟	36%
3.烟丝	30%
二、酒	
1.白酒	20%加0.5元/500克（或者500毫升）
2.黄酒	240元/吨
3.啤酒	
（1）甲类啤酒	250元/吨
（2）乙类啤酒	220元/吨
4.其他酒	10%
三、高档化妆品	15%
四、贵重首饰及珠宝玉石	
1.金银首饰、铂金首饰和钻石及钻石饰品（零售环节）	5%
2.其他贵重首饰和珠宝玉石（生产、进口、委托加工环节）	10%
五、鞭炮、焰火	15%

续表

税目	税率
六、成品油	
1.汽油	1.52元/升
2.柴油	1.20元/升
3.航空煤油	1.20元/升
4.石脑油	1.52元/升
5.溶剂油	1.52元/升
6.润滑油	1.52元/升
7.燃料油	1.20元/升
七、摩托车	
1.气缸容量250毫升	3%
2.气缸容量在250毫升以上的	10%
八、小汽车	
1.乘用车	
（1）气缸容量在1.0升（含1.0升）以下的	1%
（2）气缸容量在1.0升以上至1.5升（含1.5升）的	3%
（3）气缸容量在1.5升以上至2.0升（含2.0升）的	5%
（4）气缸容量在2.0升以上至2.5升（含2.5升）的	9%
（5）气缸容量在2.5升以上至3.0升（含3.0升）的	12%
（6）气缸容量在3.0升以上至4.0升（含4.0升）的	25%
（7）气缸容量在4.0升以上的	40%
2.中轻型商用客车（含驾驶员座位内的座位数≤23座）	5%
3.超豪华小汽车（零售环节，加征）	10%
九、高尔夫球及球具	10%
十、高档手表	20%
十一、游艇	10%
十二、木制一次性筷子	5%
十三、实木地板	5%
十四、电池	4%
其中：无汞原电池、金属氢化物镍蓄电池（又称“氢镍蓄电池”或“镍氢蓄电池”）、锂原电池、锂离子蓄电池、太阳能电池、燃料电池和全钒液流电池	免征
十五、涂料	4%
其中：施工状态下挥发性有机物（Volatile Organic Compounds,VOC）含量低于420克/升（含）	免征

注：

（1）自2009年5月1日起，对在中华人民共和国境内从事卷烟批发业务的单位和个人，在卷烟批发环节加征一道从价税，适用税率5%；2015年5月10日起，将卷烟批发环节消费税税率由5%提高至11%，并按0.005元/支加征从量税。

（2）2014年12月1日起，酒精不再征收消费税。

甲类啤酒，指每吨出厂价（含包装物及包装物押金）≥3 000元（不含增值税）；乙类啤酒是指每吨出厂价（含包装物及包装物押金）<3 000元。

果啤，属于“啤酒”子目；葡萄酒，属于“其他酒”子目。对饮食业、商业、娱乐业举办的啤酒屋（啤酒坊）利用啤酒生产设备生产的啤酒按照250元/吨的标准征收消费税。

（3）高档美容、修饰类化妆品和高档护肤类化妆品是指生产（进口）环节销售（完税）价格（不含增值税）在10元/毫升（克）或15元/片（张）及以上的美容、修饰类化妆品和护肤类化妆品。

高档化妆品中不包括舞台、戏剧、影视演员化妆用的上妆油、卸妆油、油彩。

（4）游艇是指8米≤长度≤90米，内置发动机，可以在水上移动，一般为私人或团体购置，主要用于水上运动和休闲娱乐等非牟利活动的各类机动艇。

（5）超豪华小汽车是指每辆零售价格130万元（不含增值税）及以上的乘用车和中轻型商用客车。超豪华小汽车在生产（进口）环节按现行税率征收消费税的基础上，在零售环节加征一道消费税。

微课：消费税税收要素

知识链接

如何界定卷烟的“批发”和“零售”环节？

卷烟“批发”环节指的是卷烟批发企业销售卷烟给非卷烟批发企业，也就是说销售方必须是卷烟批发企业，同时购买方不能是卷烟批发企业。

卷烟批发企业销售卷烟给非卷烟批发企业，属于批发，需要缴纳卷烟批发环节消费税；反之，卷烟批发企业销售卷烟给另一个卷烟批发企业则属于零售。如果卷烟生产（进口）企业销售卷烟则属于生产企业销售环节，不在本文探讨范围。

如果一个卷烟批发企业同时又是卷烟生产企业，则这里还要再缴纳一道生产环节的消费税。但是我国对卷烟的控制比较严格，一般来说，卷烟批发企业不会从事卷烟生产业务。所以，实际工作中，对于同一个企业的同一个交易行为，不会存在既要缴纳生产环节卷烟消费税又要缴纳卷烟批发环节消费税的情况。

有关商业批发环节消费税需要注意以下几点：

（1）纳税义务人为在中华人民共和国境内从事卷烟批发业务的所有单位和个人。

（2）征收范围为批发销售的所有牌号、规格的卷烟。

（3）计税依据为批发卷烟所收取不含增值税的销售额。

（4）纳税义务发生时间为纳税人收讫销售款或者取得索取销售款凭据的当天。

（5）纳税地点为卷烟批发企业的机构所在地，总机构与分支机构不在同一地区的，由总机构申报纳税。

除此之外，卷烟批发企业的纳税人还应注意三点：

一是应将卷烟销售额与其他商品销售额分开核算，未分开核算的，一并征收消费税。

二是卷烟批发企业之间销售的卷烟不缴纳消费税，只有将卷烟销售给其他单位和个人时才缴纳消费税。

三是卷烟批发企业在计算缴纳卷烟消费税时不得扣除卷烟已在生产环节缴纳的消费税税款。

三、减免税和退补税

消费税仅对特殊对象征税，因此其很少有税收优惠。

（1）纳税人直接出口的应税消费品办理免税后，发生退关或者国外退货，进口时已予以免税的，经机构所在地或者居住地主管税务机关批准，可暂不办理补税，待其转为国内销售时，再申报补缴消费税。

（2）出口的应税消费品办理退税后，发生退关或者国外退货进口时予以免税的，报关出口者必须及时向其机构所在地或者居住地主管税务机关申报补缴已退的消费税税款。

（3）纳税人销售的应税消费品，如因质量等原因由购买者退回时，经机构所在地或者居住地主管税务机关审核批准后，可退还已缴纳的消费税税款。

（4）航空煤油暂缓征收消费税。

（5）成品油生产企业在生产成品油过程中，作为燃料、动力及原料消耗掉的自产成品油，免征消费税。对其他用途或直接对外销售的成品油照章征收消费税。

任务二　消费税计算

一、消费税计算方法

按照《中华人民共和国消费税暂行条例》的规定，消费税应纳税额的计算分为从价定率、从量定额和复合计税三种方法。

（一）从价定率计算方法

在从价定率计算方法下，应纳税额的计算取决于应纳消费税的销售额和适用税率两个因素，其基本计算公式为：

应纳税额=应税消费品的销售额×比例税率

此处的“销售额”与增值税法中的“销售额”基本是一致的，但是在具体的运用中，应注意以下区别：

（1）实行从价定率办法计算应纳税额的应税消费品连同包装销售的，无论包装是否单独计价，也不论在会计上如何核算，均应并入应税消费品的销售额中征收消费税。如果包装物不作价随同产品销售，而是收取押金（收取酒类产品的包装物押金的除外），且单独核算又未过期的，此项押金不应并入应税消费品的销售额中征税。但对因逾期未收回的包装物不再退还的或者已收取12个月的押金，应并入应税消费品的销售额，按照应税消费品的适用税率征收消费税。

（2）对既作价随同应税消费品销售，又另外收取包装物押金，凡纳税人在规定的期限内不予退还的，均并入应税消费品的销售额，按照应税消费品的适用税率征收消费税。

（3）对酒类产品生产企业销售酒类产品而收取的包装物押金，无论押金是否返还与会计上如何核算，均需并入酒类产品销售额中，按照酒类产品的适用税率征收消费税。啤酒的包装物押金不包括供重复使用的塑料周转箱的押金。

（4）白酒生产企业向商业销售单位收取的“品牌使用费”是随着应税白酒的销售而向购货方收取的，属于应税白酒销售价款的组成部分，不论企业采取何种方式以何种名义收取，均应并入白酒的销售额中计算缴纳消费税。

应税消费品在缴纳消费税的同时，与一般货物一样，还应缴纳增值税。按照规定，应税消费品的消费额，不包括应向购货方收取的增值税税款。

（5）自产自用应税消费品用于连续生产应税消费品的，不纳税；用于其他方面的，有同类消费品销售价格的，按照纳税人生产的同类消费品销售价格计算纳税，没有同类消费品销售价格的，按组成计税价格计算纳税。

$$组成计税价格=\frac{成本+利润}{1-消费税税率}$$

$$应纳税额=组成计税价格\times适用税率$$

（6）委托加工应税消费品的由受托方交货时代扣代缴消费税。按照受托方的同类消费品销售价格计算纳税，没有同类消费品销售价格的，按组成计税价格计算纳税。

$$组成计税价格=\frac{材料成本+加工费}{1-消费税税率}$$

$$应纳税额=组成计税价格\times适用税率$$

（7）进口应税消费品，按照组成计税价格计算纳税。

$$组成计税价格=\frac{关税完税价格+关税}{1-消费税税率}$$

$$应纳税额=组成计税价格\times消费税税率$$

（8）零售金银首饰的纳税人在计税时，应将含税的销售额换算为不含增值税税额的销售额。

$$不含税销售额=\frac{含税的销售额}{1+增值税税率或征收率}$$

对于生产、批发、零售单位用于视同销售行为无销售价格的，应按照组成计税价格计算纳税。

$$组成计税价格=\frac{购进原价\times(1+利润率)}{1-适用税率}$$

$$应纳税额=组成计税价格\times适用税率$$

【例3–1】新飞扬化妆品有限公司为增值税一般纳税人，6月1日向某大型商场销售高档化妆品一批，开具增值税专用发票，取得不含税销售额30万元，增值税额3.9万元；10日向某单位销售高档化妆品一批，开具普通发票，取得含税销售额4.52万元。该化妆品生产企业6月份应缴纳的消费税额为：

高档化妆品的销售额$=30+\frac{4.52}{1+13\%}=34$（万元）

高档化妆品应缴纳的消费税税额$=34\times15\%=5.1$（万元）

本例中，若该化妆品生产企业为小规模纳税人，则应按3%的征收率将含税的销售额折算为不含税的销售额。

纳税人兼营不同税率的应税消费品，应当分别核算不同税率应税消费品的销售额、销售数量；未分别核算销售额、销售数量，或者将不同税率的应税消费品组成成套消费品销售的，从高适用税率。

【例3-2】甲企业为增值税一般纳税人，2019年5月接受某烟厂委托加工烟丝，甲企业自行提供烟叶的成本为35 000元，代垫辅助材料2 000元（不含税），发生加工支出4 000元（不含税）；甲企业当月允许抵扣的进项税额为340元。烟丝的成本利润率为5%，消费税税率为30%。

分析：甲企业自行提供烟叶，为自产自售，不是受托加工。

应税消费品的组成计税价格$=\frac{(35\,000+2\,000+4\,000)\times(1+5\%)}{1-30\%}$=61 500（元）

甲企业应纳增值税税额=61 500×13%−340=7 655（元）

甲企业应纳消费税税额=61 500×30%=18 450（元）

知识链接

如何界定生产销售还是委托加工？

委托加工是指由委托方提供原材料和主要材料，受托方按照委托方的要求制造货物并收取加工费和代垫部分辅助材料加工的业务。从形式上看，双方一般签订委托加工合同，合同价款表现为加工费，且加工费与受托方持有的主要材料价格变动无关。

生产销售是指由生产企业提供主要原材料，按照与委托方签订的合同加工成约定的产品，再销售给委托方的行为。生产销售的实质是生产企业把原材料加工成产品再销售给委托方。

区分生产销售还是委托加工，对于消费税的计算和缴纳意义重大。委托加工业务的纳税人是委托方，按委托加工标准计算缴纳消费税，并且通常由受托方代收代缴消费税。而生产销售业务的纳税义务人是生产企业，按生产销售的标准计算缴纳消费税。

（二）从量定额计算方法

在从量定额计算方法下，应纳税额的计算取决于消费品的应税数量和单位税额两个因素。其基本计算公式为：

应纳税额=应税消费品的销售数量×定额税率

销售数量是指纳税人生产、加工和进口应税消费品的数量。具体规定为：

（1）销售应税消费品的，为应税消费品的销售数量。

（2）自产自用应税消费品的，为应税消费品的移送使用数量。

（3）委托加工应税消费品的，为纳税人收回的应税消费品的数量。

（4）进口的应税消费品，为海关核定的应税消费品进口数量。

《中华人民共和国消费税暂行条例》规定，黄酒、啤酒以吨为计税单位；汽油、柴油以升为计税单位。但是，考虑到在实际销售过程中，一些纳税人会把吨和升这两个计量单位混用，为了规范不同产品的计量单位，以准确计算应税销售额，吨与升这两个计量单位的换算标准为：

黄酒：1吨=962升

啤酒：1吨=988升

汽油：1吨=1 388升

柴油：1吨=1 176升

航空煤油：1吨=1 246升

石脑油：1吨=1 385升

溶剂油：1吨=1 282升

润滑油；1吨=1 126升

燃料油：1吨=1 015升

【例 3-3】某啤酒屋本月生产自酿啤酒30吨并全部售出，每吨不含税售价为2 800元。同时销售品牌啤酒2 000瓶，每瓶500毫升。

分析：啤酒在生产销售、委托加工或进口环节缴纳消费税；零售环节不是纳税环节，故啤酒屋销售品牌啤酒不需要缴纳消费税。

啤酒屋自酿啤酒，需要按照250元/吨的标准缴纳消费税。

啤酒屋应纳消费税税额=30×250=7 500（元）

（三）复合计税

纳税人自产自用的应税消费品，按照纳税人生产的同类消费品的销售价格计算纳税；没有同类消费品销售价格的，按照组成计税价格计算纳税。

实行从价定率办法计算纳税的组成计税价格计算公式：

$$组成计税价格=\frac{成本+利润}{1-消费税税率}$$

实行复合计税办法计算纳税的组成计税价格计算公式：

$$组成计税价格=\frac{成本+利润+自产自用数量\times定额税率}{1-消费税税率}$$

$$应纳税额=应税销售数量\times定额税率+应税销售金额\times比例税率$$

【例 3-4】黄海啤酒厂本月生产粮食白酒1 000箱，每箱10千克。本月销售850箱，每箱不含税的出厂价为500元。

分析：粮食白酒采取复合征收的办法计算征收消费税。

该酒厂本月应税白酒数量为850×10×2=17 000斤，单位税额0.5元/斤；从价定率征收的销售额为850×500=425 000元，比例税率为20%。

该酒厂应纳消费税税额=850×10×2×0.5+850×500×20%=93 500（元）

二、计税依据的特殊规定

（一）最高销售价格作为计税依据的规定

纳税人自产的应税消费品用于换取生产资料和消费资料、投资入股和抵偿债务等方面，应当以纳税人同类应税消费品的最高销售价格作为计税依据计算征收消费税。

（二）自设非独立核算门市销售计税的规定

纳税人通过自设非独立核算门市销售的自产应税消费品，应按门市对外销售额或者销售数量计算征收消费税。

另外，特殊情况下卷烟和白酒消费税还有最低计税价格核定的规定。

三、外购应税消费品已纳税款的扣除

由于某些应税消费品是用外购已缴纳消费税的应税消费品连续生产出来的，在对这些连续生产出来的应税消费品计算征税时，应按当期生产领用数量计算准予扣除外购的应税消费品已纳的消费税税款。扣除范围包括：

（1）外购已税烟丝生产的卷烟。

（2）外购已税高档化妆品生产的高档化妆品。

（3）外购已税珠宝玉石生产的贵重首饰及珠宝玉石。

（4）外购已税鞭炮、焰火生产的鞭炮、焰火。

（5）以外购的已税杆头、杆身和握把为原料生产的高尔夫球杆。

（6）以外购的已税木制一次性筷子为原料生产的木制一次性筷子。

（7）以外购的已税实木地板为原料生产的实木地板。

（8）外购已税汽油、柴油、石脑油、燃料油、润滑油为原料生产应税成品油；

（9）纳税人从葡萄酒生产企业购进、进口葡萄酒连续生产应税葡萄酒的，准予从葡萄酒消费税应纳税额中扣除所耗用应税葡萄酒已纳消费税税款。

上述当期准予扣除外购应税消费品已纳消费税税款的计算公式为：

当期准予扣除的外购应税消费品已纳税款=当期准予扣除的外购应税消费品买价×外购应税消费品适用税率

当期准予扣除的外购应税消费品的买价=期初库存的外购应税消费品的买价+当期购进的应税消费品的买价-期末库存的外购应税消费品的买价

允许扣除已纳税款的应税消费品只限于从工业企业购进的应税消费品和进口环节已缴纳消费税的应税消费品，对从境内商业企业购进应税消费品的已纳税款一律不得扣除。同时，外购应税消费品已纳税额的扣除，仅限于同一税目之间，不允许跨税目扣除，而且允许扣除的范围不包括酒类产品、小汽车、高档手表和游艇；外购烟丝加工卷烟可以扣除已纳消费税，外购烟丝加工雪茄烟不可以扣除已纳消费税。

当期投入生产的原材料可抵扣的已纳消费税大于当期应纳消费税的不足抵扣部分，采用按当期应纳消费税的数额申报抵扣，不足抵扣部分结转下一期申报抵扣的方式处理。

另外需要说明的是，纳税人用外购的已税珠宝玉石生产的改在零售环节征收消费税的金银首饰，在计税时一律不得扣除外购珠宝玉石的已纳税款。

四、委托加工收回应税消费品已纳税款的扣除

同样，符合规定的委托加工收回应税消费品已纳税款也可以扣除。具体扣除范围包括：

（1）以委托加工收回的已税烟丝为原料生产的卷烟。

（2）以委托加工收回的已税高档化妆品为原料生产的高档化妆品。

（3）以委托加工收回的已税珠宝玉石为原料生产的贵重首饰及珠宝玉石。

（4）以委托加工收回的已税鞭炮、焰火为原料生产的鞭炮、焰火。

（5）以委托加工收回的已税汽油、柴油、石脑油、燃料油、润滑油为原料生产的应税成品油。

（6）以委托加工收回的已税杆头、杆身和握把为原料生产的高尔夫球杆。

（7）以委托加工收回的已税木制一次性筷子为原料生产的木制一次性筷子。

（8）以委托加工收回的已税实木地板为原料生产的实木地板。

（9）以委托加工收回的已税摩托车连续生产的摩托车（如用委托加工的两轮摩托车改装三轮摩托车）。

（10）以委托加工收回的已税电池连续生产应税电池。

知识链接

消费税的征税环节

我国消费税实行单一环节纳税，也就是在某个环节一次性征收后其他环节就不再征收了。现行政策规定，消费税的纳税环节有生产销售（含视同销售）、委托加工、进口报关、零售环节（仅限于金银首饰、铂金首饰和钻石及钻石饰品）和批发环节（仅限于卷烟批发）。

需要注意的是，纳税人用外购的已税珠宝玉石生产的改在零售环节征收消费税的金银首饰，在计税时一律不得扣除外购珠宝玉石的已纳税款。对自己不生产应税消费品，只是购进后再销售应税消费品的工业企业，其销售的化妆品、鞭炮、焰火和珠宝玉石，凡不能构成最终应税消费品直接进入消费品市场，而需要进一步生产加工的，应当征收消费税，同时允许扣除上述外购应税消费品的已纳税款。但允许扣除已纳税额的应税消费品仅限于从工业企业购进的应税消费品；外购或委托加工收回应税消费品已纳税额的扣除，仅限于同一税目之间，不允许跨税目扣除；允许扣除的范围仅限于规定项目。

另外，《关于调整卷烟消费税的通知》（财税〔2015〕60号）规定，自2015年5月10日起，卷烟批发环节从价税税率由5%提高到11%，并按0.005元/支加征从量税。纳税人兼营卷烟批发和零售业务的，应当分别核算批发和零售环节的销售额、销售数量；未分别核算批发和零售环节销售额、销售数量的，按照全部销售额、销售数量计征批发环节消费税。

符合条件的消费税纳税人应提供相关证明作为应税消费品的抵扣凭证，纳税人不提供相关证明的，不允许扣除已缴纳的消费税。

五、几种情况下应纳消费税的计算

（一）自产自用应税消费品应纳税额的计算

纳税人自产自用的应税消费品，用于连续生产应税消费品的，不纳税；用于其他方面（包括生产非应税消费品、在建工程、管理部门、非生产机构、提供劳务、馈赠、赞助、集资、广告、样品、职工福利、奖励等方面），于移送时纳税。

纳税人自产自用的应税消费品，按照纳税人生产的同类消费品的销售价格计算纳税；没有同类消费品销售价格的，按照组成计税价格计算纳税。

应税消费品全国平均成本利润率见表3–2。

表 3-2　　应税消费品全国平均成本利润率

序号	应税消费品	利润率
1	甲类卷烟	10%
2	乙类卷烟	
3	雪茄烟	5%
4	烟丝	
5	粮食白酒	10%
6	薯类白酒	5%
7	其他酒	
8	木质一次性筷子	5%
9	实木地板	
10	乘用车	8%
11	中轻型商用客车	5%
12	高档化妆品	5%
13	鞭炮、焰火	5%
14	贵重首饰及珠宝玉石	6%
15	摩托车	6%
16	高尔夫球及球具	10%
17	高档手表	20%
18	游艇	10%
19	电池	4%
20	涂料	7%

【例 3-5】新飞扬化妆品有限公司本月销售自产高档化妆品 50 000 元（不含增值税）；用于连续生产高档化妆品的自产化妆品 100 000 元（不含增值税）；另有成本为 6 000 元的自产高档化妆品用于职工福利。计算该企业应缴纳消费税。

分析：

高档化妆品适用税率 15%。用于连续生产高档化妆品的自产化妆品不纳税。

$$应纳税销售额=50\,000+\frac{6\,000+6\,000\times 5\%}{1-15\%}$$

$$=50\,000+7\,411.76=57\,411.76（元）$$

应纳消费税税额=57 411.76×15% =8 611.76（元）

（二）委托加工应税消费品应纳税额的计算

委托加工的应税消费品是指由委托方提供原料和主要材料，受托方只收取加工费和代垫部分辅助材料加工而成的应税消费品。对于由受托方提供原材料生产的应税消费品，或者受托方先将原材料卖给委托方，然后再接受加工的应税消费品，以及由受托方以委托方名义购进原材料生产的应税消费品，不论纳税人在财务上如何处理，都不得作为委托加工应税消费品，而应按照销售自制应税消费品计算缴纳消费税。

委托加工的应税消费品直接出售的，不再缴纳消费税。

委托个人加工的应税消费品，由委托方收回后缴纳消费税。

委托加工的应税消费品，按照受托方的同类消费品的销售价格计算纳税；没有同类消费品销售价格的，按照组成计税价格计算纳税。

实行从价定率办法计算纳税的组成计税价格计算公式：

$$\text{组成计税价格}=\frac{\text{材料成本}+\text{加工费}}{1-\text{消费税税率}}$$

实行复合计税办法计算纳税的组成计税价格计算公式：

$$\text{组成计税价格}=\frac{\text{材料成本}+\text{加工费}+\text{委托加工数量}\times\text{定额税率}}{1-\text{消费税税率}}$$

委托加工的应税消费品，应当由受托方在交货时代收代缴消费税；委托方收回后直接销售的，不再征收消费税；委托方收回货物后用于连续生产应税消费品的，其已纳税额准予按照规定从连续生产的应税消费品应纳消费税税额中抵扣。

需要强调的是，纳税人用委托加工收回的已税珠宝玉石生产的改在零售环节征收消费税的金银首饰，在计税时一律不得扣除委托加工收回的珠宝玉石的已纳消费税税款。

【例 3–6】新飞扬化妆品有限公司 5 月份委托甲厂加工高档化妆品 A，收回时被代扣消费税 400 元；委托乙厂加工高档化妆品 B，收回时被代扣消费税 500 元。该厂将两者继续加工成高档化妆品 C 出售，当月实现销售额 50 000 元。已知该厂期初库存的委托加工已税消费品已纳税额 270 元，期末库存的委托加工应税消费品已纳税额 340 元。计算该厂本月应纳消费税额。

分析：委托加工应税消费品，委托方是纳税义务人，通常由受托方代收代缴消费税。

如果收回的已税消费品用于继续加工消费税应税消费品，符合条件的委托加工环节已负担的消费税可以扣除。

当月准予扣除的委托加工应税消费品已纳税款=270+400+500−340=830（元）

当月应纳消费税税额=50 000×15%−830=6 670（元）

（三）进口应税消费品应纳税额的计算

微课：委托加工应税消费品消费税计算

进口的应税消费品，报关进口时产生消费税纳税义务。进口的应税消费品的消费税由海关代征；进口的应税消费品，由进口人或其代理进口人向报关地海关申报纳税。

纳税人进口应税消费品，按照组成计税价格和规定的税率计算应纳税额。其计算公式如下：

1. 实行从价定率办法的应税消费品的应纳税额的计算

$$\text{组成计税价格}=\frac{\text{关税完税价格}+\text{关税}}{1-\text{消费税税率}}$$

$$\text{应纳税额}=\text{组成计税价格}\times\text{消费税税率}$$

2. 实行从量定额办法的应税消费品的应纳税额的计算

$$\text{应纳税额}=\text{应税消费品数量}\times\text{消费税单位税额}$$

3. 实行从价定率和从量定额混合征收办法的应税消费品的应纳税额的计算

$$\text{应纳税额}=\text{组成计税价格}\times\text{消费税税率}+\text{应税消费品数量}\times\text{消费税单位税额}$$

$$\text{组成计税价格}=\frac{\text{关税完税价格}+\text{关税}+\text{进口数量}\times\text{消费税定额税率}}{1-\text{消费税税率}}$$

【例 3-7】新飞扬化妆品有限公司进口成套化妆品（包含高档化妆品和日用护肤品）一批，到岸价折合400 000元人民币。已知该成套化妆品适用关税税率40%，消费税税率15%，计算该公司应纳税额。

应纳关税税额=400 000×40%=160 000（元）

$$\text{消费税组成计税价格}=\frac{400\,000+160\,000}{1-15\%}=658\,823.53\text{（元）}$$

应纳消费税税额=658 823.53×15%=98 823.53（元）

增值税组成计税价格=400 000+160 000+98 823.53=658 823.53（元）

应纳增值税税额=658 823.53×13%=85 647.06（元）

应当注意，纳税人应税消费品的计税价格明显偏低并且无正当理由的，由主管税务机关核定其计税价格。

微课：进口应税消费品消费税计算

（四）零售环节征收消费税的金银首饰应纳消费税的计算

金银首饰在零售环节缴纳消费税。金银首饰经营单位将金银首饰销售给有金银首饰经营权的单位，视同批发，不缴纳消费税。只有当金银首饰经营单位将金银首饰销售给消费者或是无金银首饰经营权的单位时，才需要缴纳消费税。

（1）纳税人销售金银首饰，其计税依据为不含增值税的销售额。如果纳税人销售金银首饰的销售额未扣除增值税税额，在计算消费税时，应换算为不含税销售额。

$$\text{应纳税额}=\text{应税销售额}\times\text{消费税税率}$$

（2）金银首饰连同包装物销售的，无论包装物是否单独计价，也无论会计上如何核算，均应并入金银首饰的销售额，一并计算征收消费税。

（3）带料加工的金银首饰，应按受托方企业同类金银首饰市场价格确定计税依据缴纳消费税。没有同类金银首饰市场价格的，应按组成计税价格计算纳税。

$$\text{组成计税价格}=\frac{\text{材料成本}+\text{加工费}}{1-\text{消费税税率}}$$

（4）采取以旧换新方式销售的金银首饰，按实际收取的不含增值税的全部价款确定计税依据缴纳消费税。

（5）用于馈赠、赞助、集资、广告、样品、职工福利、奖励等方面的金银首饰，应按纳税人销售同类金银首饰的销售价格确定计税依据缴纳消费税。没有同类金银首饰销售价格的，按照组成计税价格计算纳税。

$$组成计税价格=\frac{购进原价\times(1+利润率)}{1-消费税税率}$$

【例3-8】新洋百货大楼是增值税一般纳税人，2019年5月份零售金银首饰取得收入702 000元，取得修理清洗收入3 000元。要求：计算该企业应纳消费税税额。

分析：本例中零售和修理清洗金银首饰是分别核算的，故修理清洗收入不纳入消费税计税依据。

$$应纳消费税税额=\frac{702\,000}{1+13\%}\times5\%=31\,061.95（元）$$

如果该商场没有单独核算修理清洗业务，则需要合并计算销售额，合并计算缴纳增值税和消费税。

（五）销售卷烟应纳消费税的计算

自2009年5月1日起，在卷烟的批发环节加征5%的消费税。自2015年5月10日起，卷烟批发环节的消费税提高至11%，且加征0.005元/支的定额税。

批发企业在计算纳税时不得扣除已含的生产环节的消费税税款。

【例3-9】某烟酒批发公司系增值税一般纳税人，2019年5月向烟酒零售单位销售仙牌卷烟5 000条，开具的增值税专用发票上注明不含税销售额250万元；向烟酒零售单位批发云雾牌卷烟2 000条，开具的增值税普通发票上注明不含税销售额76万元；同时向消费者直接零售云雾牌卷烟300条，未开发票，取得含税收入19.662万元，当月允许抵扣的进项税额为35.598万元。

请问：该烟酒批发公司当月应缴纳消费税是多少？

分析：烟草批发企业向烟草零售企业销售卷烟，属于批发行为，应该按批发卷烟计算缴纳消费税。烟草批发企业向消费者直接销售卷烟不属于商业批发，不缴纳批发环节消费税。

卷烟批发应纳消费税税额 =（2 500 000+760 000）×11%+（5 000+2 000）×10×20×0.005

=365 600（元）

注：1条烟有10盒，每盒有20支，所以每条烟有200支（10×20）。

【思考】本题目中，烟草公司应该缴纳多少增值税？

任务三 消费税核算

一、账户设置

为了准确地反映企业消费税的应缴、已缴、欠缴等情况，有消费税纳税义务的企业应在“应交税费”账户下增设“应交消费税”明细账。该账户采用三栏式账户记账，借方反映企业实际缴纳的消费税和待扣的消费税；贷方发生额反映企业按规定应缴纳的消费税；期末借方余额表示多缴纳的消费税，期末贷方余额表示尚未缴纳的消费税。

同时，通过“税金及附加”“材料采购”“在途物资”“委托加工物资”“固定资产”等账户反映消费税的列支渠道。

二、消费税的账务处理

（一）自产自销应税消费品的账务处理

企业自产自销应税消费品，应该在纳税义务产生时确认消费税。企业应纳的消费税额在“税金及附加”等账户列支。

【例3-10】新飞扬化妆品有限公司2019年5月销售高档化妆品一批，开具的增值税专用发票注明价款500万元，增值税额65万元，货款已收存银行。

要求：请进行相关账务处理。

（1）销售产品

借：银行存款　　5 650 000

　　贷：主营业务收入　　5 000 000

　　　　应交税费——应交增值税（销项税额）　　650 000

（2）计算应缴纳的消费税税额

应缴纳的消费税税额=5 000 000×15%=750 000（元）

借：税金及附加　　750 000

　　贷：应交税费——应交消费税　　750 000

（二）自产自用应税消费品的账务处理

自产自用应税消费品，除用于连续生产应税消费品免税外，凡用于其他方面的，于移送使用时纳税。自产自用应税消费品应纳消费税额，按照使用途径，分别在“在建工程”“管理费用”“税金及附加”“营业外支出”“应付职工薪酬”等账户列支。

【例3-11】某汽车制造厂本月将自产1辆小汽车提供给管理部门使用；2辆赞助给某汽车比赛使用。该汽车市场售价20万元（成本15万元），消费税税率为9%。

要求：请进行相关账务处理。

分析：企业自产自用小汽车属于《增值税暂行条例实施细则》规定的视同销售行为，但不是《中华人民共和国企业所得税法实施条例》规定的视同销售行为，不需要确认销售收入；企业自产小汽车赞助支出，资产的所有权属发生改变，应该确认销售收入。

（1）自产自用的小汽车

借：固定资产　　194 000

　　贷：库存商品　　150 000

　　　　应交税费——应交增值税（销项税额）　　26 000

　　　　　　　　——应交消费税　　18 000

（2）赞助汽车比赛

借：营业外支出　　452 000

贷：主营业务收入 400 000
应交税费——应交增值税（销项税额） 52 000
借：主营业务成本 300 000
贷：库存商品 300 000
借：税金及附加 36 000
贷：应交税费——应交消费税 36 000

（三）委托加工应税消费品的账务处理

委托加工应税消费品，是由委托方提供原料和主要材料，受托方只收取加工费和代垫部分辅助材料加工而成的应税消费品。

对于由受托方提供原材料生产的应税消费品，或者受托方先将原材料卖给委托方，然后再接受加工的应税消费品，以及由受托方以委托方名义购进原材料生产的应税消费品，不属于委托加工应税消费品，只能归类于销售自制应税消费品缴纳增值税。

按照相关规定，委托加工的应税消费品的纳税义务，应当于委托方收回委托加工商品时间确认，通常由受托方代收代缴消费税。

委托方加工的应税消费品直接用于销售的，在销售时不再征收消费税；用于连续生产应税消费品的，已纳的消费税按规定准予抵扣。

受托方在委托方提货时代收的消费税以及按约定收取的加工费，计入"银行存款"或"应收账款"等账户。委托方收回委托加工应税消费品直接用于销售的，按受托方代收的消费税和应付的加工费一并计入"委托加工物资"或"生产成本"等账户；委托加工的应税消费品收回后用于连续生产应税消费品，收回委托加工物资时，受托方代收代缴消费税在"应交税费——应交消费税"账户的借方登记；待生产出最终应税消费品时，按最终应纳的消费税额，在"税金及附加"账户列支。

【例3-12】新飞扬化妆品有限公司委托江南化妆品厂加工一批高档化妆品，新飞扬化妆品厂提供的原材料成本为60 000元，江南化妆品厂收取不含增值税加工费8 000元，提供不含增值税辅料费2 000元，新飞扬公司开具增值税专用发票。

要求：请进行相关账务处理。

分析：

委托加工化妆品应纳消费税税额$=\dfrac{60\,000+8\,000+2\,000}{1-15\%}\times15\%=12\,352.94$（元）

江南化妆品厂应纳增值税税额=（8 000+2 000）×13%=1 300（元）

（1）企业发出委托加工物资

借：委托加工物资 60 000
贷：原材料 60 000

（2）支付加工费和辅料费

借：委托加工物资 10 000
应交税费——应交增值税（进项税额） 1 300
贷：银行存款 11 300

（3）企业收回加工后的材料计划用于继续加工高档化妆品，并支付受托方企业代收

代缴的消费税

借：原材料 70 000

应交税费——应交消费税 12 352.94

贷：委托加工物资 70 000

银行存款 12 352.94

本例中，如果企业收回加工后的材料计划直接用于销售，那么

借：库存商品 82 352.94

贷：委托加工物资 70 000

银行存款 12 352.94

【注意】委托方将委托加工产品收回后用于直接出售的，不再缴纳消费税；如果以高于受托方的计税价格出售的，销售环节需要缴纳消费税，但可扣除受托方已代收代缴的消费税。

知识链接

委托加工业务的消费税政策

委托加工是指由委托方提供原料和主要材料，受托方只收取加工费和代垫部分辅助材料加工而成的应税消费品。生活中我们对委托加工的理解有一定偏差，以下行为不属于委托加工：

①由受托方提供原材料生产的应税消费品；

②受托方先将原材料卖给委托方，然后再接受加工的应税消费品；

③由受托方以委托方名义购进原材料生产的应税消费品。

增值税的税款负担者和纳税人，以及消费税的税款负担者和纳税人有所不同，具体见表3-3。

表3-3 关于委托加工增值税和消费税的纳税人与税款负担者比较

税种	委托方	受托方
增值税	增值税的税款负担者	增值税的纳税人
消费税	消费税的纳税人	除个体经营者外，代收代缴消费税
	如果受托方是个体经营者，委托方须在收回加工应税消费品后向所在地主管税务机关缴纳消费税。 如果受托方没有代收代缴消费税，委托方应补缴税款，补税的计税依据为： ①已直接销售的，按销售额计税； ②未销售或不能直接销售的，按组成计税价格计税	

（四）进口应税消费品的账务处理

进口应税消费品除要按规定计征关税、增值税外，还要计征消费税。计缴的消费税按规定应计入进口应税消费品的成本。

【例3-13】新飞扬化妆品有限公司从国外购进高档化妆品一批，到岸价10万美元，

海关征收关税税率为30%，增值税税率为13%，消费税税率为15%。当日外汇牌价为1∶6.2。

要求：请进行相关账务处理。

分析：

应纳关税税额=100 000×6.2×30%=186 000（元）

$$应纳消费税税额=\frac{100\,000\times 6.2+186\,000}{1-15\%}\times 15\%=142\,235.29（元）$$

$$应纳增值税税额=\frac{100\,000\times 6.2+186\,000}{1-15\%}\times 13\%=123\,270.59（元）$$

或 应纳增值税税额=（100 000×6.2+186 000+142 235.29）×13%=123 270.59（元）

借：材料采购　　948 235.29

　　应交税费——应交增值税（进项税额）　　123 270.59

　　贷：银行存款　　1 071 505.88

（五）零售金银首饰的账务处理

企业金银首饰应交的消费税，按规定借记“税金及附加”账户。金银首饰连同包装物一起销售的，无论包装物是否单独计价，均应并入金银首饰的销售额计算缴纳消费税。

需要注意的是，金银首饰在零售环节缴纳消费税。如果金银首饰经营单位将金银首饰销售给有金银首饰经营权的单位，此环节视同批发，不缴纳消费税；只有当金银首饰经营单位将金银首饰销售给消费者或是未经批准经营金银首饰的单位时，才需要在此环节缴纳消费税。

【例3-14】万福金店是经中国人民银行总行批准经营金银首饰的企业，本月实现以下销售业务：

1日，销售给经中国人民银行总行批准的经营金银首饰大型商场金项链一批，开具的增值税专用发票注明价款2 000 000元，税金260 000元。货款已转账收讫。

10日，销售给未经中国人民银行总行批准的经营金银首饰单位金项链一批，开具的增值税专用发票注明价款1 000 000元，税金130 000元。货款已转账收讫。

30日，本月门市零售金银首饰销售额339 000元。连同金银首饰一并销售的包装物金额为33 900元，与金银首饰分别核算。

要求：请进行相关账务处理。

分析：

$$金银首饰零售应纳消费税额=\left(1\,000\,000+\frac{339\,000}{1+13\%}+\frac{33\,900}{1+13\%}\right)\times 5\%$$

$$=66\,500（元）$$

（1）1日，销售金银首饰

借：银行存款　　2 260 000

　　贷：主营业务收入　　2 000 000

　　　　应交税费——应交增值税（销项税）　　260 000

（2）10日，销售金银首饰

借：银行存款　　1 130 000
　　贷：主营业务收入　　1 000 000
　　　　应交税费——应交增值税（销项税）　　130 000

（3）30日，零售金银首饰，随同销售包装物

借：银行存款　　372 900
　　贷：主营业务收入　　300 000
　　　　其他业务收入　　30 000
　　　　应交税费——应交增值税（销项税额）　　42 900

（4）30日，计提零售金银首饰应纳消费税

借：税金及附加　　66 500
　　贷：应交税费——应交消费税　　66 500

（六）批发卷烟的账务处理

【例3-15】某烟草专卖销售卷烟5箱给某大型商场，开具增值税专用发票注明不含税价款20 000元/箱。货款以转账形式收讫。该卷烟取得成本15 000元/箱。

请进行相关账务处理。

分析：

烟草专卖销售卷烟给大型商场属于商业批发行为。按规定，商业批发行为应该按照不含增值税的售价的11%，加征0.005元/支的消费税。

应纳消费税税额=20 000×5×11%+0.005×5×50 000=12 250（元）

借：银行存款　　113 000
　　贷：主营业务收入　　100 000
　　　　应交税费——应交增值税（销项税额）　　13 000

借：主营业务成本　　75 000
　　贷：库存商品　　75 000

借：税金及附加　　12 250
　　贷：应交税费——应交消费税　　12 250

任务四　消费税的申报与缴纳

一、纳税义务发生时间

（一）纳税人销售应税消费品

纳税人销售应税消费品，因销售结算方式不同，纳税义务发生时间的确定有所不同：

（1）采取赊销和分期收款结算方式的，为书面合同约定的收款日期的当天，书面合同没有约定收款日期或者无书面合同的，为发出应税消费品的当天。

（2）采取预收货款结算方式的，为发出应税消费品的当天。

（3）采取托收承付和委托银行收款方式的，为发出应税消费品并办妥托收手续的当天。

（4）采取其他结算方式的，为收讫销售款或者取得索取销售款凭据的当天。

（二）纳税人自产自用应税消费品

纳税人自产自用应税消费品的，纳税义务发生时间为移送使用的当天。

（三）纳税人委托加工应税消费品

纳税人委托加工应税消费品的，纳税义务发生时间为纳税人提货的当天。

（四）纳税人进口应税消费品

纳税人进口应税消费品的，纳税义务发生时间为报关进口的当天。

二、纳税地点

（1）纳税人销售的应税消费品，以及自产自用的应税消费品，除国家另有规定之外，应当向纳税人机构所在地主管税务机关或居住地的主管税务机关申报纳税。

（2）委托加工的应税消费品，除受托方为个人外，由受托方向机构所在地主管税务机关或者居住地的主管税务机关解缴消费税税款。委托个人加工的应税消费品，由委托方向其机构所在地或者居住地主管税务机关申报纳税。

（3）进口的应税消费品，由进口人或者其代理人向报关地海关申报纳税。

（4）纳税人到外县（市）销售或者委托外县（市）代销自产应税消费品的，于应税消费品销售后，向机构所在地或者居住地主管税务机关申报纳税。

（5）纳税人的总机构与分支机构不在同一县（市）的，应当分别向各自机构所在地的主管税务机关申报纳税；经财政部、国家税务总局或者其授权的财政、税务机关批准，可以由总机构汇总向总机构所在地的主管税务机关申报纳税。

三、纳税期限

消费税的纳税期限分别为1日、3日、5日、10日、15日、1个月或者1个季度。纳税人的具体纳税期限，由主管税务机关根据纳税人应纳税额的大小分别核定；不能按照固定期限纳税的，可以按次纳税。

纳税人以1个月或者1个季度为1个纳税期的，自期满之日起15日内申报纳税；以1日、3日、5日、10日或者15日为1个纳税期的，自期满之日起5日内预缴税款，于次月1日起至15日内申报纳税并结清上月应纳税款。

纳税人进口应税消费品，应当自海关填发海关进口消费税专用缴款书之日起15日内缴纳税款。

四、消费税纳税申报

目前，消费税的纳税申报表包括烟类应税消费品消费税纳税申报表、酒类应税消费品消费税纳税申报表、成品油消费税纳税申报表及附表、电池消费税纳税申报表、涂料消费税纳税申报表、小汽车消费税纳税申报表和其他应税消费品消费税纳税申报表等，企业需要选择相应的申报表填写、申报。

(一) 纳税人需要报送资料

根据纳税人应税项目的不同，消费税纳税人申报缴纳消费税时，分别需要报送下列资料：

(1) 烟类应税消费品消费税纳税申报表及其附报资料、卷烟批发环节消费税纳税申报表及其附报资料。

(2) 酒类应税消费品消费税纳税申报表及其附报资料。

(3) 成品油消费税纳税申报表及其附报资料。

(4) 电池消费税纳税申报表及其附报资料。

(5) 涂料消费税纳税申报表及其附报资料。

(6) 小汽车消费税纳税申报表及其附报资料。

(7) 其他应税消费品消费税纳税申报表及其附报资料。

另外，纳税人还应当根据具体情况提供以下资料：

(1) 外购应税消费品连续生产应税消费品的，应报送外购应税消费品增值税专用发票（抵扣联）原件和复印件。如果外购应税消费品的增值税专用发票属于汇总填开的，除提供增值税专用发票（抵扣联）原件和复印件外，还应报送随同增值税专用发票取得的由销售方开具并加盖发票专用章的销货清单原件和复印件。

(2) 委托加工收回应税消费品连续生产应税消费品的，应报送代扣代收税款凭证原件和复印件。

(3) 进口应税消费品连续生产应税消费品的，应报送海关进口消费税专用缴款书原件和复印件。

(4) 进口已税烟丝用于连续生产卷烟的纳税人，应报送海关进口消费税专用缴款书复印件。

(5) 享受消费税减免税优惠政策的纳税人，应报送本期减（免）税额明细表。

(6) 委托方以高于受托方的计税价格出售应税消费品时，应报送代扣代收税款凭证。

(二) 消费税纳税申报

本书以卷烟厂为例介绍烟类应税消费品消费税纳税申报表的结构以及填写方法。其他类型的消费税纳税申报表以此类推。

【学中做3-1】

某卷烟厂主要生产高档卷烟，2019年5月份发生如下经济业务：

5月1日结存外购烟丝20万元，5月31日结存外购烟丝5万元。

5月3日，购进已税烟丝，买价10万元，取得增值税专用发票，烟丝已于10日验收入库。

5月6日，发往B厂烟叶20万元，委托加工烟丝。支付加工费价税合计共8万元。B厂没有同类产品市场售价。

5月20日，委托B厂加工烟丝收回，款项已结算完毕，B厂开具增值税专用发票。收回烟丝直接出售一半取得含税收入25万元，生产卷烟领用另一半。

5月27日，销售自产卷烟50箱，共取得收入100万元；成本价销售外购烟丝取得收入10万元。开具增值税专用发票。

5月28日，没收销售卷烟逾期未收回的包装物押金2.26万元。

5月29日，收回委托个体户张某加工烟丝，直接出售取得不含税售价3.5万元（发出烟叶成本2万元，支付加工费计税合计1.03万元，张某自产同类烟丝市场售价3万元），开具增值税专用发票。

工作任务：

（1）还原该企业各项经济业务发生时应进行的账务处理。

（2）计算企业应缴纳的消费税。

（3）填写消费税纳税申报表主表及其附表。

工作指导：

（1）在我国现行政策下，消费税一定是叠加在增值税上征收的，从价计征的情况下，两者的计税基础通常相同。

（2）企业应交消费税。

①外购烟丝已负担消费税，继续用于应税消费品生产部分烟丝负担的消费税可以扣除。

②收回委托加工烟丝，受托方代收代缴消费税：

$$\frac{200\,000+80\,000}{1-30\%}\times 30\%=120\,000\text{（元）}$$

其中直接出售的烟丝负担的60 000元消费税不予扣除，继续用于加工卷烟部分烟丝已负担的60 000元消费税准予扣除。

③自产卷烟每箱售价20 000元（100万元/50箱），属于甲类卷烟，适用56%比例税率，以及150元/箱的定额税率。销售自产卷烟应交消费税：

1 000 000×56%+150×50=567 500（元）

④外购烟丝在购进时已经负担消费税，直接出售无须缴纳消费税。

需要注意的是，本期允许扣除外购烟丝已负担消费税额中，应扣除直接出售部分烟丝负担的消费税。

⑤没收销售卷烟逾期未收回包装物押金，需要按卷烟的适用税率计算消费税，因不涉及数量问题，故只需计算比例税率部分。没收包装物押金应交消费税：

$$\frac{22\,600}{1+13\%}\times 56\%=11\,200\text{（元）}$$

⑥委托个体户加工应税消费品，收回后直接出售的，以售价为消费税计税依据，并且无须个体户代收代缴。所以，委托个体户加工烟丝应交消费税：

35 000×30%=10 500（元）

综合以上业务，外购烟丝允许扣除消费税：

（200 000+100 000−50 000−100 000）×30%=45 000（元）

委托加工烟丝代收代缴消费税120 000元，其中允许扣除60 000元；委托加工烟丝收回环节需自行缴纳消费税10 500元。

该企业本期应该缴纳消费税：

567 500+11 200+10 500−45 000−60 000=484 200（元）

（3）填写烟类应税消费品消费税纳税申报表，见表3-4至表3-7。

表3-4　　烟类应税消费品消费税纳税申报表

税款所属期：2019年5月1日至2019年5月31日

纳税人名称（公章）：略

纳税人识别号：略

填表日期：2019年6月12日

单位：卷烟万支、雪茄烟支、烟丝千克；金额单位：元（列至角分）

<table>
<tr><th rowspan="2">项目
应税
消费品名称</th><th colspan="2">适用税率</th><th rowspan="2">销售数量</th><th rowspan="2">销售额</th><th rowspan="2">应纳税额</th></tr>
<tr><th>定额税率</th><th>比例税率</th></tr>
<tr><td>卷烟</td><td>30元/万支</td><td>56%</td><td>250</td><td>1 020 000</td><td>578 700</td></tr>
<tr><td>卷烟</td><td>30元/万支</td><td>36%</td><td></td><td></td><td></td></tr>
<tr><td>雪茄烟</td><td>—</td><td>36%</td><td></td><td></td><td></td></tr>
<tr><td>烟丝</td><td>—</td><td>30%</td><td></td><td>35 000</td><td>10 500</td></tr>
<tr><td>合计</td><td>—</td><td>—</td><td>—</td><td>—</td><td>589 200</td></tr>
</table>

<table>
<tr><td></td><td rowspan="4">声明
此纳税申报表是根据国家税收法律的规定填报的，我确定它是真实的、可靠的、完整的。
经办人（签章）：
财务负责人（签章）：
联系电话：</td></tr>
<tr><td>本期准予扣除税额：105 000</td></tr>
<tr><td>本期减（免）税额：</td></tr>
<tr><td>期初未缴税额:</td></tr>
<tr><td>本期缴纳前期应纳税额：</td><td rowspan="4">（如果你已委托代理人申报，请填写）
授权声明
为代理一切税务事宜，现授权（地址）为
本纳税人的代理申报人，任何与本申报表有关的往来文件，都可寄予此人。
授权人签章：</td></tr>
<tr><td>本期预缴税额：</td></tr>
<tr><td>本期应补（退）税额：484 200</td></tr>
<tr><td>期末未缴税额:484 200</td></tr>
</table>

以下由税务机关填写

受理人（签章）：　　受理日期：　　年　月　日　　　受理税务机关（章）：

表3-5　　本期准予扣除税额计算表

税款所属期：2019年5月1日至2019年5月31日

纳税人名称（公章）：略

纳税人识别号：略

填表日期：2019年6月12日　　金额单位：元（列至角分）

一、当期准予扣除的委托加工烟丝已纳税款计算
1.期初库存委托加工烟丝已纳税款：0
2.当期收回委托加工烟丝已纳税款：60 000
3.期末库存委托加工烟丝已纳税款：
4.当期准予扣除的委托加工烟丝已纳税款：60 000
二、当期准予扣除的外购烟丝已纳税款计算
1.期初库存外购烟丝买价：200 000
2.当期购进烟丝买价：100 000
3.期末库存外购烟丝买价：50 000
4.当期准予扣除的外购烟丝已纳税款：45 000
三、本期准予扣除税款合计：105 000

表3-6　　本期代收代缴税额计算表

税款所属期：2019年5月1日至2019年5月31日

纳税人名称（公章）：略　　纳税人识别号：略

填表日期：2019年6月12日　　金额单位：元（列至角分）

项目 \ 应税消费品名称		卷烟	卷烟	雪茄烟	烟丝	合计
适用税率	定额税率	30元/万支	30元/万支	—	—	—
	比例税率	56%	36%	36%	30%	—
受托加工数量						—
同类产品销售价格						—
材料成本					200 000	—
加工费					80 000	—
组成计税价格					400 000	—
本期代收代缴税款					120 000	120 000

表3-7 卷烟销售明细表

所属期：2019年5月1日至2019年5月31日

纳税人名称（公章）：略

纳税人识别号：略

填表日期：2019年6月12日 单位：万支、元、元/条（200支）

卷烟牌号	烟支包装规格	产量	销量	消费税计税价格	销售额	备注
略	略	250	250	80	1 000 000	
合计	—	250	250	—	—	—

【做中学】

中福能源有限公司委托境内其他企业加工太阳能电池100只，收回100只全部用于直接销售，再销售的不含税销售额1 000元。受托方同类消费品的不含税销售价格为8元/只，电池成本300元，加工费200元。

要求：请帮助中福能源有限公司进行消费税纳税申报。

项目四　关税

学习目标

1. 熟悉关税的有关规定，了解关税的不同分类。
2. 掌握进口、出口关税的基本计算方法。
3. 掌握关税的核算方法，能准确进行关税账务处理。

思维导图

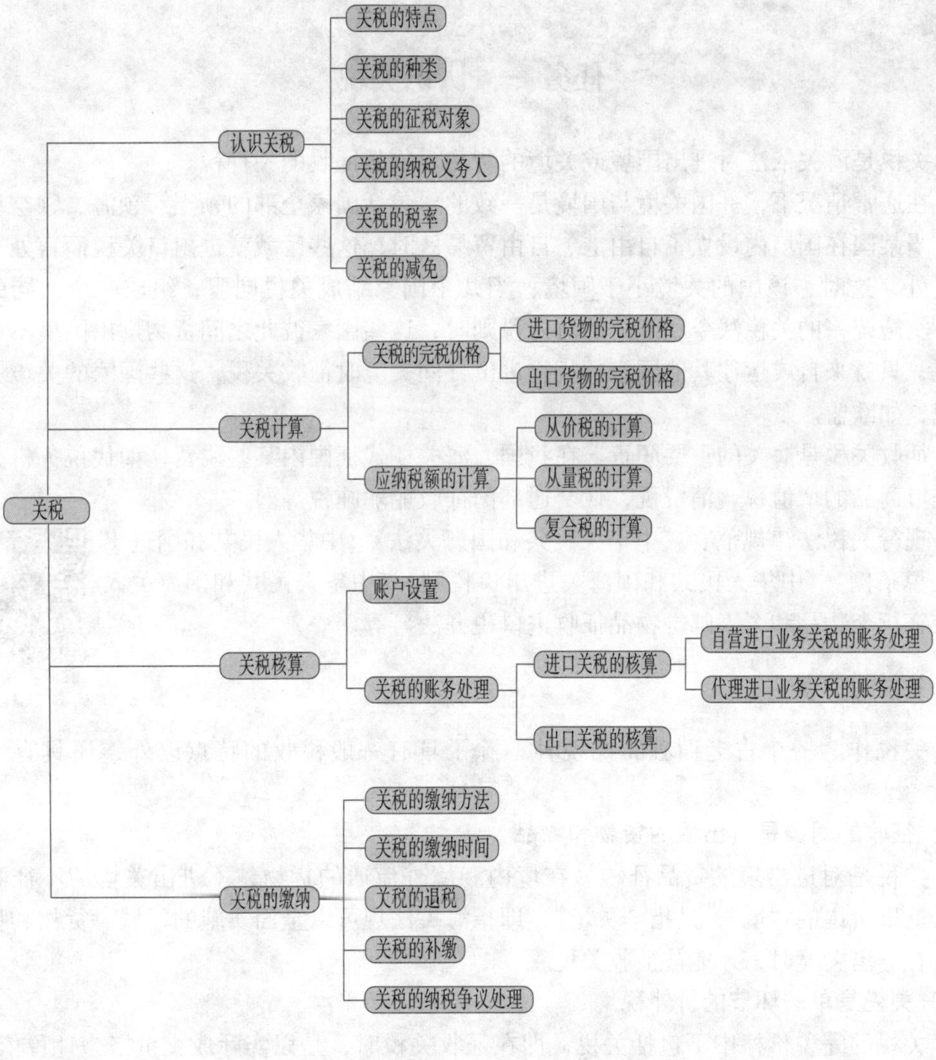

□引导案例

对于关税，你了解多少？

商务部于2019年7月10日举行例行新闻发布会，新闻发言人高峰在回答中美经贸磋商相关问题时表示，双方经贸团队将按照两国元首大阪会晤共识的要求，在平等和相互尊重的基础上，重启经贸磋商。

对于美国近期决定对之前加征25%关税的110种中国商品取消关税，高峰表示，这是美方正常的关税程序，中方也已经建立了相应的关税豁免机制，将根据企业的申请进行处理。关税俨然已经成为各国处理国际贸易关系乃至国与国关系的有力武器，因此有必要对关税的职能和影响进行全面梳理。

那么，什么是关税？关税有什么作用？

在本项目中，我们将学习关税这个古老税种在当今时代的发展和作用。

任务一　认识关税

关税是海关依法对进出国境或关境的货物、物品征收的一种税。

在通常情况下，一国关境与国境是一致的，包括国家全部的领土、领海、领空。但是，当某国在国境内设立了自由港、自由贸易区时，这些区域就进出口关税而言处于关境之外，这时，该国的关境小于国境；当几个国家结成关税同盟，组成一个共同的关境，实施统一的关税法令和统一的对外税则时，这些国家彼此之间货物进出国境不征收关税，只就来自或运往其他国家的货物进出共同关境时征收关税，这些国家的关境大于国境，如欧盟。

征收关税是海关的重要职责。在我国，海关还代征国内某些税费，如代税务机关征收进口商品的增值税、消费税，代交通部门征收船舶吨税等。

现行关税法律规范有《中华人民共和国海关法》《中华人民共和国进出口关税条例》《中华人民共和国海关进出口税则》《中华人民共和国海关入境旅客行李物品和个人邮寄物品征收进口税办法》等。

微课：国境和关境

一、关税的特点

关税作为一个古老而独特的税种，除了具有一般税收的特点以外，还具有以下特点：

（一）征收的对象是进出境的货物和物品

关税是对进出境的货品征税，在境内和境外流通的货物，不进出关境的不征收关税。这里所说的“境”，是指“关境”，即指海关法规可以全面实施的领域。货物和物品只有在进出关境时，才能被征收关税。

（二）关税是单一环节的价外税

关税的完税价格中不包括关税，即在征收关税时，是以实际成交价格为计税依据，关税不包括在内。但海关代为征收增值税、消费税时，其计税依据包括关税在内。

（三）有较强的涉外性

关税只对进出境的货物和物品征收。因此，关税税则的制定、税率的高低，会直接影响到国际贸易的开展。随着世界经济一体化的发展，世界各国的经济联系越来越密切，贸易关系不仅反映简单经济关系，而且成为一种政治关系。这样，关税政策、关税措施也往往和经济政策、外交政策紧密相关，具有涉外性。

正是由于关税的“涉外性”，才使得关税对进出口贸易产生了巨大的影响。对货物征收关税，势必会提高纳税人的经营成本，从而对商品出入境后的销售利润产生直接的影响。纳税人要么提高商品的售价，维持盈利水平，但会导致销售额下降；要么维持商品售价不变，使商品销售额保持不变，但又会导致盈利水平的下降。对进出口的非贸易品征收关税，同样也会使纳税人携带行李物品或邮寄物品的经济负担加重。因此，关税税种的设置、税率的调整和征收办法的改变等，都会影响到国际贸易往来和商品流通。

二、关税的种类

企业在进出口商品时向海关缴纳的税，事实上包含了两个部分：关税和海关代征税。其中，海关代征税包含消费税和增值税等，仅限于进口货物；出口货物消费税和增值税均适用零税率，因此出口环节海关仅征收关税。

为鼓励出口，各国一般不征收出口关税或仅对少数商品征收出口关税。我国仅对少数资源性产品及易于竞相杀价、需要规范出口秩序的半制成品征收出口关税，比如鳗鱼苗、部分有色金属矿砂及其精矿、生锑、镍锭、锌锭等，具体内容可参考《2019年进出口暂定税率等调整方案》（税委会〔2018〕65号）。

进口关税是关税中最主要的一种，从不同的角度出发，有不同的分类方式。

（一）以是否按照税则税率征收税款，分为正税和附加税

1.正税

正税是指按照《中华人民共和国进出口税则》中的进口税率征收的关税。

（1）从价税

从价税是目前我国海关计征关税的主要形式，它以货物的价格或者价值为征税标准，以应征税额占货物价格或者价值的百分比为税率，价格越高，税额越高。目前多数国家以到岸价格作为完税价格。

（2）从量税

从量税以货物的数量、重量、体积、容量等计量单位为计税标准，以每计量单位货物的应征税额为税率。我国目前对石油原油、胶卷等进口商品征收从量税。

（3）复合税

复合税又称混合税，是指一个税目中的商品同时使用从价、从量两种标准计税，计税时按两者之和作为应征税额征收的关税。我国目前对完税价格高于7 000美元的光盘型广播级录像机，对完税价格高于5 000美元的手机用摄像组件、高清摄像头等进口商品征收复合关税。

（4）滑准税

滑准税是指关税的税率随着进口货物价格的变动而反方向变动的一种税率形式，我国目前对新闻纸、关税配额外进口的一定数量的棉花实行滑准税。简单来讲，滑准税就是进口货物的价格越高，其进口关税税率越低；进口货物的价格越低，其进口关税税率越高。

滑准税的特点是可以保持实行滑准税商品的国内市场价格相对稳定，而不受国际市场价格波动的影响，其征税的计算方法与从价税相同。

2.附加税

附加税也称特别关税，是国家出于特定需要，对进口货物除征收关税正税以外另行征收的关税，一般具有临时性的特点。

（1）反倾销关税

反倾销关税即对外国的倾销商品，在征收正常进口关税的同时，附加征收的一种关税。

（2）反补贴关税

反补贴关税是对接受任何津贴或补贴的外国进口货物所附加征收的一种关税。

需要指出的是，目前许多国家对出口企业采取退还国内税的方法予以鼓励，对这种属于已退还国内税的出口货物一般不作为接受补贴产品看待，因为退税产品属于国内税种调整范围，与他国没有直接利益关系。

（3）保障措施关税

在公平贸易条件下，由于关税减让等承诺的存在，可能导致某种产品对某一WTO成员方的进口增加，从而对该成员方生产同类产品、直接竞争产品的国内产业造成严重损害或者严重损害威胁。在这种情况下，该成员方可以对这种产品的进口采取数量限制和提高关税等措施，以便国内有关产业进行调整，适应竞争，这类措施就是保障措施，以提高关税的形式实施的保障措施就是保障措施关税。

（4）报复性关税

报复性关税是指他国政府以不公平、不平等、不友好的态度对待本国出口货物时，为维护本国利益，报复该国对本国出口货物的不公平、不平等、不友好，对该国出口到本国的货物加重征收的关税。

（二）以是否给予税率优惠，分为普通关税和优惠关税

1.普通关税

普通关税是指对与本国没有签署贸易或经济互惠等友好协定的国家或地区原产货物征收的关税。

目前我国对非原产于适用最惠国税率、协定优惠税率、特惠税率的国家或地区的进口货物，以及无法判明原产地的进口货物，使用普通税率。

2.优惠关税

优惠关税是指对来自特定国家或地区的进口货物在关税方面给予优惠待遇，其税率低于普通关税。

（1）最惠国待遇关税

最惠国待遇关税又称最惠国关税，适用最惠国税率。最惠国待遇关税适用于：

①原产于共同适用最惠国待遇条款的WTO成员方的进口货物；

②原产于与我国签订含有相互给予最惠国待遇条款的双边贸易协定的国家或地区的进口货物；

③原产于我国关境内的进口货物。

（2）协定优惠关税

协定优惠关税又称协定关税，适用协定税率。协定优惠关税适用于原产于与我国签订含有关税优惠条款的区域性贸易协定的国家或地区的进口货物。

目前，我国对亚太、东盟、秘鲁、新加坡、哥斯达黎加、马尔代夫、冰岛、智利、巴基斯坦、澳大利亚、新西兰、格鲁吉亚、韩国、瑞士等自由贸易协定或优惠安排项下进口货物，适用协定优惠关税。

（3）特定优惠关税

特定优惠关税又称特惠关税，适用特惠税率。特定优惠关税适用于原产于与我国签订含有特殊关税优惠条款的贸易协定国家或地区的进口货物。

目前，我国对孟加拉国、老挝、缅甸、柬埔寨、埃塞俄比亚等国家的部分进口商品实施特惠关税。

（三）按照保护形式和程度不同，分为关税壁垒和非关税壁垒

1.关税壁垒

关税壁垒是指一国政府以提高关税的办法限制外国商品进口的措施。实施关税壁垒的目的是抵制外国商品进入本国市场，最大限度地削弱外国商品在本国市场上的竞争能力，保护本国商品的竞争优势，垄断国内市场。

高额关税就像高墙一样阻止或限制外国商品输入，因此称之为关税壁垒。

2.非关税壁垒

非关税壁垒是指除关税以外的一切限制进口的措施，有直接非关税壁垒和间接非关税壁垒之分。

直接非关税壁垒是通过对本国产品和进口商品的差别待遇或迫使出口国限制商品进口等措施，以直接限制进口。其措施有政府采购、海关估价、进口许可制度、进口配额制和关税配额制等。

间接非关税壁垒是指并非对商品进口进行直接限制，而是出于其他目的所采取的，同样能起到限制商品进口效果的各种措施。间接非关税壁垒措施包括外汇管制、进出口国家垄断、复杂的海关手续、苛刻的卫生安全和检疫标准等。

知识链接

非关税壁垒

非关税壁垒是指除关税之外的旨在限制外国商品输入的各种措施。加入WTO以后，WTO各成员方之间的关税壁垒将不复存在，但这并不意味着产品出口会如人们想象中的那样畅通无阻。加入WTO后，国内出口型企业也遇到了一些无法预料的非关税壁垒和障碍，如政治壁垒、技术壁垒和绿色（生态）壁垒等。

1.政治壁垒。西方一些国家经常以国际劳工组织颁布的所谓劳工生产标志及所谓的人权保护为衡量标准，比如对方认为贸易伙伴提供的产品是由劳改犯、童工参与制造，或者是在没有安全和健康保障的条件下生产的，如果他们有证据证明上述事实存在，就会将你的产品拒之门外。

2.技术壁垒。技术壁垒就是发达国家在经过多年的工业化进程之后形成的一系列技术标准，比如针对家电产品欧盟有EC标准，美国则有UL标准，针对家具、玩具等产品也有各种各样的标准，家具不但要防火，同时也有很多环保方面的要求。

3.绿色（生态）壁垒。比如，对使用有机化肥和剧毒农药生产的蔬菜、水果、转基因食品，特别是在食品生产过程中某些营养成分没有标示清楚，掩盖了对人体有害或不利的成分等，对此类产品也一概拒绝。此外，对产品包装也有许多生态方面的要求，比如使用没有经过处理的原木作为包装材料。

另外，像美国在同我国谈判过程中还设置了许多反剧增机制，对中国产品进入美国市场设置了限制性条款，目前中国的产品就不能一下子进入美国，而是有时间限制，并且分行业、分品种、按比例增加。

这种非关税壁垒和通常的关税壁垒相比，显著的区别是具有不透明性和不确定性，主观随意性很大，一旦你的产品被认为有某种嫌疑或不符合他们的要求，就会遭到抵制。在不能采取提高关税手段制裁竞争对手的情况下，目前世界上有些国家或企业便经常利用这些非关税壁垒和障碍进行所谓的贸易制裁。

三、关税的征税对象

关税的征税对象是准予进出境的货物和物品。货物是指贸易性商品；物品是指入境旅客随身携带的行李物品、个人邮寄物品、各种运输工具上的服务人员携带进口的自用物品、馈赠物品以及以其他方式进境的个人物品。

【注意】关税征收的前置性条件是该货物或物品准许进出口；如属于禁止进出口的，海关会对其销毁或退运，货物或物品既已灭失，征收关税则无从谈起。

微课：货物和物品

知识链接

货物的分类

说到对货物征税，尤其是对进口货物征税，那么首先就要对货物有一个全世界都认同的标准。在国际上有一个《商品名称及编码协调制度的国际公约》（International Convention for Harmonized Commodity Description and Coding System），简称协调制度（Harmonized System，HS），它是1983年6月海关合作理事会（现名世界海关组织）主持制定的一部供海关、统计、进出口管理及与国际贸易有关各方共同使用的商品分类编码体系，1988年1月1日正式实施，每4年修订1次。世界上绝大部分国家和地区使用HS，全球贸易总量98%以上的货物都是按HS分类的。

HS的总体结构包括三大部分：归类规则；类、章及子目注释；按顺序编排的目与子目编码及条文。这三部分是HS的法律性条文，具有严格的法律效力和严密的逻辑性。HS首先列明6条归类总规则，规定了使用HS对商品进行分类时必须遵守的分类原则和方法。HS的许多类和章在开头均列有注释（类注、章注或子目注释），严格界定了归入该类或该章中的商品范围，阐述HS中专用术语的定义或区分某些商品的技术标准及界限。

我国也采用了HS，把全部国际贸易商品分为22类、98章，章以下再分为目和子目。商品编码第一、二位数码代表"章"，第三、四位数码代表"目"（Heading），第五、六位数码代表"子目"（Subheading），前六位数是HS国际标准编码。HS有1 241个四位数的税目，5 113个六位数子目。有的国家根据本国的实际，已分出第七、八、九位数码。

2017年《中华人民共和国海关进出口税则》中的产品类别如下：

第一类　活动物；动物产品（第一章至第五章）

第一章　活动物

第二章　肉及食用杂碎

第三章　鱼、甲壳动物，软体动物及其他水生无脊椎动物

第四章　乳品；蛋品；天然蜂蜜；其他食用动物产品

第五章　其他动物产品

第二类　植物产品（第六章至第十四章）

第三类　动、植物油、脂及其分解产品；精制的食用油脂；动、植物蜡（第十五章）

第四类　食品；饮料、酒及醋；烟草、烟草及烟草代用品的制品（第十六章至第二十四章）

第五类　矿产品（第二十五章至第二十七章）

第六类　化学工业及其相关工业的产品（第二十八章至第三十八章）

第七类　塑料及其制品：橡胶及其制品（第三十九章至第四十章）

第八类　生皮、皮革、毛皮及其制品；鞍具及挽具；旅行用品、手提包及类似容器；动物肠线（蚕胶丝除外）制品（第四十一章至第四十三章）

第九类　木及木制品；木炭；软木及软木制品；稻草、秸秆、针茅或其他编结材料制品；篮筐及柳条编结品（第四十四章至第四十六章）

第十类　木浆及其他纤维状纤维素浆；回收（废碎）纸或纸板；纸、纸板及其制品（第四十七章至第四十九章）

第十一类　纺织原料及纺织制品（第五十章至第六十三章）

第十二类　鞋、帽、伞、杖、鞭及其零件；已加工的羽毛及其制品；人造花；人发制品（第六十四章至第六十七章）

第十三类　石料、石膏、水泥、石棉、云母及类似材料的制品；陶瓷产品；玻璃及其制品（第六十八章至第七十章）

第十四类　天然或养殖珍珠、宝石或半宝石、贵金属、包贵金属及其制品；仿首饰；硬币（第七十一章）

第十五类　贱金属及其制品（第七十二章至第八十三章）

第十六类　机器、机械器具、电气设备及其零件；录音机及放声机、电视图像、声音的录制和重放设备及其零件（第八十四章至第八十五章）

第十七类　车辆、航空器、船舶及有关运输设备（第八十六章至第八十九章）

第十八　类光学、照相、电影、计量、检验、医疗或外科用仪器及设备、精密仪器及设备；钟表；乐器；上述物品（第九十章至第九十二章）

第十九　类武器、弹药及其零件、附件（第九十三章）

第二十　类杂项制品（第九十四章至第九十六章）

第二十一　类艺术品、收藏品及古物（第九十七章）

第二十二　类特殊交易品及未分类商品（第九十八章）

四、关税的纳税义务人

进口货物的收货人、出口货物的发货人、进出境物品的所有人，是关税的纳税义务人。

在外贸企业逐步实行进出口代理制以后，凡由外贸企业代理进出口业务的，都由办理进出口业务的外贸企业代纳税，不通过外贸企业而自行经营进出口业务的，则由收发货人自行申报纳税。

非贸易性物品的纳税人是物品持有人、所有人或收件人。

一般情况下，携带进境的物品，推定其携带人为所有人；对分离运输的行李，推定相应的进出境旅客为所有人；以邮寄方式进境的物品，推定其收件人为所有人；以邮递或其他运输方式出境的物品，推定其寄件人或托运人为所有人。

五、关税的税率

（一）进口关税税率

在加入WTO之前，我国进口税则设有两栏，即普通税率和优惠税率。在加入WTO之后，为履行我国在加入WTO关税减让谈判中承诺的有关义务，享有WTO成员应有的权利，自2002年1月1日起，我国进口税则设有最惠国税率、协定税率、特惠税率和普通税率四栏。

知识链接

WTO那些事

我国于2001年11月10日签订了《中华人民共和国加入议定书》。随后，世界贸易组织发布了《关于中华人民共和国加入的决定》，决定的全文是：中华人民共和国可以根据本决定所附录议定书中所列的条款和条件加入《马拉喀什建立世界贸易组织协定》。议定书一方面同意了中国加入了世界贸易组织，可以与世界贸易组织的成员方按照各自的贸易协定来进行交易，但是也要求中国在贸易、出口审查、价格控制、关税及非关税壁垒、政策透明、外汇管制等方面进行改进。

协议书第一个附件叫“最惠国税率”，对详细的商品进行了约定。

也就是说，加入了WTO并不是没有了关税，而是说要按照议定书的约定来进行贸易。WTO也着重提到服务贸易和知识产权贸易（《与贸易有关的知识产权协议》（Agreement on Trade-Related Aspects of Intellectual Property Rights），TRIPS）。但是由于服务和知识产权不是实物，并没有纳入关税的范畴。

1. 最惠国税率

原产于共同适用最惠国待遇条款的世界贸易组织成员的进口货物，原产于与中华人民共和国签订含有相互给予最惠国待遇条款的双边贸易协定的国家或者地区的进口货物，以及原产于中华人民共和国境内的进口货物适用。

2. 普通税率

原产于除适用最惠国税率、协定税率、特惠税率所列国家或地区以外的国家或者地区的进口货物，以及原产地不明的进口货物适用。

3. 协定税率

原产于与中华人民共和国签订含有关税优惠条款的区域性贸易协定的国家或者地区的进口货物适用。

4. 特惠税率

原产于与中华人民共和国签订含有特殊关税优惠条款的贸易协定的国家或者地区的进口货物适用。

5. 关税配额税率

实行关税配额管理的进口货物，关税配额内的，适用关税配额税率。实行进口关税配额管理的货物包括部分农产品（小麦、玉米、稻谷和大米、棉花、食糖、羊毛以及毛条）及化肥。

如果进口实行关税配额管理的进口货物，但未取得关税配额，也即关税配额外的，是否可以进口？答案是肯定的，可以进口，但适用的税率不是关税配额税率，而应按其所适用的其他相关规定执行，例如执行最惠国税率、暂定税率，符合优惠贸易协定规定条件的应执行协定税率、特惠税率等。

6. 暂定进口税率

暂定进口税率是国家对部分进口货物实行的一种临时性进口关税税率。一般根据国民经济发展的实际需要和进出口关税税率的总体调整情况，对部分进口货物实行暂定税率，以更有效地发挥关税在提高国内竞争能力、促进企业技术进步、保障经济运行等方面的作用。

7.ITA 税率

ITA 税率也叫信息技术产品最惠国税率。2016 年 9 月 14 日前进口申报时需要填报由海关出具的“进口部分适用 ITA 税率的商品用途认定证明”，2016 年 9 月 14 日后进口申报不需要再填报，而只需如实申报即可。

（二）出口关税税率

出口关税税率分为出口税率和出口暂定税率。

征收出口关税的商品主要是高耗能、高污染、资源性产品。对于征收出口关税的货物，在计算出口关税时，出口暂定税率的执行优先于出口税率。

微课：关税要素

六、关税的减免

关税的减免可以分为法定减免、特定减免和临时减免三类。

（一）法定减免

符合税法规定可予减免税的进出口货物，纳税义务人无须提出申请，海关可按规定直接予以减免税。

我国《海关法》和《进出口条例》明确规定，下列货物、物品予以减免关税：

（1）关税税额在人民币 50 元以下的一票货物，可免征关税。

（2）无商业价值的广告品和货样，可免征关税。

（3）外国政府、国际组织无偿赠送的物资，可免征关税。

（4）进出境运输工具装载的途中必需的燃料、物料和饮食用品，可予免税。

（5）因故退还的中国出口货物，经海关审查属实，可予免征进口关税，但已征收的出口关税不予退还。

（6）因故退还的境外进口货物，经海关审查属实，可予免征出口关税，但已征收的进口关税不予退还。

（7）进口货物如有以下情形，经海关查明属实，可酌情减免进口关税：

①在境外运输途中或者在起卸时，遭受损坏或者损失的。

②起卸后海关放行前，因不可抗力遭受损坏或者损失的。

③海关查验时已经破漏、损坏或者腐烂，经证明不是保管不慎造成的。

（8）无代价抵偿货物，可以免税。但有残损或质量问题的原进口货物如未退运国外，其进口的无代价抵偿货物应照章征税。

（二）特定减免

在法定减免税之外，国家按照国际通行规则和我国实际情况，制定发布的有关进出口货物减免关税的政策，称为特定减免或政策性减免税。特定减免税货物一般有地区、企业和用途的限制，海关需要进行后续管理，也需要进行减免税统计。特定减免包括如下几类：

（1）科教用品。

（2）残疾人专用品。

（3）扶贫、慈善性捐赠物资。

（三）临时减免

临时减免是指法定减免和特定减免范围以外的，由国务院运用一案一批的原则，针对某个纳税人、某类商品、某个项目或某批货物的特殊情况，特别照顾，临时给予的减免。

关税纳税义务人，要求对其进出口货物临时减征或者免征进出口关税的，应当在货物进出口前以书面形式说明理由，并附必要的证明和资料，向所在地海关申请。所在地海关审查属实后，转报海关总署，海关总署或者海关总署会同财政部按照国务院的规定审查批准。

知识链接

跨境电子商务零售进口商品税收政策

自2016年4月8日起，跨境电子商务零售进口商品按照货物征收关税和进口环节增值税、消费税，购买跨境电子商务零售进口商品的个人作为纳税义务人，实际交易价格

（包括货物零售价格、运费和保险费）作为完税价格，电子商务企业、电子商务交易平台企业或物流企业可作为代收代缴义务人。

计征限额：跨境电子商务零售进口商品的单次交易限值为人民币2 000元，个人年度交易限值为人民币20 000元。在限值以内进口的跨境电子商务零售进口商品，关税税率暂设为0；进口环节增值税、消费税取消免征税额，暂按法定应纳税额的70%征收。超过单次限值、累加后超过个人年度限值的单次交易，以及完税价格超过2 000元限值的单个不可分割商品，均按照一般贸易方式全额征税。

微课：行邮税

微课：海外代购应纳税

任务二　关税计算

一、关税的完税价格

我国对进出口货物征收关税，主要采取从价计征的办法，即以商品价格为标准征收关税。因此，关税主要以进出口货物的完税价格为计税依据。所谓完税价格，是指为进口货物缴纳关税而由海关审核确定的价格。

如前所述，关税是单一环节的价外税。关税的完税价格中不包括关税，即在征收关税时，是以实际成交价格为计税依据，关税不包括在内。但海关代为征收增值税、消费税时，其计税依据包括关税在内。

（一）进口货物的完税价格

1.以成交价格为基础的完税价格

进口货物的完税价格是以海关审定的成交价格为基础的到岸价格，包括货物在采购地的货价、货物运抵我国境内输入地点起卸前的运输费、包装费、保险费、手续费等。

但进口货物的成交价格中如果已经包含下列费用，而且能单独分列的，可以从完税价格中扣除：

（1）进口人向其境外代理人支付的买方佣金。

（2）卖方支付给买方的正常价格回扣。

（3）工业设施、机械设备类货物进口后发生的基建、安装、装配、调试、技术指导等费用。

2.进口货物的海关估价方法

进口货物的成交价格不能确定或不符合成交价格条件的，海关应当按照合理的办法估定完税价格。

3.特殊进口货物的完税价格

某些特殊、灵活的贸易方式下的进口货物，在进口时没有“成交价格”可作为依据，为此，法律对这些进口货物制定了确定其完税价格的方法，主要有：

（1）加工贸易进口料件及其制成品需征税或内销补税的，海关按照一般进口货物的完税价格规定，审核其完税价格。

（2）从保税区或出口加工区销往区外、从保税仓库出库内销的进口货物（加工贸易进口料件及其制成品除外），以海关审定的价格估定完税价格，对经审核销售价格不能确定的，海关应当按照一般进口货物估价方法的规定，估定完税价格。如销售价格中未包括在保税区、出口加工区或保税仓库中发生的仓储、运输及其他相关费用的，应当按照客观量化的数据资料予以计入。

（3）运往境外维修的机械器具、运输工具或其他货物，出境时已向海关报明，并在海关规定期限内复运进境的，应当以海关审定的境外修理费和料件费，以及该货物复运进境的运输及其相关费用、保险费估定完税价格。

（4）运往境外加工的货物，出境时已向海关报明，并在海关规定期限内复运进境的，应当以海关审定的境外加工费和料件费，以及该货物复运进境的运输及相关费用、保险费估定完税价格。

4.进口货物相关费用的核定

（1）进口货物的运费。

进口货物的运费应当按照实际支付的费用计算。如果进口货物的运费无法确定，海关应当按照该货物的实际运输成本或者该货物进口同期运输行业公布的运费率（额）计算运费。

（2）进口货物的保险费。

进口货物的保险费应当按照实际支付的费用计算。如果进口货物的保险费无法确定或者未实际发生，海关应当按照“货价加运费”两者总额的3‰计算保险费，其计算公式如下：

保险费=（货价+运费）×3‰

邮运进口的货物，应当以邮费作为运输及其相关费用、保险费。

（3）以境外边境口岸价格条件成交的铁路或公路运输进口货物，海关应当按照境外边境口岸价格的1%计算运输及其相关费用、保险费。

（二）出口货物的完税价格

1.以成交价格为基础的完税价格

出口货物的完税价格，由海关以该货物向境外销售的成交价格为基础审查确定，并应包括货物运至我国境内输出地点装载前的运输及其相关费用、保险费。

出口货物的完税价格不包括出口关税税额。出口货物的成交价格中含有支付给境外的佣金的，如果单独列明，应当扣除。出口货物的售价中含离境口岸至境外口岸之间的运费、保险费的，该运费、保险费应当扣除。

应纳出口关税=出口货物关税完税价格×出口关税税率

出口货物关税完税价格=离岸价格÷（1+出口关税税率）

2.出口货物海关估价方法

出口货物的成交价格不能确定时，完税价格由海关依次使用下列方法估定：

（1）同时或大约同时向同一国家或地区出口的相同货物的成交价格。

（2）同时或大约同时向同一国家或地区出口的类似货物的成交价格。

（3）根据境内生产相同或类似货物的成本、利润和一般费用、境内发生的运输及其相关费用、保险费计算所得的价格。

（4）按照合理方法估定的价格。

二、应纳税额的计算

（一）从价税的计算

应纳税额=应税进口货物关税完税价格×适用税率

【例4-1】某商场于2019年5月进口一批高档化妆品，该批货物在国外的买价为120万元，货物运抵我国入关前发生的运输费、保险费和其他费用分别为10万元、6万元和4万元。货物报关后，该商场按规定缴纳了进口环节的增值税和消费税并取得海关开具的缴款书。从海关将该批货物运往商场所在地取得增值税专用发票，注明运输费用5万元，增值税进项税额0.45万元，该批高档化妆品当月在国内全部销售，取得不含税销售额520万元。已知关税税率为20%，消费税税率为15%。

要求：计算该批高档化妆品进口环节应缴纳的关税、增值税、消费税和国内销售环节应缴纳的增值税。

分析：

（1）关税完税价格=120+10+6+4=140（万元）

（2）应缴纳进口关税税额=140×20%=28（万元）

（3）进口环节应纳增值税的组成计税价格=$\frac{140+28}{1-15\%}$=197.65（万元）

（4）进口环节应缴纳增值税=197.65×13%=25.69（万元）

（5）进口环节应缴纳消费税税额=197.65×15%=29.65（万元）

（6）国内销售环节应确认增值税销项税额=520×13%=67.6（万元）

商场应该缴纳增值税税额=67.6−25.69−0.45=41.46（万元）

【例4-2】某公司从国外进口一批中厚钢板共计200 000千克，成交价格为FOB伦敦2.5英镑/千克，已知单位运费为0.5英镑，保险费率为0.25%。中厚钢板适用10%进口关税税率。

已知海关填发税款缴款书之日的外汇牌价：

1英镑=11.2683人民币元（买入价）

1英镑=11.8857人民币元（卖出价）

要求：计算该公司应纳进口关税。

分析：

（1）根据填发税款缴款书日的外汇牌价，将货价折算为人民币

外汇买卖中间价=（11.2683+11.8857）÷2=11.577，即1英镑=11.577元人民币

完税价格=$\frac{\text{FOB}+\text{运费}}{1-\text{保险费率}}$=（2.5+0.5）÷（1−0.25%）=3.0075（英镑）

（2）计算关税税额

该批货物进口关税税额=3.0075×11.577×200 000×10%=696 356.55（元）

进口货物无论是以FOB条件还是以CFR条件成交，在计算税款时均应先把进口货物的申报价格折算成CIF价，然后再按上述程序计算税款。

(二) 从量税的计算

应纳税额=应税进（出）口货物数量×单位货物税额

【例4-3】某公司进口美国产蓝带啤酒600箱，每箱24瓶，每瓶500毫升，价格为CIF 3 000美元。已知进口报关日美元外汇牌价中间价6.4，该啤酒适用3元/升的关税税率。

要求：计算应纳进口关税。

分析：

应纳关税税额=3×600×24×500÷1 000=21 600（元）

(三) 复合税的计算

我国目前实行的复合税都是先计征从量税，再计征从价税。

$$\text{应纳税额}=\text{应税进（出）口货物数量}\times\text{单位货物税额}+\text{应税进(出)口货物数量}\times\text{单位完税价格}\times\text{适用税率}$$

【例4-4】某公司进口2台日本产光盘型广播级录像机，价格为CIF 13 000美元。已知进口报关日美元外汇牌价中间价6.4，适用13 280元/台的从量税，3%的从价税。

要求：计算应纳关税。

分析：

应纳关税税额=2×13 280+13 000×6.4×3%=29 056（元）

任务三　关税核算

一、账户设置

为了正确地核算和反映企业缴纳关税的情况，企业应在“应交税费”账户下设置“应交进口关税”“应交出口关税”两个二级账户。该账户贷方反映企业应缴纳的关税税额，借方反映企业已经缴纳的关税税额；余额一般在贷方，表示企业应缴而未缴的关税税额。同时，企业负担的关税额根据具体情况，分别在“材料采购”“在建工程”“税金及附加”等账户列支。

二、关税的账务处理

(一) 进口关税的核算

1. 自营进口业务关税的账务处理

企业自营进口商品应支付的进口关税，应通过“应交税费——应交进口关税”账户核算，同时，按进口商品的国外进价、应缴的进口关税、消费税和国外运费、保险费等，一并构成进口商品的采购成本，记入“材料采购”账户。商品到达我国口岸目的地港后发生的费用应计入销售费用（管理费用），收入的进口佣金冲减进价。不宜按商品认定的，冲减销售费用（管理费用）。

【例 4-5】某生产性企业进口机器配件一批，海关审定的关税完税价格 USD $800 000，进口关税税率为 40%，增值税税率为 13%。当日美元外汇牌价中间价为 6.4。

请进行相关账务处理。

分析：

进口配件人民币买价=800 000×6.4=5 120 000（元）

应纳关税税额=800 000×6.4×40%=2 048 000（元）

材料采购成本=800 000×6.4+2 048 000=7 168 000（元）

应纳增值税税额=7 168 000×13%=931 840（元）

（1）确认应付国外供应商货款

借：材料采购	5 120 000	
贷：应付账款（银行存款）（800 000×6.4）		5 120 000

（2）计提关税

借：材料采购	2 048 000	
贷：应交税费——应交进口关税		2 048 000

（3）支付关税、增值税

借：应交税费——应交进口关税	2 048 000	
——应交增值税（进项税额）	931 840	
贷：银行存款		2 979 840

（4）商品验收入库

借：库存商品	7 168 000	
贷：材料采购		7 168 000

2. 代理进口业务关税的账务处理

工业企业通过外贸企业代理进口原材料应支付的进口关税，不通过“应交税费”账户核算，而是将其与进口原材料的价款、国外运费、保险费、国内费用等一并计入进口原材料的采购成本。

商业企业通过外贸企业代理进口原材料应支付的国内费用在“销售费用”账户中列支。

企业根据与外商签订的加工装配和补偿贸易合同而引进的国外设备，所支付的关税在“固定资产”“在建工程”账户中列支。

【例 4-6】某工业企业委托某进出口公司从国外进口一批原材料，进口货款 100 万元已汇入进口公司账户。该原材料到岸价为 10 万美元，关税税率为 20%，代理手续费为进价的 5%。原材料验收入库，并已与进口公司结算完毕。已知增值税税率为 13%，当日美元外汇牌价中间价为 6.4。

要求：请进行相关账务处理。

分析：

（1）某工业企业有关的计算及账务处理

进口商品应负担关税税额=100 000×6.4×20%=128 000（元）

材料采购成本=100 000×6.4×（1+5%）+128 000=800 000（元）

应纳增值税税额=（100 000×6.4+128 000）×13%=99 840（元）

①预付进口货款

借：应收账款　　1 000 000

　　贷：银行存款　　1 000 000

②收到进出口公司转来有关单据及商品

借：原材料　　800 000

　　应交税费——应交增值税（进项税额）　　99 840

　　贷：应收账款　　899 840

③与进出口公司结算款项。该企业预付货款1 000 000元，实际用了899 840元，应退还货款100 160元

借：银行存款　　100 160

　　贷：应收账款　　100 160

（2）某进出口公司的账务处理

本业务中，某进出口公司和某工业企业是同一笔业务的两个方面，预付款项、相关税费数据等都是一致的。

①收到委托单位（某工业企业）汇入进口货款

借：银行存款　　1 000 000

　　贷：应付账款　　1 000 000

②对外支付进口商品账款

借：应付账款（100 000×6.4）　　640 000

　　贷：银行存款　　640 000

③计算支付进口关税、增值税

借：应付账款　　128 000

　　贷：应交税费——应交进口关税　　128 000

借：应交税费——应交进口关税　　128 000

　　　　　　——应交增值税（进项税额）　　99 840

　　贷：银行存款　　227 840

④将进口商品交付委托单位，并收取手续费

借：应付账款　　32 000

　　贷：主营业务收入（100 000×6.4×5%）　　32 000

⑤将增值税转出

借：应付账款　　99 840

　　贷：应交税费——应交增值税（销项税额）　　99 840

⑥与委托单位结算款项

委托单位预付1 000 000元，进口过程中实际发生应由委托单位负担款项899 840元，应退还委托单位100 160元。

借：应付账款　　100 160

贷：银行存款　　100 160

【例 4-7】若上例中为某商业企业采购商品，按合同约定不需要预付款项，商业企业根据采购单据支付价税款项即可。其他信息都保持不变。

请问，该商业企业应如何进行相关账务处理？

分析：

应纳关税税额=100 000×6.4×20%=128 000（元）

材料采购成本=100 000×6.4+128 000=768 000（元）

进口过程中应确认的销售费用=100 000×6.4×5%=32 000（元）

商业企业采购商品，通常将支付手续费计入销售费用，而不计入材料成本中。

应纳增值税税额=（100 000×6.4+128 000）×13%=99 840（元）

（1）支付采购费用

借：材料采购　　768 000

应交税费——应交增值税（进项税额）　　99 840

销售费用　　32 000

贷：银行存款——美元户（USD $100 000）　　640 000

——人民币户　　259 840

（2）材料验收入库

借：原材料　　768 000

贷：材料采购　　768 000

【例 4-8】某企业委托外贸公司从国外进口一台不需安装的设备，关税完税价格为20万美元，关税税率为20%，增值税税率为13%。货到电汇付款，付款日美元外汇牌价中间价为6.4。

请进行相关账务处理。

分析：

进口设备应负担的关税直接计入设备成本。

设备成本=200 000×6.4×（1+20%）=1 536 000（元）

应纳进口环节增值税税额=1 536 000×13%=199 680（元）

（1）确定采购业务

借：固定资产　　1 536 000

应交税费——应交增值税（进项税额）　　199 680

贷：应付账款　　1 735 680

（2）货到付款

借：应付账款　　1 735 680

贷：银行存款　　1 735 680

（二）出口关税的核算

我国对出口商品一般不征出口关税。出口商品若需要缴纳关税，支付时可直接记入“税金及附加”账户。

【例 4-9】某公司出口一批货物，关税完税价格为人民币 4 000 000 元，出口关税税率为40%，关税以支票付讫。

请进行相关账务处理。

分析：

出口环节增值税适用零税率。

应纳出口关税税额=4 000 000×40%=1 600 000（元）

（1）货物出口确认销售收入

借：应收账款　4 000 000

　贷：主营业务收入　4 000 000

（2）计算应缴关税

借：税金及附加　1 600 000

　贷：应交税费——应交出口关税　1 600 000

（3）实际缴纳关税

借：应交税费——应交出口关税　1 600 000

　贷：银行存款　1 600 000

企业被批准减免出口关税，在收到退回的税款时，应借记“银行存款”账户，贷记“应交税费——应交出口关税”账户；同时结转退回的出口关税，借记“应交税费——应交出口关税”账户，贷记“税金及附加”账户。

任务四　关税的缴纳

一、关税的缴纳方法

海关征收关税时，根据纳税人的申请及进出口货品的具体情况，可以在关境地征收，也可以在主管地征收。

（一）关境地征收

关境地征收即口岸纳税，它不管纳税人的地址在哪里，进出口货品在哪里通关。这是关税常见的缴纳方法。

（二）主管地纳税

主管地纳税也称集中纳税。纳税人缴纳关税时，经海关办理有关手续，进出口货品由纳税人住址所在地海关（主管地海关）监管其通关，关税也在纳税人住址所在地（主管地）缴纳。这种方式只适用于集装箱运载货物时使用。

纳税人缴纳关税时，需填写“海关进口关税专用缴款书”并携带有关单证。

二、关税的缴纳时间

进口货物自运输工具申报进境之日起14日内，出口货物在货物运抵海关监管区后装货的24小时以前，应由进出口货物的纳税义务人向货物进（出）境地海关申报，海关根据税则归类和完税价格计算应缴纳的进口环节代征税额，并填发税款缴款书。纳税义务人应当自海关填发该缴款书之日起15日内，向指定银行缴纳税款。如关税缴纳期限的最后1日是周末或法定节假日，则关税缴纳期限顺延至周末或法定节假日过后的第一个工作日。

逾期缴纳的，由海关征收滞纳金。纳税义务人、担保人超过3个月仍未缴纳的，经直属海关关长或者其授权的隶属海关关长批准，海关可以采取下列强制措施：

（1）书面通知其开户银行或者其他金融机构从其存款中扣缴税款。

（2）将应税货物依法变卖，以变卖所得抵缴税款。

（3）扣留并依法变卖其价值相当于应纳税款的货物或者其他财产，以变卖所得抵缴税款。

三、关税的退税

有下列情况之一的，进出口货物的收发货人或者他们的代理人，可以自缴纳税款之日起1年内，书面声明理由，连同纳税收据向海关申请退税，逾期不予受理。

（1）因海关误征，多纳税款的。

（2）海关核准免验进口的货物，在完税后，发现有短卸情形，经海关查验属实的。

（3）已征出口关税的货物，因故未将其运出口，申报退关，经海关查验属实的。

按规定，上述退税事项，海关应当自受理退税申请之日起30日内做出书面答复并通知退税申请人。

四、关税的补缴

进出口货物完税后，如发现少征或者漏征税款，海关应当自缴纳税款或者货物放行之日起1年内，向收发货人或者他们的代理人补征。因收发货人或他们的代理人违反规定而造成少征或者漏征的，海关在3年内可以追征；特殊情况，追征期可以延至10年。骗取退税款的，可无限期追征。

五、关税的纳税争议处理

纳税义务人对海关确定的进出口货物的征税、减税、补税或者退税等有异议时，应当先按照海关核定的税额缴纳税款，然后自海关填发税款缴款书之日起30日内，向原征税海关的上一级海关书面申请复议。逾期申请复议的，海关不予受理。海关应当自收到复议申请之日起60日内做出复议决定，并以复议决定书的形式正式答复纳税义务人；纳税义务人对海关复议决定仍然不服的，可以自收到复议决定书之日起15日内，向人民法院提起诉讼。

第三部分　所得税类

所得税又称所得课税、收益税，是指对所有以所得额为课税对象的税种的总称。有些国家以公司为课税的称为企业课税，这经常被称为公司税、公司收入税或营利事业综合所得税。

一般来说，对流转额课税比较有效率，但收入再分配能力有限；所得课税能较好地促进公平，但在效率方面有所欠缺。所得课税具有税基广泛、税率累进的税制特征，加上对各种宽免（宽是指税基宽，免是指税基范围的免除）与扣除项目的设置，可以有效地促进横向公平与纵向公平。

在经济增长过程中，消费、投资等要素对经济增长影响是最直接的。个人所得税直接影响消费需求，进而间接影响投资需求。企业所得税的税后可支配的收入高低，直接影响企业税后可支配的收入高低、影响企业的投资回报率并影响投资。

我国的所得税类税收包括对法人征收的企业所得税和对个人征收的个人所得税。

项目五　企业所得税

学习目标

1. 熟悉企业所得税的法律规定，明确企业所得税的纳税义务人。
2. 掌握应纳税所得额的确定方法。
3. 掌握允许从应纳税所得额中扣除项目的扣除标准，并能熟练运用。
4. 掌握企业所得税的计算，能熟练计算企业应纳税额。
5. 掌握企业所得税的核算方法，能准确进行会计处理。
6. 会填写所得税纳税申报表，能熟练进行所得税纳税申报和税款缴纳。

思维导图

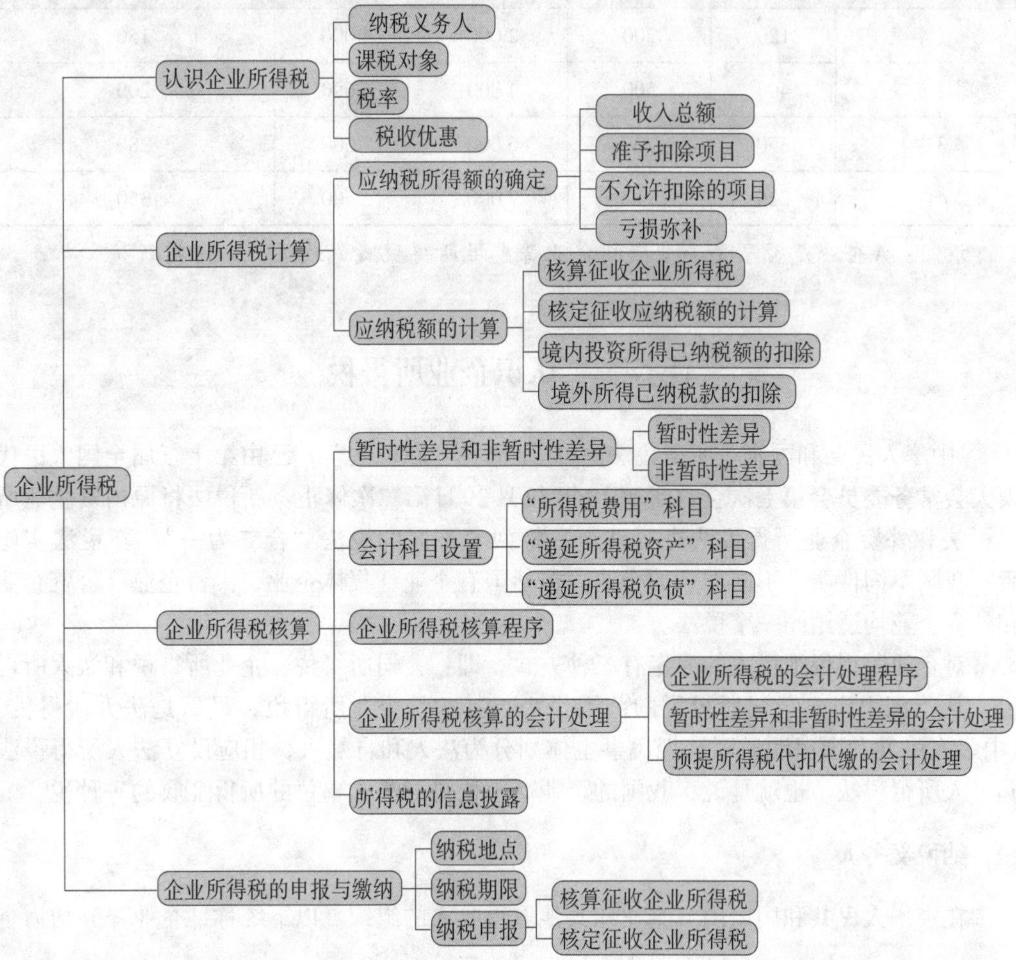

引导案例

如何判断小型微利企业是否享受普惠性所得税减免政策？

《财政部　税务总局关于实施小微企业普惠性税收减免政策的通知》（财税〔2019〕13号）和《国家税务总局关于实施小型微利企业普惠性所得税减免政策有关问题的公告》（国家税务总局公告2019年第2号）规定，自2019年1月1日至2021年12月31日，对小型微利企业年应纳税所得额不超过100万元的部分，减按25%计入应纳税所得额，按20%的税率缴纳企业所得税；对年应纳税所得额超过100万元但不超过300万元的部分，减按50%计入应纳税所得额，按20%的税率缴纳企业所得税。

引导案例指引

A企业2017年成立，从事国家非限制和禁止行业，2019年各季度的资产总额、从业人数以及累计应纳税所得额情况，见表5-1。

表5-1　A企业从业人数以及累计应纳税所得额情况

季度	从业人数		资产总额（万元）		应纳税所得额（累计值，万元）
	期初	期末	期初	期末	
第1季度	120	200	2 000	4 000	150
第2季度	400	500	4 000	6 600	200
第3季度	350	200	6 600	7 000	280
第4季度	220	210	7 000	2 500	350

请问：A企业是否享受小型微利企业普惠性所得税减免政策？如何判断？

任务一　认识企业所得税

《中华人民共和国企业所得税法》（以下简称“新税法”）已由第十三届全国人民代表大会常务委员会第七次会议于2018年12月29日第二次修正。新税法将原内资企业所得税法和外资企业所得税法进行整合，把两套不同的税法“合二为一”。新税法实施后，我国不同性质、不同类别的企业，包括国有企业、集体企业、民营企业、合资企业和外资企业均适用同一个税法。

对企业所得税纳税人的界定有三种方式，即：公司所得税、企业所得税和法人所得税。从范围上讲，公司所得税的范围最小，其次是企业所得税，最后是法人所得税。《中华人民共和国民法通则》把民事主体划分为法人和自然人，相应设立法人所得税法和个人所得税法。也就是说，我国的企业所得税是对法人单位的所得征收的一种税。

一、纳税义务人

在中华人民共和国境内，企业和其他取得收入的组织（以下统称“企业”）均为企业所得税的纳税义务人。

企业分为居民企业和非居民企业。居民企业，是指依法在中国境内成立，或者依照外国（地区）法律成立但实际管理机构在中国境内的企业。非居民企业，是指依照外国（地区）法律成立且实际管理机构不在中国境内，但在中国境内设立机构、场所的，或者在中国境内未设立机构、场所，但有来源于中国境内所得的企业。居民企业应当就其来源于中国境内、境外的所得缴纳企业所得税。非居民企业在中国境内设立机构、场所的，应当就其所设机构、场所取得的来源于中国境内的所得，以及发生在中国境外但与其所设机构、场所有实际联系的所得，缴纳企业所得税。非居民企业在中国境内未设立机构、场所的，或者虽设立机构、场所但取得的所得与其所设机构、场所没有实际联系的，应当就其来源于中国境内的所得缴纳企业所得税。

个人独资企业和个体工商户不是企业所得税的纳税人。合伙企业以每一个合伙人为纳税义务人。合伙企业合伙人是自然人的，缴纳个人所得税；合伙人是法人和其他组织的，缴纳企业所得税。

微课：企业所得税纳税义务人

二、课税对象

企业所得税的征税对象是纳税人取得的所得，包括销售货物所得、提供劳务所得、转让财产所得、股息红利所得、利息所得、租金所得、特许权使用费所得、接受捐赠所得和其他所得。

对于居民企业来说，生产经营所得和其他所得包括来源于中国境内、境外的所得。

对于非居民企业来说，凡在中国境内设立机构、场所，从事生产经营的企业和其他场所，而有来源于中国境内所得的企业，其征税对象为来源于中国境内的股息、租金、利息、特许权使用费和其他所得。非居民企业在中国境内未设立机构、场所的，或者虽设立机构、场所但取得的所得与其所设机构、场所没有实际联系的，应当就其来源于中国境内的所得缴纳企业所得税。

微课：利润和应纳税所得额

三、税率

企业所得税的基本税率为25%，同时针对小微企业、国家扶持产业和特定区域规定有优惠税率。

（一）小型微利企业优惠税率

符合条件的小型微利企业适用20%的优惠税率。

2019年1月1日至2021年12月31日，小型微利企业应纳税所得额不超过100万元的部分，减按25%计入应纳税所得额，对年应纳税所得额超过100万元但不超过300万元的部分，减按50%计入应纳税所得额。

（二）产业优惠税率

1.适用15%的优惠税率

（1）国家重点扶持的高新技术企业。

（2）技术先进型服务企业（中国服务外包示范城市）。

（3）线宽小于0.25微米的集成电路生产企业。

（4）投资额超过80亿元的集成电路生产企业。

（5）对从事污染防治的第三方企业（从2019年1月1日至2021年12月31日）。

2.适用10%的优惠税率

国家规划布局内的重点软件企业和集成电路设计企业，如当年未享受免税优惠的适用10%的优惠税率。

（三）区域优惠税率

设在西部地区的鼓励类产业企业，以及广东横琴、福建平潭、深圳前海等地区的鼓励类产业企业适用15%的优惠税率。

（四）非居民企业优惠税率

非居民企业在中国境内未设立机构、场所的，或者虽设立机构、场所但取得的所得与其所设机构、场所没有实际联系的，应当就其来源于中国境内的所得缴纳企业所得税，在实际征税时适用10%的税率。

知识链接

小型微利企业的企业所得税优惠

根据《国家税务总局关于实施小型微利企业普惠性所得税减免政策有关问题的公告》（国家税务总局公告2019年第2号）规定："二、本公告所称小型微利企业是指从事国家非限制和禁止行业，且同时符合年度应纳税所得额不超过300万元、从业人数不超过300人、资产总额不超过5 000万元等三个条件的企业。"

自2019年1月1日至2021年12月31日，小型微利企业年应纳税所得额不超过100万元的部分，减按25%计入应纳税所得额，按20%的税率缴纳企业所得税；年应纳税所得额超过100万元但不超过300万元的部分，减按50%计入应纳税所得额，按20%的税率缴纳企业所得税。

其中"从业人数"，包括与企业建立劳动关系的职工人数，以及企业接受的劳务派遣用工人数。"从业人数"和"资产总额"均按企业全年的季度平均值计算确定。年度中间开业或者终止经营活动的，以其实际经营期作为一个纳税年度确定上述相关指标。

预缴企业所得税时，小型微利企业的资产总额、从业人数、年度应纳税所得额指标，暂按当年度截至本期申报所属期末的情况进行判断。

原不符合小型微利企业条件的企业，在年度中间预缴企业所得税时，按规定判断符合小型微利企业条件的，应按照截至本期申报所属期末累计情况计算享受小型微利企业所得税减免政策。当年度此前期间因不符合小型微利企业条件而多预缴的企业所得税税款，可以在以后季度应预缴的企业所得税税款中抵减。

小型微利企业所得税统一实行按季度预缴。在当年4月、7月、10月预缴申报时，如果按照规定判断符合小型微利企业条件的，下一个预缴申报期起调整为按季度预缴申报，一经调整，当年度内不再变更。

小型微利企业无论按查账征收或核定征收方式缴纳企业所得税，只要符合条件，均可以享受小型微利企业普惠性所得税减免政策。

微课：企业所得税税收要素

企业预缴企业所得税时已享受小型微利企业所得税减免政策，汇算清缴企业所得税时不符合规定条件的，应当按照规定补缴企业所得税税款。

四、税收优惠

企业所得税的减免权在中央，除税法规定的减免税项目外，各级政府及各部门无权减免企业所得税。

（一）国家重点扶持和鼓励发展的产业和项目

我国对国家重点扶持和鼓励发展的产业和项目给予企业所得税优惠。

（二）债券利息收入和权益性投资收益

以下债券利息收入和权益性投资收益免征企业所得税：

（1）国债利息收入。

（2）地方政府债券利息收入。

（3）铁路建设债券利息收入。

（4）符合条件的居民企业之间的股息、红利等权益性投资收益。

（5）在中国境内设立机构、场所的非居民企业从居民企业取得与该机构、场所有实际联系的股息、红利等权益性投资收益。

（三）符合条件的非营利组织的收入

符合条件的非营利组织的收入免征企业所得税。

（四）农、林、牧、渔项目

1.免征企业所得税的项目

企业从事下列项目的所得，免征企业所得税：

（1）蔬菜、谷物、薯类、油料、豆类、棉花、麻类、糖料、水果、坚果的种植。

（2）农作物新品种的选育。

（3）中药材的种植。

（4）林木的培育和种植。

（5）牲畜、家禽的饲养。

（6）林产品的采集。

（7）灌溉、农产品初加工、兽医、农技推广、农机作业和维修等农、林、牧、渔服务业项目。

（8）远洋捕捞。

2.减半征收企业所得税的项目

企业从事下列项目的所得，减半征收企业所得税：

（1）花卉、茶以及其他饮料作物和香料作物的种植。

（2）海水养殖、内陆养殖。

（五）公共基础设施项目

企业从事国家重点扶持的公共基础设施项目投资经营的所得，从项目取得第一笔生产经营收入所属纳税年度起，第一年至第三年免征企业所得税，第四年至第六年减半征收企业所得税。

（六）环境保护、节能节水、安全生产项目

企业从事规定的符合条件的环境保护、节能节水项目的所得，从项目取得第一笔生

产经营收入所属纳税年度起，第一年至第三年免征企业所得税，第四年至第六年减半征收企业所得税。

企业购置并实际使用《环境保护专用设备企业所得税优惠目录》、《节能节水专用设备企业所得税优惠目录》和《安全生产专用设备企业所得税优惠目录》规定的环境保护、节能节水、安全生产等专用设备，其设备投资额的10%可以从企业当年的应纳税额中抵免；当年不足抵免的，可以在以后5个纳税年度结转抵免。

（七）资源综合利用收入

企业以《资源综合利用企业所得税优惠目录》规定的资源作为主要原材料，生产国家非限制和禁止并符合国家和行业相关标准的产品取得的收入，减按90%计入收入总额。

（八）国家需要重点扶持的高新技术企业

国家需要重点扶持的高新技术企业，减按15%的税率征收企业所得税。国家需要重点扶持的高新技术企业是指拥有核心自主知识产权，并同时符合下列条件的企业：

（1）产品（服务）属于《国家重点支持的高新技术领域》规定的范围。

（2）研究开发费用占销售收入的比例不低于规定比例。

（3）高新技术产品（服务）收入占企业总收入的比例不低于规定比例。

（4）科技人员占企业职工总数的比例不低于规定比例。

（5）高新技术企业认定管理办法规定的其他条件。

（九）软件产业和集成电路产业

（1）集成电路线宽小于0.8微米（含）的集成电路生产企业，经认定后，在2017年12月31日前自获利年度起计算优惠期，第一年至第二年免征企业所得税，第三年至第五年按照25%的法定税率减半征收企业所得税，并享受至期满为止。

（2）集成电路线宽小于0.25微米或投资额超过80亿元的集成电路生产企业，经认定后，减按15%的税率征收企业所得税；其中经营期在15年以上的，在2017年12月31日前自获利年度起计算优惠期，第一年至第五年免征企业所得税，第六年至第十年按照25%的法定税率减半征收企业所得税，并享受至期满为止。

（3）我国境内新办的集成电路设计企业和符合条件的软件企业，经认定后，在2017年12月31日前自获利年度起计算优惠期，第一年至第二年免征企业所得税，第三年至第五年按照25%的法定税率减半征收企业所得税，并享受至期满为止。

（4）国家规划布局内的重点软件企业和集成电路设计企业，如当年未享受免税优惠的，可减按10%的税率征收企业所得税。

（5）符合条件的软件企业按照《财政部 国家税务总局关于软件产品增值税政策的通知》（财税〔2011〕100号）规定取得的即征即退增值税款，由企业专项用于软件产品研发和扩大再生产并单独进行核算，可以作为不征税收入，在计算应纳税所得额时从收入总额中减除。

（6）集成电路设计企业和符合条件软件企业的职工培训费用，应单独进行核算并按实际发生额在计算应纳税所得额时扣除。

（7）企业外购的软件，凡符合固定资产或无形资产确认条件的，可以按照固定资产或无形资产进行核算，其折旧或摊销年限可以适当缩短，最短可为2年（含）。

（8）集成电路生产企业的生产设备，其折旧年限可以适当缩短，最短可为3年（含）。

同时，取消集成电路生产企业、集成电路设计企业、软件企业、国家规划布局内的重点软件企业（以下统称软件、集成电路企业）的税收优惠资格认定等非行政许可审批。

（十）动漫产业

（1）技术先进型服务企业，减按15%的税率征收企业所得税。

（2）经认定的技术先进型服务企业发生的职工教育经费支出，不超过工资薪金总额8%的部分，准予在计算应纳税所得额时扣除；超过部分，准予在以后纳税年度结转扣除。

（十一）符合条件的技术转让所得

一个纳税年度内居民企业转让技术所得不超过500万元的部分免征企业所得税，超过500万元的部分减半征收企业所得税。

（十二）开发新技术、新产品、新工艺发生的研究开发费用

企业开展研发活动中实际发生的研发费用，未形成无形资产计入当期损益的，在按规定据实扣除的基础上，在2018年1月1日至2020年12月31日期间，再按照实际发生额的75%在税前加计扣除；形成无形资产的，在上述期间按照无形资产成本的175%在税前摊销。

科技型中小企业开展研发活动中实际发生的研发费用，未形成无形资产计入当期损益的，在按规定据实扣除的基础上，在2017年1月1日至2019年12月31日期间，再按照实际发生额的75%在税前加计扣除；形成无形资产的，在上述期间按照无形资产成本的175%在税前摊销。

委托境外进行研发活动所发生的费用，按照费用实际发生额的80%计入委托方的委托境外研发费用。委托境外研发费用不超过境内符合条件的研发费用2/3的部分，可以按规定在企业所得税前加计扣除。

（十三）固定资产加速折旧

企业的固定资产由于技术进步等原因，确需加速折旧的，可以缩短折旧年限或者采取加速折旧的方法。

（十四）创业投资企业

创业投资企业采取股权投资方式投资于未上市的中小高新技术企业两年以上的，可以按照其投资额的70%在股权持有满两年的当年抵扣该创业投资企业的应纳税所得额；当年不足抵扣的，可以在以后纳税年度结转抵扣。

（十五）鼓励证券投资基金发展

（1）对证券投资基金从证券市场中取得的收入，包括买卖股票、债券的差价收入，股权的股息、红利收入，债券的利息收入及其他收入，暂不征收企业所得税。

（2）对投资者从证券投资基金分配中取得的收入，暂不征收企业所得税。

（3）对证券投资基金管理人运用基金买卖股票、债券的差价收入，暂不征收企业所得税。

（十六）安置特殊人员就业

企业安置残疾人员的，在按照支付给残疾职工工资据实扣除的基础上，按照支付给残疾职工工资的100%加计扣除。

企业享受安置残疾职工工资100%加计扣除应同时具备如下条件：

（1）依法与安置的每位残疾人签订了一年以上（含一年）的劳动合同或服务协议，并且安置的每位残疾人在企业实际上岗工作。

（2）为安置的每位残疾人按月足额缴纳了企业所在区县人民政府根据国家政策规定的基本养老保险、基本医疗保险、失业保险和工伤保险等社会保险。

（3）定期通过银行等金融机构向安置的每位残疾人实际支付了不低于企业所在区县适用的经省级人民政府批准的最低工资标准的工资。

（4）具备安置残疾人上岗工作的基本设施。

以劳务派遣形式就业的残疾人，属于劳务派遣单位的职工。劳务派遣单位可享受相关税收优惠政策。

（十七）生产和装配伤残人员用品企业

自2016年1月1日至2020年12月31日期间，对符合下列条件的居民企业，免征企业所得税：

（1）生产和装配伤残人员专门用品，且在民政部发布的《中国伤残人员专门用品目录》范围之内。

（2）以销售本企业生产或者装配的伤残人员专门用品为主，其所取得的年度伤残人员专门用品销售收入（不含出口取得的收入）占企业收入总额60%以上。

收入总额，是指《中华人民共和国企业所得税法》第六条规定的收入总额。

（3）企业账证健全，能够准确、完整地向主管税务机关提供纳税资料，且本企业生产或者装配的伤残人员专门用品所取得的收入能够单独、准确核算。

（4）企业拥有假肢制作师、矫形器制作师资格证书的专业技术人员不得少于1人；其企业生产人员如超过20人，则其拥有假肢制作师、矫形器制作师资格证书的专业技术人员不得少于全部生产人员的1/6。

（5）具有与业务相适应的测量取型、模型加工、接受腔成型、打磨、对线组装、功能训练等生产装配专用设备和工具。

（6）具有独立的接待室、假肢或者矫形器（辅助器具）制作室和假肢功能训练室，使用面积不少于115平方米。

（十八）民族自治地方

民族自治地方的自治机关对本民族自治地方的企业应缴纳的企业所得税中属于地方分享的部分，可以决定减征或者免征。

（十九）小型微利企业

自2018年1月1日至2020年12月31日，符合《中华人民共和国企业所得税法实施条例》第九十二条或者财税〔2018〕77号文件规定条件的企业，无论采取查账征收方式还是核定征收方式，其年应纳税所得额低于100万元（含100万元）的，均可以享受财税〔2018〕77号文件规定的所得减按50%计入应纳税所得额，按20%的税率计算缴纳企业所得税的政策（简称“减半征税政策”）。

（二十）农村金融

自2017年1月1日至2019年12月31日，对金融机构农户小额贷款的利息收入，在计算应纳税所得额时，按90%计入收入总额。自2017年1月1日至2019年12月31日，对保险公司为种植业、养殖业提供保险业务取得的保费收入，在计算应纳税所得额时，按90%计入收入总额。

自2017年1月1日至2019年12月31日，对经省级金融管理部门（金融办、局等）批准成立的小额贷款公司取得的农户小额贷款利息收入，在计算应纳税所得额时，按90%计入收入总额。

（二十一）中国保险保障基金有限责任公司取得的保险保障基金

自2018年1月1日起至2020年12月31日，对中国保险保障基金有限责任公司根据《保险保障基金管理办法》取得的下列收入，免征企业所得税：

（1）境内保险公司依法缴纳的保险保障基金。

（2）依法从撤销或破产保险公司清算财产中获得的受偿收入和向有关责任方追偿所得，以及依法从保险公司风险处置中获得的财产转让所得。

（3）接受捐赠收入。

（4）银行存款利息收入。

（5）购买政府债券、中央银行、中央企业和中央级金融机构发行债券的利息收入。

（6）国务院批准的其他资金运用取得的收入。

（二十二）中国清洁发展机制基金及清洁发展机制项目

中国清洁发展机制基金取得的符合条件的收入，给予减免税等税收优惠。

（二十三）非居民企业及外国投资者

非居民企业在中国境内未设立机构、场所的，或者虽设立机构、场所但取得的所得与其所设机构、场所没有实际联系的，就其来源于中国境内的所得，减按10%税率征收企业所得税。下列所得可以免征企业所得税：

（1）外国政府向中国政府提供贷款取得的利息所得。

（2）国际金融组织向中国政府和居民企业提供优惠贷款取得的利息所得。

（3）经国务院批准的其他所得。

微课：企业所得税税收优惠

（二十四）西部大开发战略

自2011年1月1日至2020年12月31日，对设在西部地区的鼓励类产业企业减按15%的税率征收企业所得税。

任务二　企业所得税计算

一、应纳税所得额的确定

企业每一纳税年度的收入总额，减除不征税收入、免税收入、各项扣除以及允许弥补的以前年度亏损后的余额，为应纳税所得额。其基本计算公式为：

$$\text{应纳税所得额}=\text{收入总额}-\text{不征税收入}-\text{免税收入}-\text{准予扣除项目金额}-\text{税前弥补以前年度亏损额}$$

纳税人在计算应纳税所得额时，按照税法规定计算出的应纳税所得额与企业按照企业会计准则计算的会计所得额（即会计利润），在很多情况下是不一致的。当税法与会计准则有矛盾时，应按税法调整。

（一）收入总额

企业以货币形式和非货币形式从各种来源取得的收入，为收入总额。其包括：

（1）销售货物收入。

（2）提供劳务收入。

（3）转让财产收入。

（4）股息、红利等权益性投资收益。

（5）利息收入。

（6）租金收入。

（7）特许权使用费收入。

（8）接受捐赠收入。

（9）其他收入，包括固定资产盘盈收入，罚款收入，因债权人缘故确实无法支付的应付款项、物资及现金溢余收入，教育费附加返还款，包装物押金收入以及其他收入。

收入总额中的下列收入为不征税收入：

（1）财政拨款。

（2）依法收取并纳入财政管理的行政事业性收费、政府性基金。

（3）国务院规定的其他不征税收入。

（二）准予扣除项目

企业实际发生的与取得收入有关的、合理的支出，包括成本、费用、税金、损失和其他支出，准予在计算应纳税所得额时扣除。

成本是指纳税人销售商品（产品、材料、废旧物资等）、提供劳务、转让固定资产及无形资产的成本。

费用是指纳税人每一纳税年度生产、经营商品和提供劳务等所发生的可扣除的销售费用、管理费用和财务费用。已计入成本的有关费用除外。

税金是指纳税人按规定缴纳的消费税、资源税、关税、城市维护建设税、教育费附加等。企业缴纳的增值税是价外税，故不在扣除之列。

损失是指纳税人生产、经营过程中的各项营业外支出、已发生经营亏损和投资损失，以及其他损失。

纳税人财务会计处理与税法规定不一致时，应按税法规定予以调整。纳税人不能提供完整、准确的收入及成本、费用凭证，不能正确地计算应纳税所得额的，税务机关有权核定其应纳税所得额。

下列项目，可以按照规定范围和标准扣除。

1.借款利息支出

纳税人在生产、经营期间，向金融机构借款的利息支出，按照实际发生数扣除；向非金融机构借款的利息支出，不高于金融机构同期、同类贷款利率计算的金额部分，准予扣除。

纳税人用于建造、购置固定资产，开发、购置无形资产，以及筹办期间发生的利息支出，按规定应予资本化的，不得在所得税前扣除。

2.计税工资

纳税人支付给职工的工资，按照计税工资扣除。支付给残疾人员的工资，允许加计100%扣除。

3.职工工会经费、职工福利费、职工教育经费

企业所得税法规定，企业不再预提职工工会经费、职工福利费、职工教育经费三项经费。对实际发生的三项经费，可以分别在工资总额的2%、14%、8%范围内计算扣除。

超标准的职工教育经费，准予在以后纳税年度结转扣除；软件生产企业的职工培训费允许全额扣除。

4.捐赠

纳税人用于公益性、救济性的捐赠，在年会计利润总额12%以内部分，准予扣除。

微课：免税收入和不征税收入

知识链接

公益性捐赠的企业所得税税前扣除规定

公益性捐赠，是指企业通过公益性社会团体或者县级以上人民政府及其部门，用于《中华人民共和国公益事业捐赠法》规定的公益事业的捐赠。

企业发生的公益性捐赠支出，在年度利润总额12%以内的部分，准予在计算应纳税所得额时扣除；超过年度利润总额12%的部分，准予结转以后三年内在计算应纳税所得额时扣除。但实务中需要注意，公益性捐赠税前扣除是有条件的：受赠单位必须是公益性社会组织或者县级（含县级）以上人民政府及其组成部门和直属机构；取得合法的票据；企业发生的公益性捐赠支出未在当年税前扣除的部分，准予向以后年度结转扣除，但结转年限自捐赠发生年度的次年起计算最长不得超过三年。

另外，特殊情况下的公益性捐赠可以在企业所得税前全额扣除：

1.自2019年1月1日至2022年12月31日，企业通过公益性社会组织或者县级（含县级）以上人民政府及其组成部门和直属机构，用于目标脱贫地区的扶贫捐赠支出，准予在计算企业所得税应纳税所得额时据实扣除。

2.对企业、社会组织和团体赞助、捐赠北京2022年冬奥会、冬残奥会、测试赛的

资金、物资、服务支出，在计算企业应纳税所得额时予以全额扣除。

3.纳税人通过中国境内非营利的社会团体、国家机关向教育事业的捐赠，准予在企业所得税和个人所得税前全额扣除。

4.对企事业单位、社会团体和个人等社会力量，通过非营利性的社会团体和政府部门向福利性、非营利性的老年服务机构的捐赠，在缴纳企业所得税和个人所得税前准予全额扣除。

5.对公益性青少年活动场所暂免征收企业所得税；对企事业单位、社会团体和个人等社会力量，通过非营利性的社会团体和国家机关对公益性青少年活动场所（其中包括新建）的捐赠，在缴纳企业所得税和个人所得税前准予全额扣除。

5.业务招待费

企业发生的与生产经营活动有关的业务招待费支出，按照发生额的60%扣除，但最高不得超过当年销售（营业）收入的5‰。

纳税人申报扣除的业务招待费，应提供能证明真实性的有效凭证或资料，不能提供资料的，不得在税前扣除。

6.保险

企业依照国务院有关主管部门或者省级人民政府规定的范围和标准为职工缴纳的基本养老保险费、基本医疗保险费、失业保险费、工伤保险费、生育保险费等基本社会保险费和住房公积金，准予扣除。

企业为职工缴纳的补充养老保险，不超过工资薪金总额5%的部分准予扣除。

企业为职工缴纳的补充医疗保险，不超过工资薪金总额5%的部分准予扣除。

特殊工种的人身安全保险费，准予税前扣除。

为投资者或者职工支付的商业保险费，不得扣除，符合国务院财政、税务部门规定的商业保险费准予扣除。职工出差乘坐交通工具人身意外保险费，准予扣除。

7.财产保险和运输保险费用

纳税人参加财产保险和运输保险，按照规定缴纳的保险费用，准予扣除。

纳税人按国家规定为特殊工种职工支付的法定人身安全保险费，准予在计算应纳所得税时据实扣除。

保险公司给予纳税人的无赔款优待，应计入当年应纳税所得额。

8.固定资产租赁费

纳税人以经营租赁方式租入固定资产的租赁费，可根据受益时间均匀扣除。

纳税人以融资租赁方式取得的固定资产，其租金支出不得扣除，但可以按规定提取折旧费用。

9.资产减值准备

企业持有各项资产期间资产增值或者减值，除国务院财政、税务主管部门规定可以确认损益外，不得调整该资产的计税基础。

10.资产盘亏、毁损净损失

纳税人当期发生的固定资产和流动资产盘亏、毁损净损失，经主管税务机关审核后，准予扣除。

11.广告费和业务宣传费

一般企业（烟草企业除外）发生的符合条件的广告费和业务宣传费支出，不超过当年销售（营业）收入15%的部分，准予扣除；超过部分，准予在以后纳税年度结转扣除。

化妆品制造或销售、医药制造、饮料制造（不含酒类制造）企业，其广告费和业务宣传费支出不超过当年销售（营业）收入30%的部分，准予扣除；超过部分，准予在以后纳税年度结转扣除。

烟草企业的烟草广告费和业务宣传费支出，一律不得在计算应纳税所得额时扣除。

12.研发费用

企业开展研发活动中实际发生的研发费用，未形成无形资产计入当期损益的，在按规定据实扣除的基础上，在2018年1月1日至2020年12月31日期间，再按照实际发生额的75%在税前加计扣除；形成无形资产的，在上述期间按照无形资产成本的175%在税前摊销。

13.党组织工作经费

国有企业纳入管理费用的党组织工作经费，实际支出不超过职工年度工资薪金总额1%的部分，可以据实在企业所得税前扣除。年末如有结余，结转下一年度使用。累计结转超过上一年度职工工资总额2%的，当年不再从管理费用中安排。

非公有制企业党组织工作经费纳入企业管理费列支，不超过职工年度工资薪金总额1%的部分，可以据实在企业所得税前扣除。

14.手续费及佣金

企业发生与生产经营有关的手续费及佣金支出，不超过以下规定计算限额以内的部分，准予扣除；超过部分，不得扣除。

（1）保险企业：财产保险企业按当年全部保费收入扣除退保金等后余额的15%（含本数，下同）计算限额；人身保险企业按当年全部保费收入扣除退保金等后余额的10%计算限额。

（2）其他企业：按与具有合法经营资格中介服务机构或个人（不含交易双方及其雇员、代理人和代表人等）所签订服务协议或合同确认的收入金额的5%计算限额。

微课：企业所得税据实扣除项目

15.政府性基金和行政事业性收费

企业按照规定缴纳的、由国务院或财政部批准设立的政府性基金以及由国务院和省、自治区、直辖市人民政府及其财政、价格主管部门批准设立的行政事业性收费，准予在计算应纳税所得额时扣除。

除上述各项之外，全国人大及其常务委员会通过的法律、国务院公布的行政法规和财政部、国家税务总局规定的有关税前扣除项目，准予在税前扣除。

微课：企业所得税限额扣除项目

（三）不允许扣除的项目

根据所得税实施条例规定，在计算应纳税所得额时，下列项目不得从收入总额中扣除：

（1）向投资者支付的股息、红利等权益性投资收益款项。

（2）企业所得税税款。

（3）税收滞纳金。

（4）罚金、罚款和被没收财物的损失。

（5）《企业所得税法》第九条规定以外的捐赠支出。

（6）赞助支出。

（7）未经核定的准备金支出。

（8）与取得收入无关的其他支出。

（四）亏损弥补

《企业所得税法》规定，纳税人发生年度亏损的，可以用下一纳税年度的所得弥补；下一纳税年度的所得不足弥补的，可以逐年延续弥补，但是延续弥补期最长不得超过5年。5年内不论是盈利还是亏损，都作为实际弥补期限计算。这里所说的亏损，不是企业财务报表中反映的亏损额，而是经主管税务机关按税法规定核实调整后的金额。

亏损弥补应注意以下问题：

（1）亏损弥补期应连续计算，不得间断，不论5年的税前亏损弥补期内企业是盈利或亏损。例如，假设某纳税人2015年亏损60万元，其税前亏损弥补期应为2016年至2020年。在这5年弥补期内，假设2016年盈利10万元，2017年、2018年、2019年均为亏损，2020年盈利20万元，则到了2020年底，2015年的亏损尚余30万元的亏损未弥补，但5年的税前亏损弥补期已满，2021年无论盈利与否，均不得再在税前弥补2015年的亏损了。

（2）连续发生亏损，其亏损弥补期应按每个年度分别计算，按先亏先补的顺序弥补。如前例中，2015年的亏损的税前弥补期限是2016年至2020年，2016年的亏损的弥补期限是2017年至2021年，2017年的亏损的弥补期限是2018年至2022年……纳税人有了盈利，应先弥补最先形成的亏损，然后按时间顺序以此类推，超过税前弥补期限的亏损一律不得再在税前弥补。

（3）企业在汇总计算缴纳企业所得税时，其境外营业机构的亏损不得抵减境内营业机构的盈利。

纳税人发生年度亏损，必须在年度终了后45日内，将本年度纳税申报表和财务决算报表，报送当地主管税务机关，经主管税务机关依据税收法规及有关规定，审核确认纳税人年度税前弥补亏损数额的真实性和准确性后方可弥补。

企业虚报多报亏损从而少缴纳所得税的，主管税务机关除责令其补缴税款外，根据情节还可以处以滞纳金、罚金甚至追究刑事责任等处罚。

企业少列费用、少报亏损的，税务机关视为企业放弃对权益的要求，不允许企业在以后年度列支当年应列未列的费用。

二、应纳税额的计算

企业所得税实行按年计征、分月或分季预缴、年终汇算清缴、多退少补的征收办法。具体计算缴纳企业所得税时，又分为核算征收和核定征收两种方法。

（一）核算征收企业所得税

应纳税额的计算公式如下：

应纳税额=应纳税所得额×税率

应纳税所得额=收入总额−免税收入−准予扣除项目金额−税前弥补以前年度亏损额

1.按月（季）预缴所得税的计算方法

纳税人预缴所得税时，应当按纳税期限内应纳税所得额的实际预缴；按实际数预缴有困难的，可按上一年度应纳税所得额的1/12或1/4预缴，或者按当地税务机关认可的其他方法分期预缴所得税。预缴方法一经确定，不得随意变更。计算公式为：

应纳税额=月（季）应纳税所得额×税率

或　　应纳税额=上年全年应纳税所得额×1/12（或1/4）×税率

2.年终汇算清缴所得税的计算方法

应纳税额=全年应纳税所得额×税率

应补（退）所得税额=全年应纳税额−月（季）已预缴所得税税额

【例5-1】某企业2018年度有关会计资料如下：

主营业务收入1 000万元；主营业务成本600万元；其他业务收入500万元；其他业务成本20万元；固定资产盘盈净收入15万元；销售费用10万元；财务费用5万元；管理费用25万元；国债利息收入8万元；公益救济性捐赠100万元；税收滞纳金5万元；2017年尚未弥补的亏损30万元。请计算该企业应纳所得税额。

分析：

国债利息收入免税；

税收滞纳金5万元不允许税前扣除。

（1）该企业收入总额=1 000+500+15+8=1 523（万元）

（2）免税收入8万元。

（3）企业会计利润=1 000+500+15+8−600−20−10−5−25−100−5=758（万元）

允许扣除捐赠支出限额=758×12%=90.96（万元）

（4）准予扣除项目金额=600+20+10+5+25+90.96=750.96（万元）

（5）应纳税所得额=1 523−8−750.96−30=734.04（万元）

（6）应纳所得税额=734.04×25%=183.51（万元）

【注意】根据“收入总额−免税收入−准予扣除项目金额−税前弥补以前年度亏损额”计算出企业应纳税所得额，然后据此计算出企业应纳所得税额，这种方法我们通常称为直接法。

实务中，我们常常是先根据会计核算的结果得到企业的会计利润，然后将会计利润调整为税法标准的应纳税所得额，再根据应纳税所得额计算企业的应纳所得税额。这种方法我们称为间接法。

【例5-1】，在已经计算出会计利润的基础上，下一步如果采用间接法，应先确定会计利润和税法标准的差异，然后将会计利润中已经增加或减少的项目金额反向冲销，再重新按税法标准计算出应纳税所得额。具体步骤可以如下：

（1）企业会计利润=1 000+500+15+8−600−20−10−5−25−100−5=758（万元）

允许扣除捐赠支出限额=758×12%=90.96（万元）

（2）应纳税所得额=758-8+100-90.96+5-30=734.04（万元）

其中，“-8”万元是国债利息免征所得税；“+100-90.96”万元是调增会计利润中已经扣减的公益救济性捐赠支出，然后按税法标准重新扣减；“+5”万元是会计利润中已经扣减，按税法标准不允许扣除的税收滞纳金；“-30”万元是允许税前扣除的以前年度亏损。

（3）应纳所得税额=734.04×25%=183.51（万元）

（二）核定征收应纳税额的计算

1.核定征收企业所得税的适用范围

为了加强企业所得税的征收管理，纳税人具有下列情形之一的，应采取核定征收方式征收企业所得税：

（1）依照税收法律法规规定，可以不设账簿的或应设账簿但未设账簿的。

（2）只能准确核算收入总额，或收入总额能够查实，但其成本费用支出不能准确核算的。

（3）只能准确核算成本费用支出，或成本费用支出能够查实，但其收入总额不能准确核算的。

（4）收入总额及成本费用支出均不能正确核算，不能向主管税务机关提供真实、准确、完整纳税资料，难以查实的。

（5）账目设置和核算虽然符合规定，但并未按规定保存有关账簿、凭证及有关纳税资料的。

（6）发生纳税义务，未按照税收法律法规规定的期限办理纳税申报，经税务机关责令限期申报，逾期仍不申报的。

2.核定征收的方法

核定征收的方式主要包括定额征收和核定应税所得率征收两种办法。

（1）定期定额征收。定期定额征收是指税务机关按照一定的标准、程序和方法，直接核定纳税人年度应纳企业所得税额，由纳税人按规定进行申报缴纳的一种办法。

我国自2019年1月1日起，除由集贸市场代征税款的个体工商户外，终止定期定额征收方式。终止定期定额征收后，个体工商户征收方式转为查账征收。

（2）核定应税所得率征收。核定应税所得率征收是指税务机关按照一定的标准、程序和方法，预先核定纳税人的应税所得率，由纳税人根据纳税年度内的收入总额或成本费用等项目的实际发生额，按预先核定的应税所得率计算缴纳企业所得税额的办法。

实行核定应税所得率征收办法的，应纳所得税额的计算公式如下：

$$\text{应纳所得税额}=\text{应纳税所得额}\times\text{适用税率}$$

$$\text{应纳税所得额}=\text{收入总额}\times\text{应税所得率}$$

或
$$=\frac{\text{成本费用支出额}}{1-\text{应税所得率}}\times\text{应税所得率}$$

不同行业企业应税所得率幅度见表5-2，各地自行确定应税所得率。

表5-2　　应税所得率表

经营行业	应税所得率（%）
1.农、林、牧、渔业	3~10
2.制造业	5~15
3.批发和零售贸易业	4~15
4.交通运输业	7~15
5.建筑业	8~20
6.饮食业	8~25
7.娱乐业	15~30
8.其他行业	10~30

【例5-2】某小吃店经税务机关批准，采用核定征收企业所得税办法，应税所得率为20%。2019年2月5日向税务机关进行纳税申报，资料表明该企业1月份营业收入10万元，发生的直接成本为7万元，其他费用为4万元，亏损为1万元。经税务机关检查，该企业收入核算准确，但成本费用核算有误。计算企业应纳所得税额。

分析：

应纳税所得额=收入总额×应税所得率

=100 000×20%=20 000（元）

应纳所得税额=应纳税所得额×适用税率

=20 000×25%=5 000（元）

【例5-3】前例中，若经税务机关检查，该小吃店成本费用无误，但收入总和不能准确核算。计算企业应纳所得税额。

分析：

该小吃店收入不能准确核算，但成本费用计量准确，故应按照成本费用金额核定应纳税所得额，再根据应纳税所得额计算出企业应纳所得税额。

$$应纳税所得额=\frac{成本费用支出额}{1-应税所得率}\times 应税所得率=27\ 500（元）$$

应纳所得税额=27 500×25%=6 875（元）

（三）境内投资所得已纳税额的扣除

境内投资所得主要是从投资的联营企业分回的税后利润和股份公司分回的股息。税法规定，如投资方企业所得税率低于联营企业，不退还已经缴纳的所得税；如投资方企业所得税税率高于联营企业，投资方从联营企业分回的税后利润应按规定还原为税前利润后并入企业收入总额计算缴纳企业所得税。计算公式如下：

来源于联营企业的应纳税所得额=投资方分回的利润总额÷（1-联营企业所得税税率）

税收扣除抵免额=来源于联营企业的应纳税所得额×联营企业所得税税率

如果联营企业正在享受减半或特殊的优惠政策的，其优惠的部分应视同已缴税款。

【例5-4】某公交公司是联营性质的，适用25%的企业所得税税率。本年度从联营单位分回税后净利润255万元。该联营单位适用15%的企业所得税税率。

来源于联营企业的应纳税所得额=$\frac{255}{1-15\%}$=300（万元）

应纳所得税额=300×25%=75（万元）

税收扣除限额=300×15%=45（万元）

应补缴所得税额=75-45=30（万元）

（四）境外所得已纳税款的扣除

企业取得的下列所得已在境外缴纳的所得税税额，可以从其当期应纳税额中抵免，抵免限额为该项所得按规定计算的应纳税额；超过抵免限额的部分，可以在以后五个年度内，用每年度抵免限额抵免当年应抵税额后的余额进行抵补：

（1）居民企业来源于中国境外的应税所得；

（2）非居民企业在中国境内设立机构、场所，取得发生在中国境外但与该机构、场所有实际联系的应税所得。

企业境外业务之间的盈亏可以相互弥补，但企业境内外之间的盈亏不得相互弥补。在有境外业务的情况下，企业应纳税额的计算有以下两种方法：

①分国不分项

应纳税额=境内所得应纳税额+境外所得应纳税额-境外所得税税款允许扣除额

$$\text{境外所得税税款扣除限额}=\text{境内、境外所得按我国税法计算的应纳税总额}\times\frac{\text{来源于某外国的所得}}{\text{境内、境外所得总额}}$$

【提示】此处公式中用的是"应纳税额"，若资料中已知的是境内企业从境外分得的利润，还需要将从境外分得的利润还原成境外缴纳所得税前利润额，再据此计算在境外缴纳的所得税额。

纳税人来源于境外所得在境外实际缴纳的税款，低于扣除限额的，可以从应纳税额中据实扣除；超过扣除限额的，超过部分不得在当年的应纳税额中扣除，也不得列为费用支出，但可以在不超过5年的期限内，用以后年度税额扣除限额的余额补扣。

②定率扣除

为了便于计算和简化征管，经企业申请，税务机关批准，企业也可以不区分免税或非免税项目，用境外应纳税所得额与统一确定的扣除比率计算扣除金额。

【例5-5】某企业某年度境内应纳税所得额为1 000万元，所得税税率为25%。其在甲、乙两国设有分支机构，在甲国分支机构的应纳税所得额为90万元，税率为30%；在乙国分支机构的应纳税所得额为192万元，税率为20%。假设该企业在甲、乙两国所得按我国税法计算的应纳税所得额和按甲、乙两国税法计算的应纳税所得额是一致的，两个分支机构在甲、乙两国分别缴纳27万元和38.4万元的所得税。按限额抵扣法计算该企业在我国应缴纳的企业所得税。

分析：

境内境外所得按我国税法计算的应纳税所得额：

（1 000+90+192）×25%=320.5（万元）

抵扣限额：

甲国的抵扣限额：320.5×90÷（1 000+90+192）=22.5（万元）

乙国的抵扣限额：320.5×192÷（1 000+90+192）=48（万元）

该企业在甲国缴纳所得税为27万元，高于抵扣限额22.5万元，当年只允许抵扣22.5万元，超过的4.5万元当年不得抵扣，可以在未来的5年内抵扣；在乙国缴纳所得税38.4万元，低于抵扣限额48万元，可全额抵扣。

微课：应纳税所得额的计算

该企业当年境内、境外所得应纳所得税额：

320.5−22.5−38.4=259.6（万元）

任务三　企业所得税核算

一、暂时性差异和非暂时性差异

2006年2月财政部颁布了《企业会计准则第18号——所得税》，引进了国际会计准则暂时性差异的概念，并采用资产负债表债务法核算。

由于会计制度与税收法规的目的不同，两者对收益、费用、资产、负债确认的时间、范围也不同，从而产生税前会计利润与应税所得之间的差异，这一差异分为：暂时性差异和非暂时性差异。

（一）暂时性差异

“暂时性差异”是指税法与会计制度在确定收益、费用或损失时的时间不同而产生的税前会计利润与应纳税所得额的差异。这种差异会随着时间的推移而消失，但是会导致企业当期的所得税费用与应纳所得税额之间的差异，这种差异最终会以“递延所得税资产”和“递延所得税负债”体现。

收入类事项，本期会计收入>本期应计纳税所得，形成应纳税“暂时性差异”，确认递延所得税负债；本期会计收入<本期应计纳税所得，形成可抵扣“暂时性差异”，确认递延所得税资产。

支出类项目，本期费用支出>本期可扣除金额，形成可抵扣“暂时性差异”，确认递延所得税资产；本期费用支出<本期可扣除金额，形成应纳税“暂时性差异”，确认递延所得税负债。

（二）非暂时性差异

“非暂时性差异”是指会计制度和税法在计算收益、费用或损失时的口径不同，所产生的税前会计利润与应纳税所得额之间的差异。

“非暂时性差异”在本期发生，不会在以后各期转回，不需要进行税会差异的调整。因为“非暂时性差异”只会影响本期的所得税费用额，已经在所得税费用中全部体现了，不影响后期的资产与负债、权益金额。

微课：暂时性差异和非暂时性差异

二、会计科目设置

（一）"所得税费用"科目

"所得税费用"核算企业确认的应从当期利润总额中扣除的所得税费用，可按"当期所得税费用""递延所得税费用"进行明细核算。

资产负债表日，企业按照税法规定计算确定的当期应交所得税，借记本科目（当期所得税费用），贷记"应交税费——应交所得税"科目。

资产负债表日，根据递延所得税资产的应有余额大于"递延所得税资产"科目余额的差额，借记"递延所得税资产"科目，贷记本科目（递延所得税费用）、"资本公积——其他资本公积"等科目；递延所得税资产的应有余额小于"递延所得税资产"科目余额的差额做相反的会计分录。

企业应予确认的递延所得税负债，应当比照上述原则调整本科目、"递延所得税负债"科目及有关科目。

期末，应将本科目的余额转入"本年利润"科目，结转后本科目无余额。

（二）"递延所得税资产"科目

"递延所得税资产"科目，核算企业确认的可抵扣暂时性差异产生的所得税资产。

根据税法规定可以用以后年度税前利润弥补的亏损及税款抵减产生的所得税资产，也在该科目核算。

本科目为资产类科目，借方登记资产负债表日企业确认的递延所得税资产的应有余额大于其账面余额的差额；贷方登记资产负债表日企业确认的递延所得税资产的应有余额小于其账面余额的差额。该科目的期末余额在借方，反映企业确认的递延所得税资产。

本科目应当按照可抵扣暂时性差异的项目进行明细核算。

本科目期末借方余额，反映企业确认的递延所得税资产。

（三）"递延所得税负债"科目

"递延所得税负债"科目，核算企业确认的应纳税暂时性差异产生的所得税负债。

本科目为负债类科目，贷方登记资产负债表日企业确认的递延所得税负债应有余额大于其账面余额的差额；借方登记资产负债表日企业确认的递延所得税负债应有余额小于其账面余额的差额。该科目期末余额在贷方，反映企业已确认的递延所得税负债。

本科目应当按照应纳税暂时性差异的项目进行明细核算。

本科目期末贷方余额，反映企业已确认的递延所得税负债。

三、企业所得税核算程序

采用资产负债表债务法核算所得税，企业应于每一资产负债表日进行所得税的核算。发生特殊交易或事项（如企业合并），在确认交易或事项产生的资产或负债时即应确认相应的所得税影响。企业进行所得税核算一般应遵循以下程序：

（1）按照会计准则规定，确定资产负债表中递延所得税资产和递延所得税负债以外的资产、负债项目的账面价值，即是指按照企业会计准则规定确定的有关资产、负债在资产负债表中列示的金额。

（2）按照税法规定，确定资产负债表中相关资产、负债项目的计税基础。

（3）比较资产、负债的账面价值与其计税基础，对于两者之间存在差异的，分析其性质，除会计准则中规定的特殊情况外，分别应纳税暂时性差异与可抵扣暂时性差异，并乘以所得税税率，确定资产负债表日递延所得税负债和递延所得税资产的应有金额，并与期初递延所得税负债和递延所得税资产的余额相比，确定当期应予以进一步确认的递延所得税资产和递延所得税负债金额或予以转销的金额，作为构成利润表中所得税费用其中一个组成部分——递延所得税。

（4）按照适用的税法规定计算确定当期应纳税所得额，将应纳税所得额与适用的所得税税率计算的结果确认为当期应交所得税，作为利润表中应予以确认的所得税费用的另一个组成部分——当期所得税。

（5）确定利润表中的所得税费用。利润表中所得税费用包括当期所得税和递延所得税两个组成部分，企业在计算确定了当期所得税和递延所得税后，两者之和（或之差）即是利润表中的所得税费用。

四、企业所得税核算的会计处理

（一）企业所得税的会计处理程序

《企业所得税法》规定，企业所得税采取“按年计算，分月或分季预缴，年度终了汇算清缴”的办法征收缴纳。

1. 企业在月份或季度终了后15日内预缴企业所得税

借：应交税费——应交所得税

　　贷：银行存款

根据《国家税务总局关于企业所得税若干问题的公告》（国家税务总局公告2011年第34号）第六条的规定，企业当年度实际发生的相关成本、费用，由于各种原因未能及时取得该成本、费用的有效凭证，企业在预缴季度所得税时，可暂按账面发生金额进行核算；但在汇算清缴时，应补充提供该成本、费用的有效凭证。

2. 年度终了汇算企业应交所得税

借：所得税费用

　　贷：应交税费——应交所得税

在资产或负债会计计量标准和税法计量标准不同的情况下，会产生“递延所得税资产”或“递延所得税负债”账户的发生额。

3. 年度终了4个月内汇算清缴，多退少补

借：应交税费——应交所得税

　　贷：银行存款

或　借：银行存款

　　贷：应交税费——应交所得税

其中，年终汇算企业所得税的会计处理是重点，也是难点。

（二）暂时性差异和非暂时性差异的会计处理

1.非暂时性差异的会计处理

非暂时性差异在本期发生，不会在以后各期转回，不需要进行税会差异的调整。因此，企业在进行所得税计算时，需要先调整非暂时性差异对应纳税所得额的影响，然后据此计算所得税费用和应纳所得税金额。

【例5-6】某电器公司2018年利润总额100万元，该企业取得了国债利息收入10万元，无其他所得税方面的差异，企业所得税税率25%。

分析：

国债利息是免税项目，不需要缴纳企业所得税，但是国债利息已经计入财务费用的贷方冲减了财务费用，所以企业实际的应纳税所得额=100-10=90（万元）。

应纳所得税税额＝90×25%=22.5（万元）

编制会计分录为：

借：所得税费用　　　　225 000

　　贷：应交税费——应交所得税　　　　225 000

由于国债利息是免税项目，免了就是免了，现在不用征收，以后也不会征收。因此直接在利润总额的基础上调减应纳税所得额即可，对以后年度没有任何影响。这样的差异我们称之为非暂时性差异，对于非暂时性差异，对以后年度不产生影响。

【例5-7】某电器公司2018年利润总额100万元，该企业发生了不符合国家扣除规定的普通捐赠10万元，无其他所得税方面的差异，企业所得税税率25%。

分析：

企业除了捐赠之外的利润总额为110万元，由于捐赠支出10万元已经计入营业外支出，从而导致利润表上的利润总额体现为100万元，该支出不符合国家规定不能扣除，那么应纳税所得额应该为110万元。不符合国家规定的普通捐赠属于非暂时性差异，不会对以后年度产生影响。

应纳所得税税额＝110×25%=27.5（万元）

编制会计分录为：

借：所得税费用　　　　275 000

　　贷：应交税费——应交所得税　　　　275 000

2.暂时性差异的会计处理

暂时性差异是指税法与会计制度在确定收益、费用或损失时的时间不同而产生的税前会计利润与应纳税所得额的差异。这种差异会随着时间的推移而消失，但是会导致企业当期的所得税费用与应纳所得税额之间的差异，这种差异最终会以“递延所得税资产”和“递延所得税负债”体现。

【例5-8】某电器公司2018年利润总额100万元，计提了10万元的预计负债——产品质量保证金；2019年的利润总额200万元，同时支付了去年计提的10万元预计负债，没有产生新的预计负债。假设企业所得税税率为25%，没有其他调整项。

分析：

2018年确认了10万元的预计负债并计入损益，2019年实际支付了10万元的预计负债但是没有计入损益，即会计上把预计负债计入了2018年的损益当中了。而税法则认为，在2018年计提的时候不能抵扣，而应该在2019年支付时抵扣。

这种现在多缴税、以后少缴税的现象，我们称之为可抵扣暂时性差异，预期导致经济利益流入企业，是资产，即形成递延所得税资产。

2018年，预计负债时的会计处理：

借：销售费用　　100 000

　　贷：预计负债　　100 000

2018年，确认企业所得税费用和应交企业所得税额

借：所得税费用（1 000 000×25%）　　250 000

　　递延所得税资产　　25 000

　　贷：应交税费——应交所得税（1 100 000 ×25%）　　275 000

2019年，支付上一年计提的预计负债：

借：预计负债　　100 000

　　贷：银行存款　　100 000

2019年，确认企业所得税费用和应交企业所得税额：

当年会计上的利润总额200万元，税法上的应纳税所得额为200–10=190（万元）。

借：所得税费用　　500 000

　　贷：应交税费——应交所得税　　475 000

　　　　递延所得税资产　　25 000

【例5–9】某电器公司2018、2019年的利润总额分别为100万元、200万元，企业办公室拥有一项原值为20万元的管理用固定资产，使用年限2年，会计规定2018、2019年的折旧额分别为10万元、10万元，税法规定2018、2019年的折旧额分别为12万元、8万元。假设企业所得税税率为25%，没有其他调整项。

分析：

2018年，会计上确认了10万元的管理费用，从而使得利润总额为100万元；但是税法上认为2018年应该确认12万元的抵减，会计上少抵减了2万元，因此2018年应纳税所得额=100−2=98（万元），2018年应交企业所得税=98×25%=24.50（万元）。

对于该部分差异，在2019年将会反过来，2019年，会计上确认10万元的管理费用，但是税法只能确认8万元的管理费用。

这种现在少缴税、以后多缴税的现象，我们称之为应纳税暂时性差异，预期导致经济利益流出企业，是负债，即形成递延所得税负债。

2018年会计分录：

借：所得税费用（1 000 000×25%）　　250 000

　　贷：应交税费——应交所得税（980 000×25%）　　245 000

　　　　递延所得税负债　　5 000

2019年，会计上的利润总额200万元，税法上的应纳税所得额为200+2=202（万元）。

借：所得税费用（2 000 000×25%）　　500 000

　　递延所得税负债　　5 000

　　贷：应交税费——应交所得税（2 020 000×25%）　　505 000

【例5-10】某企业假设2018年利润总额100万元，2019年利润总额200万元，企业所得税税率为25%。

2018年1月1日刚购入一项固定资产，账面金额100万元，预计残值为0，使用年限2年。假设按会计标准2018年和2019年分别计提折旧额50万元、50万元，税法要求2018年和2019年分别折旧额70万元、30万元。无其他调整事项。

分析：

2018年1月1日，固定资产账面价值100万元，计税基础是该项资产未来可税前扣除的金额，即100万元。即在起点时期，该固定资产的账面价值和计税基础相等。

2018年12月31日，资产的账面价值为100−50=50（万元）；计税基础为该固定资产未来可税前扣除的金额，即100−70=30（万元）。也就是说，满1年时，按会计标准折旧50万元，账面价值变为50万元。按税法要求，第1年税前扣除70万元，未来可以税前扣除30万元，2018年12月31日计税基础为30万元。

资产账面价值大于计税基础，构成应纳税暂时性差异，应确认递延所得税负债。

2018年12月31日会计分录：

借：所得税费用（1 000 000×25%）　　250 000

　　贷：应交税费——应交所得税（（1 000 000−200 000）×25%）　　200 000

　　　　递延所得税负债　　50 000

2019年12月31日，资产的账面价值为100−50−50=0；计税基础为未来可税前扣除的金额：100−70−30=0。也就是说，使用期满无残值，账面价值和计税基础都变为0。此时，需要转销上一年产生的递延所得税负债。

借：所得税费用（2 000 000×25%）　　500 000

　　递延所得税负债　　50 000

　　贷：应交税费——应交所得税（（2 000 000+200 000）×25%）　　550 000

【例5-11】某企业假设2018年利润总额100万元，2019年利润总额200万元，企业所得税税率25%。

2018年1月1日刚购入一项固定资产，账面金额100万元，预计残值为0，使用年限2年。假设按会计标准2018年和2019年分别计提折旧额50万元、50万元，税法要求2018年和2019年分别折旧额30万元、70万元。无其他调整事项。

分析：

2018年1月1日，固定资产的账面价值为100万元，资产的计税基础是未来可税前扣除的金额，也是100万元。即在起点时期，资产的账面价值和计税基础相等。

2018年12月31日，固定资产的账面价值为100−50=50（万元）；计税基础为未来可税前扣除的金额：100−30=70（万元）。

资产账面价值小于计税基础：构成可抵扣暂时性差异，应确认递延所得税资产。

2018年12月31日会计分录

借：所得税费用（1 000 000×25%）　　250 000

　　递延所得税资产　　50 000

　　贷：应交税费——应交所得税（（1 000 000+200 000）×25%）　　300 000

2019年12月31日，固定资产的账面价值为100–50–50=0，计税基础=未来可税前扣除的金额=100–30–70=0。即使用期满无残值，账面价值和计税基础都变为0。

此时，需要转销上一年产生的递延所得税资产。

借：所得税费用（2 000 000×25%）　　500 000

　　贷：应交税费——应交所得税（（2 000 000–200 000）×25%）　　450 000

　　　　递延所得税资产　　50 000

3.企业所得税核算综合案例

【例5–12】甲公司2014年12月20日购置了一台设备，价值52万元（含增值税），公司预计该设备使用寿命为5年，预计净残值为2万元，采用直线法计提折旧。该公司2015年至2019年每年折旧额前利润为110万元，该项会计政策与税法要求相符。2017年12月31日，公司计提折旧后发现该设备发生减值，可收回金额为10万元。假设整个过程不考虑相关税费，该设备在2017年12月1日以前没有计提固定资产减值准备，减值后预计净残值仍为2万元，预计使用寿命没有发生变更。假设企业按年度计提固定资产折旧，所得税税率为25%。会计与税法无其他差异。有关分析资料见表5–3。

表5–3　　会计与税法差异分析表

项目	2015年	2016年	2017年	2018年	2019年
原值（万元）	52	52	52	52	52
净残值（万元）	2	2	2	2	2
会计本期计提折旧（万元）	10	10	10	4	4
税法允许扣除折旧（万元）	10	10	10	10	10
会计累计折旧（万元）	10	20	30	34	38
本期计提减值准备（万元）	0	0	12	0	0
累计减值准备（万元）	0	0	12	12	12
资产账面价值（万元）	42	32	10	6	2
资产计税基础（万元）	42	32	22	12	2
暂时性差异（万元）	0	0	12	6	0

（1）2015年12月31日的会计处理。

①计提折旧的会计处理。

借：制造费用等　　100 000

　　贷：累计折旧　　100 000

假设无其他纳税调整事项，无论财务会计还是税法，均以100 000元作为利润的扣除，会计的账面价值与计税基础不存在任何差异。

当年企业应交所得税金额=（1 100 000−100 000）×25%=250 000（元）

②计提所得税的会计处理。

借：所得税费用　　250 000

　　贷：应交税费——应交所得税　　250 000

（2）2016年12月31日的会计处理同2015年12月31日。

（3）2017年12月31日，在不考虑减值准备情况下，固定资产账面净值为22万元(52−30)，可收回金额为10万元。

因此企业应计提固定资产减值准备金额12万元。

①计提折旧的会计处理

借：制造费用等　　100 000

　　贷：累计折旧　　100 000

②计提固定资产减值准备的会计处理

借：资产减值损失　　120 000

　　贷：资产减值准备　　120 000

这时，财务会计的账面价值与计税基础之间产生了差异，财务会计的账面价值为10万元（52−30−12），计税基础为22万元，产生暂时性差异12万元，应确认递延所得税资产30 000元（120 000×25%）。

③计提所得税的会计处理

借：所得税费用（（1 100 000−100 000−120 000）×25%）　　220 000

　　递延所得税资产（120 000×25%）　　30 000

　　贷：应交税费——应交所得税（（1 100 000−100 000）×25%）　　250 000

或：

借：所得税费用（（1 100 000−100 000）×25%）　　250 000

　　贷：应交税费——应交所得税　　250 000

借：递延所得税资产（120 000×25%）　　30 000

　　贷：所得税费用　　30 000

（4）2018年按计提减值准备后的固定资产账面价值10万元，尚可使用2年，预计净残值2万元。

①计提固定资产折旧费用

借：制造费用等　　40 000

　　贷：累计折旧　　40 000

2018年固定资产账面价值6万元，计税基础12万元，暂时性差异6万元，应确认递延所得税资产15 000元（即60 000×25%）。

②计提所得税的会计处理

借：所得税费用（（1 100 000−40 000−120 000）×25%）　235 000

　　递延所得税资产　15 000

　　贷：应交税费——应交所得税　250 000

（5）2019年固定资产按时报废，收到残值2万元，报废前计提折旧4万元，之前确认的递延所得税资产全部转销。

①计提折旧的会计处理

借：制造费用等　40 000

　　贷：累计折旧　40 000

收到固定资产残值2万元，故计算应交所得税时，应调增计税基数2万元，应交所得税（（1 100 000−100 000+20 000）×25%），即255 000元。

②计提所得税的会计处理

借：所得税费用　300 000

　　贷：递延所得税资产（30 000+15 000）　45 000

　　　　应交税费——应交所得税　255 000

资产负债表债务法可将复杂的调整过程简单化，尤其是当税率变动的情况下，如采用递延法或利润表债务法都将发生大量的调整工作，而采用资产负债表债务法，无论在哪种情况下，只需比较账面价值和计税基础，计算暂时性差异，确定递延所得税资产或是递延所得税负债就可以了。

（三）预提所得税代扣代缴的会计处理

外国企业在中国境内未设立机构、场所，而又来源于中国境内的利润（股息）、利息、租金、特许权使用费和其他所得，按规定其所得税应由支付人在每次支付的款项中扣除，并在5天内缴入国库。扣缴时，借记“其他应付款”“应付利润”等科目，贷记“银行存款”科目。

对外国企业在中国境内从事建筑、安装、装配、勘探等工程作业和提供咨询、管理、培训等劳务活动的所得，工程价款或劳务费的支付人为所得税扣缴义务人，税款在支付的款额中扣缴。扣缴时，借记“其他应付款”科目，贷记“银行存款”科目。

五、所得税的信息披露

递延所得税资产和递延所得税负债应当分别作为非流动资产和非流动负债在资产负债表中列示。而所得税费用应当在利润表中单独列示。

企业应该在会计报告附注中披露与所得税有关的下列信息：

（1）所得税费用（收益）的主要组成部分。

（2）所得税费用（收益）与会计利润关系的说明。

（3）未确认递延所得税资产的可抵扣暂时性差异、可抵扣亏损的金额（如果存在到期日，还应该披露到期日）。

（4）对每一类暂时性差异和可抵扣亏损，在列报期间确认的递延所得税资产或递延所得税负债的金额，确认递延所得税资产的依据。

（5）未确认递延所得税负债的，与子公司、联营企业及合营企业投资相关的暂时性差异金额。

任务四　企业所得税的申报与缴纳

一、纳税地点

（一）居民企业的纳税地点

除税收法律、行政法规另有规定外，居民企业以企业登记注册地为纳税地点；但登记注册地在境外的，以实际管理机构所在地为纳税地点。

（二）非居民企业的纳税地点

非居民企业在中国境内设立机构、场所的，以机构、场所所在地为纳税地点。非居民企业在中国境内设立两个或者两个以上机构、场所的，经税务机关审核批准，可以选择由其主要机构、场所汇总缴纳企业所得税。

在中国境内未设立机构、场所的，或者虽设立机构、场所但取得的所得与其所设机构、场所没有实际联系的非居民企业，以扣缴义务人所在地为纳税地点。

主要机构、场所应当同时符合下列条件：

（1）对其他机构、场所的生产经营活动负有监督管理责任。

（2）设有完整的账簿、凭证，能够准确反映各机构、场所的收入、成本、费用和盈亏情况。

非居民企业经批准汇总缴纳企业所得税后，需要增设、合并、迁移、关闭机构、场所或者停止机构、场所业务的，应当事先由负责汇总申报缴纳企业所得税的主要机构、场所向其所在地税务机关报告；需要变更汇总缴纳企业所得税的主要机构、场所的，依照前述规定办理。

二、纳税期限

企业所得税按年计征，分月或者分季预缴，年终汇算清缴，多退少补。

自年度终了之日起5个月内，汇算清缴。

企业在年度中间终止经营活动的，应当自实际经营终止之日起60日内，向税务机关办理当期企业所得税汇算清缴。

企业所得税是按照纳税人每一纳税年度的应纳税所得额和适用税率计算征收的。纳税年度自公历1月1日至12月31日止。企业在一个纳税年度中间开业，或者终止经营活动，使该纳税年度的实际经营期不足十二个月的，应当以其实际经营期为一个纳税年度。

三、纳税申报

企业所得税的纳税申报方法包括核算征收和核定征收两种。

(一) 核算征收企业所得税

核算征收具体来说，就是“按年计算，按月（季度）预缴，年终汇算清缴，多退少补”，月份或者季度终了后15日内预缴，年度终了5个月内汇算清缴，多退少补。

【学中做5-1】

大连开元国际贸易有限公司于2019年2月注册成立，主要从事国内、国外一般贸易(法律禁止的除外)、货物进出口、技术进出口、机器设备安装等业务。企业纳税人识别号码为21021105808248136R，地税管理号码为2134126。

2019年2—6月份，该企业取得国内销售收入1 390 000元、国外销售收入480 000元；安装收入30 000元，财政拨款收入50 000元，第一季度预缴所得税264.30元。

国内销售成本1 181 500元、国外销售成本474 300元、管理费用21 558.08元、营业费用45 097.72元、财务费用1 235.20元、营业外支出2 000元。

工作任务：

(1) 计算企业第二季度应预缴所得税额。

(2) 填写企业所得税月（季）度预缴申报表A类表。

(3) 完成涉税相关账务处理。

(4) 画出企业纳税申报及税款缴纳的流程图。

工作指导：

(1) 根据相关税收规定，该企业是实行查账征收企业所得税的纳税人。

(2) 该企业所得税按季度预缴年终汇算清缴。

(3) 该企业应纳税所得额 =（1 390 000+480 000+30 000）-（1 181 500+474 300+21 558.08+45 097.72+1 235.20+2 000）

=174 309（元）

该企业第二季度企业所得税=174 309×25%-264.30

=43 577.25-264.30

=43 312.95（元）

借：所得税费用　　43 312.95

　　贷：应交税费——应交所得税　　43 312.95

企业所得税按年计征，分月（季）预缴，年终汇算清缴。每个季度末要进行所得税的计算和预缴，并进行相应的账务处理。年底进行汇算清缴时进行全年所得税的计算和缴纳，多退少补。

(4) 填写企业所得税纳税申报表，见表5-4。

表5-4　　中华人民共和国企业所得税月（季）度预缴纳税申报表（A类）

税款所属期间：2019年4月1日至2019年6月30日

纳税人识别号（统一社会信用代码）：210211058082481368

纳税人名称：大连开元国际贸易有限公司　　　　金额单位：人民币元（列至角分）

预缴方式	□√ 按照实际利润额预缴	□ 按照上一纳税年度应纳税所得额平均额预缴	□ 按照税务机关确定的其他方法预缴
企业类型	□√ 一般企业	□ 跨地区经营汇总纳税企业总机构	□ 跨地区经营汇总纳税企业分支机构

行次	项目		本年累计金额
	预缴税款计算		
1	营业收入		1 950 000.00
2	营业成本		1 655 800.00
3	利润总额		224 309.00
4	加：特定业务计算的应纳税所得额		
5	减：不征税收入		50 000.00
6	减：免税收入、减计收入、所得减免等优惠金额（填写A201010）		
7	减：固定资产加速折旧（扣除）调减额（填写A201020）		
8	减：弥补以前年度亏损		
9	实际利润额（3+4-5-6-7-8）\按照上一纳税年度应纳税所得额平均额确定的应纳税所得额		174 309.00
10	税率(25%)		25%
11	应纳所得税额（9×10）		43 577.25
12	减：减免所得税额（填写A201030）		
13	减：实际已缴纳所得税额		264.30
14	减：特定业务预缴（征）所得税额		
15	本期应补（退）所得税额（11-12-13-14）\税务机关确定的本期应纳所得税额		43 312.95
	汇总纳税企业总分机构税款计算		
16	总机构填报	总机构本期分摊应补（退）所得税额（17+18+19）	
17		其中：总机构分摊应补（退）所得税额（15×总机构分摊比例__%）	
18		财政集中分配应补（退）所得税额（15×财政集中分配比例__%）	
19		总机构具有主体生产经营职能的部门分摊所得税额（15×全部分支机构分摊比例__%×总机构具有主体生产经营职能部门分摊比例__%）	
20	分支机构填报	分支机构本期分摊比例	
21		分支机构本期分摊应补（退）所得税额	

附报信息			
小型微利企业	□是 □否	科技型中小企业	□是 □否
高新技术企业	□是 □否	技术入股递延纳税事项	□是 □否
期末从业人数			

谨声明：此纳税申报表是根据《中华人民共和国企业所得税法》《中华人民共和国企业所得税法实施条例》以及有关税收政策和国家统一会计制度的规定填报的，是真实的、可靠的、完整的。

法定代表人（签章）：　　年　月　日

纳税人公章： 会计主管： 填表日期：　年　月　日	代理申报中介机构公章： 经办人： 经办人执业证件号码： 代理申报日期：　年　月　日	主管税务机关受理专用章： 受理人： 受理日期：　年　月　日

国家税务总局监制

做中学：

（1）完成上述工作后，要求同学实地到企业或税务局申报大厅调查企业纳税申报工作流程，然后独立画出核算征收企业所得税纳税申报流程图。

（2）到国税局网站下载企业所得税年终纳税申报相关资料，小组讨论后，完成书后“纳税申报模拟”资料中的企业所得税年终汇算报表的填写工作。

（二）核定征收企业所得税

根据《国家税务总局关于印发〈企业所得税核定征收办法〉（试行）的通知》（国税发〔2008〕30号）的规定，纳税人具有下列情形之一的，需核定征收企业所得税：

（1）依照法律、行政法规的规定可以不设置账簿的。

（2）依照法律、行政法规的规定应当设置但未设置账簿的。

（3）擅自销毁账簿或者拒不提供纳税资料的。

（4）虽设置账簿，但账目混乱或者成本资料、收入凭证、费用凭证残缺不全，难以查账的。

（5）发生纳税义务，未按照规定的期限办理纳税申报，经税务机关责令限期申报，逾期仍不申报的。

（6）申报的计税依据明显偏低，又无正当理由的。

特殊行业、特殊类型的纳税人和一定规模以上的纳税人不适用本办法。上述特定纳税人由国家税务总局另行明确。

【学中做5-2】

圆点教育科技公司于2013年5月注册成立，主要从事教育信息咨询（不含教育培训、中介、家教）、企业管理咨询、商务咨询、计算机软硬件开发及维护、广告设计制作发布及代理、会务服务、展览展示、企业形象策划、市场营销策划等业务。

企业纳税人识别号为210203069420169289，地税管理号码为2118901。

2018年10—12月份，该企业取得教育信息咨询服务收入120 000元；商务咨询收入30 000元；会务服务费收入52 000元；广告制作费80 000元；出售一处办公用房取得收入2 000 000元。企业第三季度已预缴企业所得税50 000元。

经税务机关认定，该企业实行核定征收企业所得税，按收入总额的16%核定应纳税所得额。

工作任务：

（1）计算企业第四季度应预缴所得税额。

（2）填写企业所得税月（季）度预缴申报表（B类）。

（3）完成涉税相关账务处理。

（4）画出企业纳税申报及税款缴纳的流程图。

工作指导：

（1）根据相关税收规定，该企业是实行核定征收企业所得税的纳税人，按收入总额的16%核定应纳税所得额。

（2）该企业所得税按季度预缴年终汇算清缴。

（3）计算应纳税所得额。

应纳税所得额=（120 000+30 000+52 000+80 000+2 000 000）×16%=365 120（元）

（4）计算应纳所得税金额。

企业第四季度企业所得税=365 120×25%−50 000=91 280−50 000=41 280（元）

借：所得税费用　41 280

　　贷：应交税费——应交所得税　41 280

（5）填写预缴企业所得税纳税申报表，见表5−5。

表5−5　中华人民共和国企业所得税月（季）度预缴和年度纳税申报表（B类，2018年版）

税款所属期间：2018年10月1日至2018年12月31日

纳税人识别号（统一社会信用代码）：210203069420169289

纳税人名称：圆点教育科技公司　　金额单位：人民币元（列至角分）

核定征收方式	□核定应税所得率（能核算收入总额的）□核定应税所得率（能核算成本费用总额的）□核定应纳所得税额	
行次	项目	本年累计金额
1	收入总额	2 282 000.00
2	减：不征税收入	
3	减：免税收入（4+5+10+11）	
4	国债利息收入免征企业所得税	
5	符合条件的居民企业之间的股息、红利等权益性投资收益免征企业所得税	
6	其中：通过沪港通投资且连续持有H股满12个月取得的股息红利所得免征企业所得税	
7	通过深港通投资且连续持有H股满12个月取得的股息红利所得免征企业所得税	
8	居民企业持有创新企业CDR取得的股息红利所得免征企业所得税	
9	符合条件的居民企业之间属于股息、红利性质的永续债利息收入免征企业所得税	
10	投资者从证券投资基金分配中取得的收入免征企业所得税	
11	取得的地方政府债券利息收入免征企业所得税	
12	应税收入额（1−2−3）\成本费用总额	2 282 000.00
13	税务机关核定的应税所得率（%）	16%
14	应纳税所得额（第12×13行）\［第12行÷（1−第13行）×第13行］	365 120.00
15	税率（25%）	25%
16	应纳所得税额（14×15）	91 280.00
17	减：符合条件的小型微利企业减免企业所得税	
18	减：实际已缴纳所得税额	50 000.00
19	本期应补（退）所得税额（16−17−18）\税务机关核定本期应纳所得税额	
20	民族自治地方的自治机关对本民族自治地方的企业应缴纳的企业所得税中属于地方分享的部分减征或免征（□免征　□减征:减征幅度____%）	
21	本期实际应补（退）所得税额	41 280.00

续表

<table>
<tr><td>行次</td><td colspan="2">项　目</td><td>本年累计金额</td></tr>
<tr><td colspan="4">按 季 度 填 报 信 息</td></tr>
<tr><td>季初从业人数</td><td></td><td>季末从业人数</td><td></td></tr>
<tr><td>季初资产总额（万元）</td><td></td><td>季末资产总额（万元）</td><td></td></tr>
<tr><td>国家限制或禁止行业</td><td>□是 □否</td><td>小型微利企业</td><td>□是 □否</td></tr>
<tr><td colspan="4">按 年 度 填 报 信 息</td></tr>
<tr><td>小型微利企业</td><td>□是 □否</td><td></td><td></td></tr>
<tr><td colspan="4">谨声明：本纳税申报表是根据国家税收法律法规及相关规定填报的，是真实的、可靠的、完整的。
纳税人（签章）：　年　月　日</td></tr>
<tr><td colspan="2">经办人：
经办人身份证号：
代理机构签章：
代理机构统一社会信用代码：</td><td colspan="2">受理人：
受理税务机关（章）：
受理日期：年 月 日</td></tr>
</table>

国家税务总局监制

做中学：

完成上述工作后，要求同学实地到企业或税务局申报大厅调查企业纳税申报工作流程，然后独立画出核定征收企业所得税的适用范围，以及核定征收企业所得税的纳税申报流程图。

项目六　个人所得税

学习目标

1. 能准确判断居民纳税人和非居民纳税人。

2. 会根据业务资料计算纳税人应纳税所得额和应纳个人所得税款。

3. 会填制个人所得税扣缴报告表、自行申报的个人所得税纳税申报表和个体工商户的生产经营所得、企事业单位的承包承租经营所得个人所得税纳税申报表。

4. 能独立办理个人所得税纳税申报相关手续。

思维导图

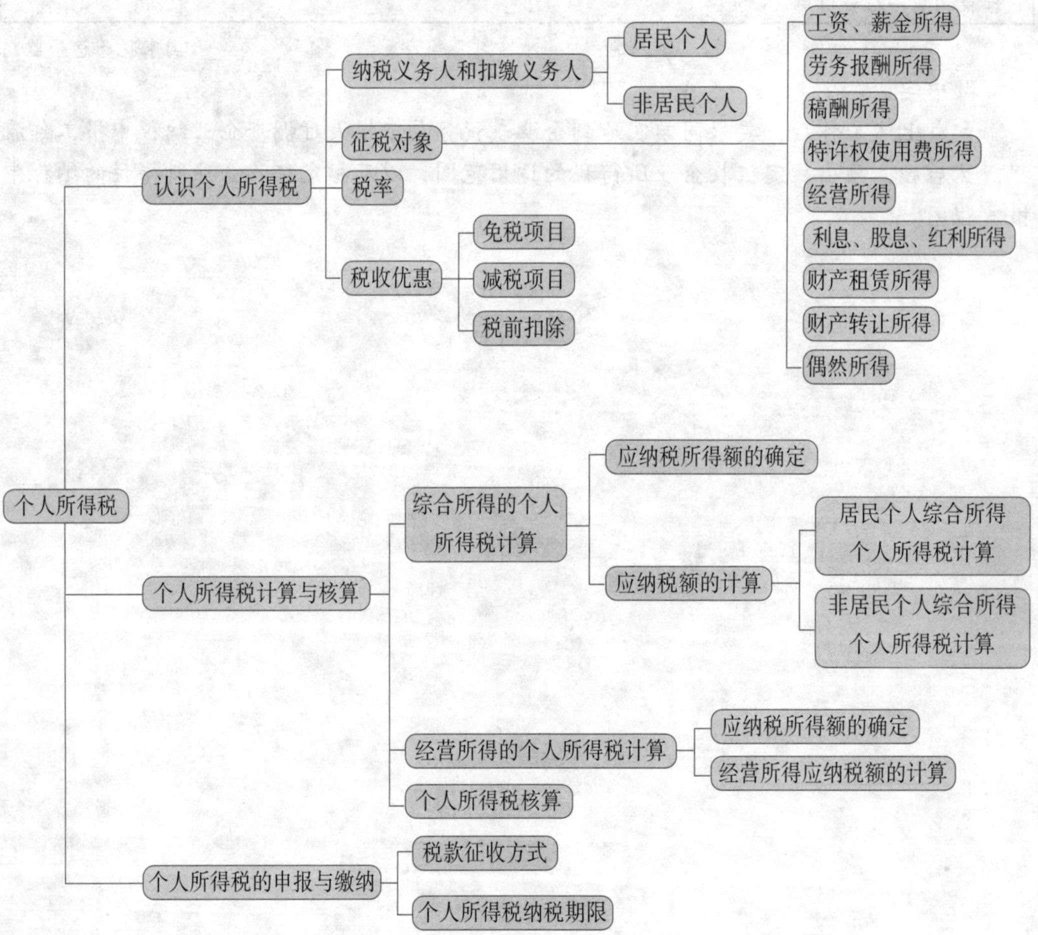

□引导案例

年终奖如何计算个人所得税?

2019年1月1日起，我国执行新的《中华人民共和国个人所得税法》其具有如下特点：综合征收和分类征收相结合；综合所得、经营所得按月（季）预缴，年终汇算清缴，其他项目按次（月）计税；累进税率与比例税率并用；采取源泉扣税和纳税人自行申报纳税两种方法相结合的征税方式。

引导案例指引

如果2019年末，某网络科技有限公司向技术部经理高兴支付了年终奖6万元，你知道这笔年终奖怎么计算扣缴个人所得税吗?

任务一　认识个人所得税

个人所得税是以个人（自然人）取得的各项应税所得为征税对象所征收的一种税。我国于1980年9月10日通过了《中华人民共和国个人所得税法》（以下简称《个人所得税法》），自公布之日起施行。之后，全国人大常委会于1993年10月31日、1999年8月30日、2005年10月27日和2007年6月29日分别对《个人所得税法》进行修正，分别将个人所得税“工资、薪金”的费用扣除标准从800元提高至1 600元、2 000元。2011年6月30日，全国人大常委会表决通过《关于修改〈中华人民共和国个人所得税法〉的决定》，2011年9月1日起施行。2018年8月31日，第十三届全国人大常委会第五次会议《关于修改〈中华人民共和国个人所得税法〉的决定》通过，自2019年1月1日起施行。

2018年修订的《个人所得税法》具有如下特点：第一，综合征收和分类征收相结合；第二，综合所得、经营所得按月（季）预缴，年终汇算清缴。其他项目按次（月）计税；第三，累进税率与比例税率并用；第四，采取源泉扣缴和纳税人自行申报纳税两种方法相结合的征税方式。

一、纳税义务人和扣缴义务人

（一）居民个人

在中国境内有住所，或者无住所而一个纳税年度内在中国境内居住累计满183天的个人，为居民个人。居民个人承担无限的纳税义务，需要对从中国境内和境外取得的所得，按照我国个人所得税法的规定缴纳个人所得税。

“在中国境内有住所”，是指因户籍、家庭、经济利益关系而在中国境内习惯性居住；“从中国境内和中国境外取得的所得”，分别是指来源于中国境内的所得和来源于中国境外的所得。

特别提醒：

在中国境内无住所的居民个人，在境内居住累计满183天的年度连续不满五年的，或满五年但其间有单次离境超过30天情形的，其来源于中国境外的所得，经向主管税务机关备案，可以只就由中国境内企事业单位和其他经济组织或者居民个人支付的部分缴纳个人所得税。在境内居住累计满183天的年度连续满五年的纳税人，且在五年内未发生单次离境超过30天情形的，从第六年起，中国境内居住累计满183天的，应当就其来源于中国境内、外的全部所得缴纳个人所得税。

（二）非居民个人

在中国境内无住所又不居住，或者无住所而一个纳税年度内在中国境内居住累计不满183天的个人，为非居民个人。非居民个人承担有限的纳税义务，仅需要就从中国境内取得的所得，按照我国个人所得税法的规定缴纳个人所得税。

特别提醒：

在中国境内无住所，且在一个纳税年度中在中国境内连续或者累计居住不超过90天的个人，其来源于中国境内的所得，由境外雇主支付并且不由该雇主在中国境内的机构、场所负担的部分，免予缴纳个人所得税。

居民个人取得《个人所得税法》第二条规定的一项至第四项所得（统称“综合所得”），按纳税年度合并计算个人所得税；非居民个人取得《个人所得税法》第二条规定的第一项至第四项所得，按月或者按次分项计算个人所得税。

纳税人取得《个人所得税法》第二条规定的第五项至第九项所得，按税法规定分项计算个人所得税。

从2000年1月1日起，个人独资企业和合伙企业投资者也为个人所得税的纳税义务人。

我国个人所得税实行代扣代缴和个人自行申报纳税相结合的征收管理制度，凡支付应纳税所得的单位和个人，都是个人所得税的扣缴义务人。扣缴义务人在向纳税人支付各项应纳税所得（个体工商户的生产、经营所得除外）时，必须履行代扣代缴税款的义务。

二、征税对象

个人所得税的征税对象是个人取得的应税所得。我国2018年新修订的《个人所得税法》列举征税的个人所得共有九项，具体内容如下：

（一）工资、薪金所得

工资、薪金所得指个人因任职或者受雇而取得工资、薪金、奖金、年终加薪、劳动分红、津贴、补贴以及与任职或者受雇有关的其他所得。

根据我国目前个人收入的构成情况，税法规定对于一些不属于工资、薪金性质的补贴、津贴或者不属于纳税人本人工资、薪金所得项目的收入，不予征税。这些项目包括：

（1）独生子女补贴。

（2）执行公务员工资制度未纳入基本工资总额的补贴、津贴差额和家属成员的副食品补贴。

（3）托儿补助费。

（4）差旅费津贴、误餐补助。其中，误餐补助是指按照财政部规定，个人因公在城区、郊区工作，不能在工作单位或返回就餐的，根据实际误餐顿数，按规定的标准领取的误餐费。单位以误餐补助名义发给职工的补助、津贴不能包括在内。

（二）劳务报酬所得

劳务报酬所得是指个人从事劳务取得的所得，包括从事设计、装潢、安装、制图、化验、测试、医疗、法律、会计、咨询、讲学、新闻、广播、翻译、审稿、书画、雕刻、影视、录音、录像、演出、表演、广告、展览、技术服务、介绍服务、经纪服务、代办服务以及其他劳务取得的所得。

上述各项所得一般属于个人独立从事自由职业取得的所得或属于个人劳动所得。是否存在雇佣与被雇佣关系，是判断一种收入是属于劳务报酬所得，还是属于工资、薪金所得的重要标准。

（三）稿酬所得

稿酬所得是指个人因其作品以图书、报刊形式出版、发表而取得的所得。这里所说的作品，包括文学作品、书画作品、摄影作品，以及其他作品。

（四）特许权使用费所得

特许权使用费所得是指个人提供专利权、商标权、著作权、非专利技术以及其他特许权的使用权取得的所得。提供著作权的使用权取得的所得，不包括稿酬所得。

（五）经营所得

经营所得是指：

（1）个人通过在中国境内注册登记的个体工商户、个人独资企业、合伙企业从事生产、经营活动取得的所得。

（2）个人依法取得执照，从事办学、医疗、咨询以及其他有偿服务活动取得的所得。

（3）个人承包、承租、转包、转租取得的所得。

（4）个人从事其他生产、经营活动取得的所得。

（六）利息、股息、红利所得

利息、股息、红利所得是指个人拥有债权、股权等而取得的利息、股息、红利性质的所得。

（七）财产租赁所得

财产租赁所得是指个人出租不动产、土地使用权、机器设备、车船以及其他财产而取得的所得。

（八）财产转让所得

财产转让所得是指个人转让有价证券、股权、合伙企业中的财产份额、不动产、土地使用权、机器设备、车船以及其他财产取得的所得。

（九）偶然所得

偶然所得是指个人得奖、中奖、中彩以及其他偶然性质的所得。

个人取得的所得，难以界定应纳税所得项目的，由主管税务机关确定。对股票转让所得征收个人所得税的办法，由国务院财政、税务主管部门另行制定，报国务院批准后施行。

三、税率

个人所得税依照所得项目的不同，采用下列几种不同税率：

(一) 七级超额累进税率

综合所得适用3%～45%的超额累进税率，按年计征，按月预缴。

综合所得适用的个人所得税税率，见表6-1。

表6-1 个人所得税税率表一

（综合所得适用）

级数	全年应纳税所得额	税率（%）	速算扣除数
1	不超过36 000元的	3	0
2	超过36 000元到144 000元的部分	10	2 520
3	超过144 000元至300 000元的部分	20	16 920
4	超过300 000元至420 000元的部分	25	31 920
5	超过420 000元至660 000元的部分	30	52 920
6	超过660 000元至960 000元的部分	35	85 920
7	超过960 000元以上的部分	45	181 920

注：1.本表所称全年应纳税所得额是指居民个人取得的全年综合所得减去个人负担的国家标准范围内的五险一金，减去6万元费用扣除、专项附加扣除和依法确定的其他扣除后的余额。

非居民个人取得工资、薪金所得，劳务报酬所得，稿酬所得和特许权使用费所得适用的个人所得税税率，见表6-2。

表6-2 个人所得税税率表二

（非居民个人工资、薪金所得，劳务报酬所得，稿酬所得，特许权使用费所得适用）

级数	月应纳税所得额	税率（%）	速算扣除数
1	不超3 000元的	3	0
2	超过3 000元至12 000元的部分	10	210
3	超过12 000元至25 000元的部分	20	1 410
4	超过25 000元至35 000元的部分	25	2 660
5	超过35 000元至55 000元的部分	30	4 410
6	超过55 000元至80 000元的部分	35	7 160
7	月超过80 000元的部分	45	15 160

（二）五级超额累进税率

对于个人、个体工商户（个人独资企业、合伙企业）生产经营活动取得的所得，根据年应纳税所得额不同，分别适用5%～35%的超额累进税率。

经营所得适用的个人所得税税率，见表6-3。

表6-3　个人所得税税率表三

（经营所得适用）

级数	全年应纳税所得额	税率（%）	速算扣除数
1	不超过30 000元的	5	0
2	超过30 000元至90 000元的部分	10	1 500
3	超过90 000元至300 000元的部分	20	10 500
4	超过300 000元至500 000元的部分	30	40 500
5	超过500 000元的部分	35	65 500

知识链接

超额累进税率和全额累进税率

超额累进税率是“全额累进税率”的对称，指按课税对象的绝对额划分若干级距，每个级距规定的税率随课税对象的增加而提高，纳税人的课税对象按相应级距划分若干段，分段适用相应税率征税的税率制度。“超”字的含义就是全部课税对象分段适用若干个相适应的税率征税。我国现行个人所得税对工资、薪金所得项目，采用7级超额累进税率。假定某纳税人全月工资、薪金收入为9 000元，扣减5 000元费用，无其他扣除项目全月应纳税所得额为4 000元，按税率表规定的级距和税率，其中3 000元适用3%的税率应纳税90元，1 000元适用10%的税率应纳税100元，该纳税人共计应纳税190元。可见“超额累进”方式就是纳税人超过前一级距的课税对象部分适用较高的累进税率。

全额累进税率是指按课税对象的绝对额划分若干级距，每个级距规定的税率随课税对象数额的增大而提高，就纳税人全部课税对象按与之相适应的级距的税率计算纳税的税率制度。上例若改为全额累进税率，纳税人的应纳税额=4 000×10%＝400（元）。

微课：个人所得税税收要素

采用全额累进税率在课税对象级距的分界点附近，如果税负不合理，会出现税收增加额超过课税对象增加额的不合理现象。目前，全额累进税率一般已不采用。

（三）20%的比例税率

利息、股息、红利所得，财产租赁所得，财产转让所得和偶然所得，适用比例税率，税率为20%。

微课：个人所得税税率

四、税收优惠

（一）免税项目

《个人所得税法》和相关法规、政策规定，对下列各项个人所得，免征个人所得税：

（1）省级人民政府、国务院部委和中国人民解放军军以上单位，以及外国组织、国际组织颁发的科学、教育、技术、文化、卫生、体育、环境保护等方面的奖金。

（2）国债和国家发行的金融债券利息。

（3）按照国家统一规定发给的补贴、津贴。这是指按照国务院规定发给的政府特殊津贴、院士津贴、资深院士津贴和国务院规定免纳个人所得税的补贴、津贴。

（4）福利费、抚恤金、救济金。

（5）保险赔款。

（6）军人的转业费、复员费、退役金。

（7）按照国家统一规定发给干部、职工的安家费、退职费、基本养老金或者退休费、离休费、离休生活补助费。

（8）依照我国有关法律规定应予免税的各国驻华使馆、领事馆的外交代表、领事官员和其他人员的所得。

（9）中国政府参加的国际公约、签订的协议中规定免税的所得。

（10）经国务院财政部门批准免税的所得。本项免税规定，由国务院报全国人民代表大会常务委员会备案。

（二）减税项目

有下列情形之一的，可以减征个人所得税，具体幅度和期限，由省、自治区、直辖市人民政府规定，并报同级人民代表大会常务委员会备案：

（1）残疾、孤老人员和烈属的所得。

（2）因自然灾害造成重大损失的。

（3）国务院可以规定其他减税情形，报全国人民代表大会常务委员会备案。

（三）税前扣除

个人将其所得通过中国境内的社会团体、国家机关向教育和其他社会公益事业以及遭受严重自然灾害地区、贫困地区的公益、救济性捐赠，捐赠额未超过纳税义务人申报的应纳税所得额30%的部分，准予从其应纳税所得额中扣除。但是，纳税义务人未通过中国境内的社会团体、国家机关而直接向受益人的捐赠，不得扣除。

通过以下渠道进行的捐赠，可以全额税前扣除：

（1）个人通过非营利性的社会团体和国家机关，向红十字事业、农村义务教育、福利性非营利性的老年服务机构以及公益性青少年活动场所的捐赠。

（2）通过中国境内非营利的社会团体、国家机关向教育事业的捐赠。

（3）通过一些公益性基金进行的捐赠。这些基金包括中国宋庆龄基金会、中国福利会、中国残疾人福利基金会、中国扶贫基金会、中国煤矿尘肺病治疗基金会等。

知识链接

专项附加扣除的注意事项

根据国务院《个人所得税专项附加扣除暂行办法》（国发〔2018〕41号），专项附加扣除包括子女教育、继续教育、大病医疗、住房贷款利息或者住房租金、赡养老人等支出，并明确了六项专项附加扣除的范围、标准及申报办法。

专项附加扣除需要注意的三个方面：

（1）居民个人取得工资薪金时，个人所得税应纳税所得额在预扣预缴计算时可以直接扣除专项附加扣除。对于纳税人无工资薪金所得，只有劳务报酬所得、稿酬所得或特许权使用费所得的，扣缴义务人预扣预缴时，不能扣除专项附加扣除，只能由纳税人在次年3月1日至6月30日进行的综合所得汇算清缴时予以扣除。

(2) 对于取得经营所得的个人，没有综合所得的，计算其每一个纳税年度的应纳税所得额时，应当减除费用6万元、专项扣除、专项附加扣除以及依法确定的其他扣除，在办理汇算清缴时予以扣除，在平时按月或按季申报预缴时不能扣除。

(3) 六项专项附加扣除中，纳税人最多享受五项，其符合条件的住房贷款利息和住房租金扣除，只能二选一，不能同时享受。在工资薪金所得预扣预缴个人所得税时，只能扣除四项：子女教育、继续教育、住房贷款利息或者住房租金、赡养老人等支出，大病医疗的扣除只能由纳税人在次年3月1日至6月30日进行的综合所得汇算清缴时予以扣除。

任务二 个人所得税计算与核算

我国现行个人所得税实行“综合征收和分项征收相结合、源泉扣税和纳税人自行申报相结合的纳税方法”。目前，我国个人所得税法规定工资薪金所得、劳务报酬所得、稿酬所得和特许权使用费所得合并为“综合所得”，按综合计税办法计算征收个人所得税；其他项目按税法规定分别计算缴纳个人所得税。

一、综合所得的个人所得税计算

（一）应纳税所得额的确定

1.居民个人应纳税所得额

居民个人的综合所得，以每一纳税年度的收入额减除60 000元的费用扣除数、专项扣除、专项附加扣除以及依法确定的其他扣除后的余额为应纳税所得额。

综合所得包含工资薪金所得、劳务报酬所得、稿酬所得和特许权使用费所得。

其中劳务报酬所得、稿酬所得、特许权使用费所得以收入减除20%的费用后的余额为应纳税所得额。稿酬所得的应纳税所得额减按70%计算。

(1) 专项扣除

专项扣除，包括居民个人按照国家规定的范围和标准缴纳的基本养老保险、基本医疗保险、失业保险等社会保险费和住房公积金。

微课：个人所得税专项扣除

(2) 专项附加扣除

专项附加扣除，包括子女教育、继续教育、大病医疗、住房贷款利息或者住房租金、赡养老人等支出，具体范围、标准和实施步骤由国务院确定，并报全国人民代表大会常务委员会备案。

①子女教育专项扣除。居民纳税人的子女接受学前教育和学历教育的相关支出，按照每个子女每年12 000元（每月1 000元）的标准定额扣除。受教育子女的父母可以分别按扣除标准的50%扣除，也可以选择由其中一方按扣除标准的100%扣除。具体扣除方式在一个纳税年度内不得变更。

②继续教育专项附加扣除。居民纳税人接受学历继续教育的支出，在学历教育期间按照每年4 800元（每月400元）定额扣除。纳税人接受技能人员职业资格继续教育、专业技术人员职业资格继续教育支出，在取得相关证书的当年，按照3 600元定额扣除。

居民纳税人个人接受同一学历教育，符合规定扣除条件的，可以由其父母按照子女教育支出扣除，也可以由本人按照继续教育支出扣除，但不得同时扣除。

③大病医疗专项扣除。纳税人在一个纳税年度内，在社会医疗保险管理信息系统记录的（包括医保目录范围内的自付部分和医保目录范围外的自费部分）由个人负担超过15 000元的医药费用支出部分，可以在60 000元限额内据实扣除。大病医疗专项附加扣除由纳税人办理汇算清缴时扣除。大病医疗支出由纳税人本人扣除。

④住房贷款利息专项扣除。纳税人本人或配偶使用商业银行或住房公积金个人住房贷款为本人或其配偶购买住房，发生的首套住房贷款利息支出，在偿还贷款期间，可以按照每年12 000元（每月1 000元）标准定额扣除。非首套住房贷款利息支出不得扣除。纳税人只能享受一套首套住房贷款利息扣除。

住房贷款利息专项附加扣除，可以选择由夫妻双方的一方扣除，具体扣除方式在一个纳税年度内不得变更。

⑤住房租金专项附加扣除。纳税人本人及其配偶在纳税人的主要工作城市没有自有住房，而在主要工作城市租赁住房发生的租金支出，可以按照不高于1 200元/月的标准扣除。

⑥赡养老人专项附加扣除。纳税人赡养60岁（含）以上父母以及其他法定赡养人的赡养支出，可以按照以下标准定额扣除：

纳税人为独生子女的，按照每年24 000元（每月2 000元）的标准定额扣除。

纳税人为非独生子女的，应当与其兄弟姐妹分摊每年24 000元（每月2 000元）的扣除额度，分摊方式包括平均分摊、被赡养人指定分摊或者赡养人约定分摊，具体分摊方式在一个纳税年度内不得变更。

微课：个人所得税专项附加扣除

（3）其他扣除

其他扣除包括以下内容：

①纳税人个人缴付符合国家规定的企业年金、职业年金；

②个人购买符合国家规定的商业健康保险、税收递延型商业养老保险的支出等；

③国务院规定可以扣除的其他项目。

2.非居民个人应纳税所得

非居民个人的工资、薪金所得，以每月收入额减除费用5 000元后的余额为应纳税所得额；劳务报酬所得、稿酬所得、特许权使用费所得，以每次收入额为应纳税所得额。

（二）应纳税额的计算

1.居民个人综合所得个人所得税计算

【例6-1】2019年度，王某税前月工资15 000元，年终奖30 000元。假设王某每月按国家标准负担“五险一金”合计3 450元，每月允许扣除专项费用2 500元。

王某2019年度应纳个人所得税金额是多少？

分析：

工资薪金属于综合所得，按现行政策规定应按年计征个人所得税，适用3%～45%的七级超额累进税率。

应税收入=15 000×12+30 000=210 000（元）

专项扣除费用=3 450×12=41 400（元）

附加扣除费用=2 500×12=30 000（元）

应纳税所得额=210 000−60 000−41 400−30 000=78 600（元）

对照个人所得税税率表一（综合所得适用），王某应适用10%的税率和2 520的速算扣除数。

应纳个人所得税额=78 600×10%−2 520=5 340（元）

特别说明：

2019年1月1日—2021年12月31日期间，居民个人取得全年一次性奖金，可以选择用全年一次性奖金收入除以12个月得到的数额，按照按月换算后的综合所得税率表确定适用税率和速算扣除数，单独计算纳税；也可以选择并入当年综合所得合并计算个人所得税。实务工作中，大家根据具体情况选择适用政策。

【例6-2】2019年度，王某税前月工资15 000元。5—8月份，王某每月取得劳务报酬5 000元。12月份，王某取得稿酬所得6 000元。

假设王某每月按国家标准负担“五险一金”合计3 450元。按政策规定，王某每月允许税前扣除附加扣除费用3 000元。

分析：

工资薪金、劳务报酬所得、稿酬所得均属于综合所得，几个项目合并按年计征个人所得税，适用3%～45%的七级超额累进税率。

其中，劳务报酬所得扣除20%后的余额计入应纳税所得额；稿酬所得扣除20%费用标准后再减按70%计入应纳税所得额。

应税收入=15 000×12+5 000×4×（1−20%）+6 000×（1−20%）×70%=199 360（元）

专项扣除费用=3 450×12=41 400（元）

附加扣除费用=3 000×12=36 000（元）

年度应纳税所得额=199 360−60 000−41 400−36 000=61 960（元）

对照个人所得税税率表一（综合所得适用），王某应适用10%的税率和2 520的速算扣除数。

应纳个人所得税额=61 960×10%−2 520=3 676（元）

微课：居民个人综合所得个人所得税应纳税额计算

2.非居民个人综合所得个人所得税计算

【例6-3】Lucas是外籍人员，2019年3—5月在我国境内某大型企业从事技术工作，该企业每月支付其税前月工资30 000元。5月份，Lucas另外取得境内某单位支付的劳务报酬10 000元。

Lucas2019年应在我国境内缴纳的个人所得税金额是多少？

分析：

现行政策规定，非居民个人取得工资薪金、劳务报酬所得、稿酬所得和特许权使用费所得等综合所得，按月或者按次分项计算个人所得税。以每月收入额减除费用5 000元为应纳税所得额。

工资薪金月应纳税所得额=30 000−5 000=25 000（元）

对照个人所得税税率表二（非居民个人工资、薪金所得，劳务报酬所得，稿酬所得，特许权使用费所得适用），月应纳税所得额25 000元，适用20%税率和1 410的速算扣除数。

工资薪金月应纳个人所得税额=25 000×20%−1 410=3 590（元）

劳务报酬所得应纳所得税额=10 000×（1−20%）×20%=1 600（元）

Lucas 2019年在我国应纳个人所得税=3 590×3+1 600=12 370（元）

【例6-4】Abel是外籍人员，2019年3—5月在我国境内某大型企业从事技术工作，该企业每月支付其税前月工资30 000元。5月份，Abel另外取得境内某单位支付的稿酬所得20 000元。

Abel 2019年应在我国境内缴纳的个人所得税金额是多少？

分析：

现行政策规定，非居民个人取得工资薪金、劳务报酬所得、稿酬所得和特许权使用费所得等综合所得，按月或者按次分项计算个人所得税，以每月收入额减除费用5 000元为应纳税所得额。

其中劳务报酬所得、特许权使用费所得扣减20%后的余额为应纳税所得额；稿酬所得减按70%计算应纳税所得额。

工资薪金月应纳税所得额=30 000−5 000=25 000（元）

对照个人所得税税率表二（非居民个人工资、薪金所得，劳务报酬所得，稿酬所得，特许权使用费所得适用），月应纳税所得额25 000元，适用20%税率和1 410的速算扣除数。

工资薪金月应纳个人所得税额=25 000×20%−1 410=3 590（元）

稿酬所得应纳所得税额=20 000×（1−20%）×70%×20%=2 240（元）

Abel 2019年在我国应纳个人所得税=3 590×3+2 240=13 010（元）

微课：非居民个人综合所得个人所得税应纳税额计算

二、经营所得的个人所得税计算

（一）应纳税所得额的确定

经营所得包括个人通过境内注册登记的个体工商户、个人独资企业、合伙企业从事生产经营活动取得的所得；个人依法取得执照，从事办学、医疗、咨询以及其他有偿服务活动取得的所得；个人承包、承租、转包、转租取得的所得，以及个人从事其他生产、经营活动取得的所得。

纳税人取得经营所得，按年计算个人所得税，以每一纳税年度的收入总额减除成本、费用以及损失后的余额，为应纳税所得额。

成本、费用，是指生产、经营活动中发生的各项直接支出和分配计入成本的间接费用以及销售费用、管理费用、财务费用。

损失，是指个体工商户、个人独资企业、合伙企业以及个人从事其他生产、经营活动中发生的固定资产和存货的盘亏、毁损、报废损失，转让财产损失，坏账损失，自然灾害等不可抗力因素造成的损失以及其他损失。

特别提醒：

取得经营所得的个人，没有综合所得的，计算其每一纳税年度的应纳税所得额时，应当减除费用6万元、专项扣除、专项附加扣除以及依法确定的其他扣除。专项附加扣除在办理汇算清缴时减除。

1.个体工商户生产经营所得

个体工商户生产、经营所得，以每一纳税年度的收入总额，减除成本、费用、税金、损失、其他支出以及允许弥补的以前年度亏损后的余额，为应纳税所得额。

允许弥补的以前年度亏损，是指个体工商户依照规定计算的应纳税所得额小于零的数额。

个体工商户下列支出不得扣除：

（1）个人所得税税款。

（2）税收滞纳金。

（3）罚金、罚款和被没收财物的损失。

（4）不符合扣除规定的捐赠支出。

（5）赞助支出。

（6）用于个人和家庭的支出。

（7）与取得生产经营收入无关的其他支出。

（8）投资者（例如个体工商户业主）工资薪金支出。

（9）个体工商户代其从业人员或者他人负担的税款，不得税前扣除。

（10）其他不允许扣除的支出。

下列项目按规定标准扣除：

（1）个体工商户生产经营活动中，应当分别核算生产经营费用和个人、家庭费用。对于生产经营与个人、家庭生活混用难以分清的费用，其40%视为与生产经营有关的费用，准予扣除。

（2）个体工商户纳税年度发生的亏损，准予向以后年度结转，用以后年度的生产经营所得弥补，但结转年限最长不得超过五年。

（3）个体工商户实际支付给从业人员的、合理的工资薪金支出，准予扣除。个体工商户业主的工资薪金支出不得税前扣除。

（4）个体工商户按照规定的范围和标准为其业主和从业人员缴纳的基本养老保险费、基本医疗保险费、失业保险费、工伤保险费和住房公积金，准予扣除。

（5）个体工商户在生产经营活动中发生的合理的不需要资本化的借款费用，准予扣除。

（6）个体工商户在生产经营活动中发生的符合规定的借款利息支出，准予扣除。

（7）个体工商户向当地工会组织拨缴的工会经费、实际发生的职工福利费支出、职工教育经费支出分别在工资薪金总额的2%、14%、8%的标准内据实扣除（工资薪金总额指的是允许在当期税前扣除的工资薪金支出数额）。职工教育经费的实际发生数额超出规定比例当期不能扣除的数额，准予在以后纳税年度结转扣除。

（8）个体工商户发生的与生产经营活动有关的业务招待费，按照实际发生额的60%扣除，但最高不得超过当年销售（营业）收入的5‰。

（9）个体工商户每一纳税年度发生的与其生产经营活动直接相关的广告费和业务宣传费不超过当年销售（营业）收入15%的部分，可以据实扣除；超过部分，准予在以后纳税年度结转扣除。

（10）个体工商户按照规定缴纳的摊位费、行政性收费、协会会费等，按实际发生数额扣除。

（11）个体工商户参加财产保险，按照规定缴纳的保险费，准予扣除。

（12）个体工商户发生的合理的劳动保护支出，准予扣除。

（13）个体工商户通过公益性社会团体或者县级以上人民政府及其部门的公益事业捐赠，捐赠额不超过其应纳税所得额30%的部分可以据实扣除；按规定可以全额扣除的，从其规定。个体工商户直接对受益人的捐赠不得扣除。

（14）个体工商户研究开发新产品、新技术、新工艺所发生的开发费用，以及研究开发新产品、新技术而购置单台价值在10万元以下的测试仪器和试验性装置的购置费准予直接扣除；单台价值在10万元以上（含10万元）的测试仪器和试验性装置，按固定资产管理，不得在当期直接扣除。

2.个人独资企业、合伙企业生产经营所得

个人独资企业、合伙企业以投资者为个人所得税纳税义务人。

生产经营所得，包括企业分配给投资者个人的所得和企业当年留存的所得（利润）。

（1）查账征收

查账征收的个人独资企业和合伙企业的扣除项目比照《个体工商户个人所得税计税办法》的规定确定。

（2）核定征收

个体工商户、个人独资企业、合伙企业以及个人从事其他生产、经营活动，未提供完整、准确的纳税资料，不能正确计算应纳税所得额的，由主管税务机关核定应纳税所得额或者应纳税额。

下列情形的个人独资企业、合伙企业实行核定征收个人所得税，具体包括：

①应当设置但未设置账簿的。

②虽设置账簿，但账目混乱或者成本资料、收入凭证、费用凭证残缺不全，难以查账的。

③纳税人发生纳税义务，未按照规定的期限办理纳税申报，经税务机关责令限期申报，逾期仍不申报的。

（二）经营所得应纳税额的计算

1. 个体工商户、个人独资企业和合伙企业生产经营所得应纳税额的计算

应纳税额=应纳税所得额×适用税率-速算扣除数

=[（全年收入总额-成本、费用、税金、损失、其他支出及以前年度亏损）±纳税调整项目-允许扣除的个人费用及其他扣除-投资抵扣-准予扣除的个人捐赠支出]×适用税率-速算扣除数

2. 对企事业单位的承包、承租经营所得应纳税额的计算

应纳税额=应纳税所得额×适用税率-速算扣除数

=（纳税年度收入总额-必要费用）×适用税率-速算扣除数

【提示】出租汽车经营单位对出租车驾驶员采取单车承包或承租方式运营，出租车驾驶员从事客货营运取得的收入，按“工资、薪金所得”项目征税。

三、个人所得税核算

因为个人所得税的纳税人是个人，本书研究的是企业纳税实务，故我们只探讨企业代扣代缴个人所得税的账务处理。

企业代扣代缴个人所得税款往往和工资发放联系在一起。

企业月末计提工资费用时，借记相关的成本费用账户，贷记“应付职工薪酬”；发放工资时，按计提工资金额借记“应付职工薪酬”，按扣缴个人所得税金额贷记“应交税费——应交个人所得税”、按职工个人负担企业代交的金额贷记“其他应付款——应付住房公积金”等等，按实发工资数贷记“银行存款”。

企业上交扣缴的个人所得税金额时，借记“应交税费——应交个人所得税”，贷记“银行存款”。

知识链接

工资薪金个税全年累计预扣预缴制度

“我的工资没有变化，为什么个税数额变多了？是不是算错了？”2019年个人所得税新政实施后，身边好多人发出这样的疑问。这是怎么回事呢？

从2019年1月起，正常工资薪金个税实行全年累计预扣预缴，打破原有月工资既定，个税基本恒定的情况。

“累计预扣法”，就是扣缴义务人向居民个人支付工资薪金所得时，按照累计预扣法计算预扣税款。即扣缴义务人预扣预缴税款时，以一个纳税年度内，纳税人在本单位截至当前月份累计工资薪金所得收入额减除累计基本减除费用、累计专项扣除、累计专项附加扣除的余额为累计预扣预缴应纳税所得额。

累计预扣预缴应纳税所得额=累计收入-累计基本减除费用-累计专项扣除（五险一金费用）-累计专项附加扣除

其中：累计基本减除费用：按照5 000元/月乘以纳税人当年在本单位的任职受雇工作月份数计算。

$$\text{本期应预扣预缴税额}=\left(\text{累计预扣预缴应纳税所得额}\times\text{税率}-\text{速算扣除数}\right)-\text{累计已预扣预缴税额}$$

累计计算的应纳税所得额，以综合所得年税率表为工资薪金所得预扣预缴率表，计算累计应预扣预缴税额，再减除已预扣预缴税额，余额作为本期应预扣预缴税额。

余额为负值时，年度中间不退税；纳税年度终了后余额仍为负值时，通过办理综合所得年度汇算清缴，多退少补。

任务三　个人所得税的申报与缴纳

一、税款征收方式

我国个人所得税实行源泉扣缴和自行申报相结合的方式。

个人所得税以所得人为纳税人，以支付所得的单位或者个人为扣缴义务人。我国现行制度要求扣缴义务人应当依法办理全员全额扣缴申报。

扣缴义务人向个人支付应税款项（包括现金形式支付、实物形式支付以及其他各种形式支付）时，应当依照税法规定代扣代缴税款。凡支付个人应纳税所得的企业（公司）、事业单位、机关、社团组织、军队、驻华机构、个体工商户等单位或者个人，为个人所得税的扣缴义务人。

除经营所得之外，纳税义务人的其他应税所得项目均属代扣代缴范围。

扣缴义务人向个人支付应纳税所得（包括现金、实物和有价证券）时，均应代扣代缴其应付的个人所得税税额。扣缴义务人依法履行代扣代缴税款义务时，纳税人不得拒绝。

知识链接

个人所得税扣缴申报管理办法（试行）

第一条　为规范个人所得税扣缴申报行为，维护纳税人和扣缴义务人合法权益，根据《中华人民共和国个人所得税法》及其实施条例、《中华人民共和国税收征收管理法》及其实施细则等法律法规的规定，制定本办法。

第二条　扣缴义务人，是指向个人支付所得的单位或者个人。扣缴义务人应当依法办理全员全额扣缴申报。

全员全额扣缴申报，是指扣缴义务人应当在代扣税款的次月十五日内，向主管税务机关报送其支付所得的所有个人的有关信息、支付所得数额、扣除事项和数额、扣缴税款的具体数额和总额以及其他相关涉税信息资料。

第三条　扣缴义务人每月或者每次预扣、代扣的税款，应当在次月十五日内缴入国库，并向税务机关报送《个人所得税扣缴申报表》。

第四条　实行个人所得税全员全额扣缴申报的应税所得包括：

（一）工资、薪金所得。

（二）劳务报酬所得。

（三）稿酬所得。

（四）特许权使用费所得。

（五）利息、股息、红利所得。

（六）财产租赁所得。

（七）财产转让所得。

（八）偶然所得。

第五条　扣缴义务人首次向纳税人支付所得时，应当按照纳税人提供的纳税人识别号等基础信息，填写《个人所得税基础信息表（A表）》，并于次月扣缴申报时向税务机关报送。

扣缴义务人对纳税人向其报告的相关基础信息变化情况，应当于次月扣缴申报时向税务机关报送。

第六条　扣缴义务人向居民个人支付工资、薪金所得时，应当按照累计预扣法计算预扣税款，并按月办理扣缴申报。

累计预扣法，是指扣缴义务人在一个纳税年度内预扣预缴税款时，以纳税人在本单位截至当前月份工资、薪金所得累计收入减除累计免税收入、累计减除费用、累计专项扣除、累计专项附加扣除和累计依法确定的其他扣除后的余额为累计预扣预缴应纳税所得额，适用个人所得税预扣率表一（见附件），计算累计应预扣预缴税额，再减除累计减免税额和累计已预扣预缴税额，其余额为本期应预扣预缴税额。余额为负值时，暂不退税。纳税年度终了后余额仍为负值时，由纳税人通过办理综合所得年度汇算清缴，税款多退少补。

具体计算公式如下：

本期应预扣预缴税额 = 累计预扣预缴应纳税所得额 × 预扣率 − 速算扣除数 − 累计减免税额 − 累计已预扣预缴税额

累计预扣预缴应纳税所得额 = 累计收入 − 累计税免收入 − 累计减除费用 − 累计专项扣除 − 累计专项附加扣除 − 累计依法确定的其他扣除

其中：累计减除费用，按照5 000元/月乘以纳税人当年截至本月在本单位的任职受雇月份数计算。

第七条　居民个人向扣缴义务人提供有关信息并依法要求办理专项附加扣除的，扣缴义务人应当按照规定在工资、薪金所得按月预扣预缴税款时予以扣除，不得拒绝。

第八条　扣缴义务人向居民个人支付劳务报酬所得、稿酬所得、特许权使用费所得时，应当按照以下方法按次或者按月预扣预缴税款：

劳务报酬所得、稿酬所得、特许权使用费所得以收入减除费用后的余额为收入额；其中，稿酬所得的收入额减按70%计算。

减除费用：预扣预缴税款时，劳务报酬所得、稿酬所得、特许权使用费所得每次收入不超过4 000元的，减除费用按800元计算；每次收入4 000元以上的，减除费用按收入的20%计算。

应纳税所得额：劳务报酬所得、稿酬所得、特许权使用费所得，以每次收入额为预扣预缴应纳税所得额，计算应预扣预缴税额。劳务报酬所得适用个人所得税预扣率表二（见附件），稿酬所得、特许权使用费所得适用20%的比例预扣率。

居民个人办理年度综合所得汇算清缴时，应当依法计算劳务报酬所得、稿酬所得、特许权使用费所得的收入额，并入年度综合所得计算应纳税款，税款多退少补。

第九条　扣缴义务人向非居民个人支付工资、薪金所得，劳务报酬所得，稿酬所得和特许权使用费所得时，应当按照以下方法按月或者按次代扣代缴税款：

非居民个人的工资、薪金所得，以每月收入额减除费用五千元后的余额为应纳税所得额；劳务报酬所得、稿酬所得、特许权使用费所得，以每次收入额为应纳税所得额，适用个人所得税税率表三（见附件）计算应纳税额。劳务报酬所得、稿酬所得、特许权使用费所得以收入减除20%的费用后的余额为收入额；其中，稿酬所得的收入额减按70%计算。

非居民个人在一个纳税年度内税款扣缴方法保持不变，达到居民个人条件时，应当告知扣缴义务人基础信息变化情况，年度终了后按照居民个人有关规定办理汇算清缴。

第十条　扣缴义务人支付利息、股息、红利所得，财产租赁所得，财产转让所得或者偶然所得时，应当依法按次或者按月代扣代缴税款。

第十一条　劳务报酬所得、稿酬所得、特许权使用费所得，属于一次性收入的，以取得该项收入为一次；属于同一项目连续性收入的，以一个月内取得的收入为一次。

财产租赁所得，以一个月内取得的收入为一次。

利息、股息、红利所得，以支付利息、股息、红利时取得的收入为一次。

偶然所得，以每次取得该项收入为一次。

第十二条　纳税人需要享受税收协定待遇的，应当在取得应税所得时主动向扣缴义务人提出，并提交相关信息、资料，扣缴义务人代扣代缴税款时按照享受税收协定待遇有关办法办理。

第十三条　支付工资、薪金所得的扣缴义务人应当于年度终了后两个月内，向纳税人提供其个人所得和已扣缴税款等信息。纳税人年度中间需要提供上述信息的，扣缴义务人应当提供。

纳税人取得除工资、薪金所得以外的其他所得，扣缴义务人应当在扣缴税款后，及时向纳税人提供其个人所得和已扣缴税款等信息。

第十四条　扣缴义务人应当按照纳税人提供的信息计算税款、办理扣缴申报，不得擅自更改纳税人提供的信息。

扣缴义务人发现纳税人提供的信息与实际情况不符的，可以要求纳税人修改。纳税人拒绝修改的，扣缴义务人应当报告税务机关，税务机关应当及时处理。

纳税人发现扣缴义务人提供或者扣缴申报的个人信息、支付所得、扣缴税款等信息与实际情况不符的，有权要求扣缴义务人修改。扣缴义务人拒绝修改的，纳税人应当报告税务部门。

第十五条　扣缴义务人对纳税人提供的《个人所得税专项附加扣除信息表》，应当按照规定妥善保存备查。

第十六条　扣缴义务人应当依法对纳税人报送的专项附加扣除等相关涉税信息和资料保密。

第十七条　对扣缴义务人按照规定扣缴的税款，按年付给2%的手续费。不包括税务机关、司法机关等查补或者责令补扣的税款。

扣缴义务人领取的扣缴手续费可用于提升办税能力、奖励办税人员。

第十八条　扣缴义务人依法履行代扣代缴义务，纳税人不得拒绝。纳税人拒绝的，扣缴义务人应当及时报告税务机关。

第十九条　扣缴义务人有未按照规定向税务机关报送资料和信息、未按照纳税人提供信息虚报虚扣专项附加扣除、应扣未扣税款、不缴或少缴已扣税款、借用或冒用他人身份等行为的，依照《中华人民共和国税收征收管理法》等相关法律、行政法规处理。

第二十条　本办法相关表证单书式样，由国家税务总局另行制定发布。

第二十一条　本办法自2019年1月1日起施行。《国家税务总局关于印发〈个人所得税全员全额扣缴申报管理暂行办法〉的通知》（国税发〔2005〕205号）同时废止。

（附件略）

二、个人所得税纳税期限

（1）扣缴义务人每月所扣的税款，应当在次月15日内缴入国库。

（2）居民个人取得综合所得，按年计算个人所得税；有扣缴义务人的，由扣缴义务人按月或者按次预扣预缴税款；需要办理汇算清缴的，应当在取得所得的次年3月1日至6月30日内办理汇算清缴。预扣预缴办法由国务院税务主管部门制定。

居民个人向扣缴义务人提供专项附加扣除信息的，扣缴义务人按月预扣预缴税款时应当按照规定予以扣除，不得拒绝。

非居民个人取得工资、薪金所得，劳务报酬所得，稿酬所得和特许权使用费所得，有扣缴义务人的，由扣缴义务人按月或者按次代扣代缴税款，不办理汇算清缴。

（3）纳税人取得经营所得，按年计算个人所得税，由纳税人在月度或者季度终了后十五日内向税务机关报送纳税申报表，并预缴税款；在取得所得的次年3月31日前办理汇算清缴。

纳税人取得利息、股息、红利所得，财产租赁所得，财产转让所得和偶然所得，按月或者按次计算个人所得税，有扣缴义务人的，由扣缴义务人按月或者按次代扣代缴税款。

（4）纳税人取得应税所得没有扣缴义务人的，应当在取得所得的次月15日内向税务机关报送纳税申报表，并缴纳税款。

纳税人取得应税所得，扣缴义务人未扣缴税款的，纳税人应当在取得所得的次年6月30日前，缴纳税款；税务机关通知限期缴纳的，纳税人应当按照期限缴纳税款。

（5）居民个人从中国境外取得所得的，应当在取得所得的次年3月1日至6月30日内申报纳税。

（6）非居民个人在中国境内从两处以上取得工资、薪金所得的，应当在取得所得的次月15日前申报纳税。

（7）扣缴义务人每月或者每次预扣、代扣的税款，应当在次月15日前缴入国库，并向税务机关报送扣缴个人所得税申报表。

微课：居民个人综合所得个人所得税纳税申报

第四部分　其他税类

我国目前共开征18种税，分布在流转税、所得税、财产税、资源税和行为税等税收类别中。

在这些税种中，有的可以充当主体税种，有的只能充当辅助税种。主体税种是普遍征收的税种，其收入占税收总额的比重大，在税收体系中发挥着主导作用，决定着税收体系的性质和主要功能。辅助税种是主体税种的补充。我国目前的主体税种是流转税和所得税。据统计，在我国2018年的一般公共收入中，增值税收入占39%，企业所得税收入占23%，个人所得税收入占9%。

可见，从税收收入的角度看，资源税、财产税和行为税并不占很大的比重，但它们是国家税收体系中不可或缺的一部分，是国家的辅助税收，在经济调控、组织财政收入等方面意义重大。

项目七　财产税类

学习目标

1. 了解财产税类包括的税收种类。
2. 掌握房产税的税收要素，以及应纳税额的计算与核算。
3. 掌握契税的税收要素，以及应纳税额的计算与核算。
4. 掌握车船税的税收要素，以及应纳税额的计算与核算。

思维导图

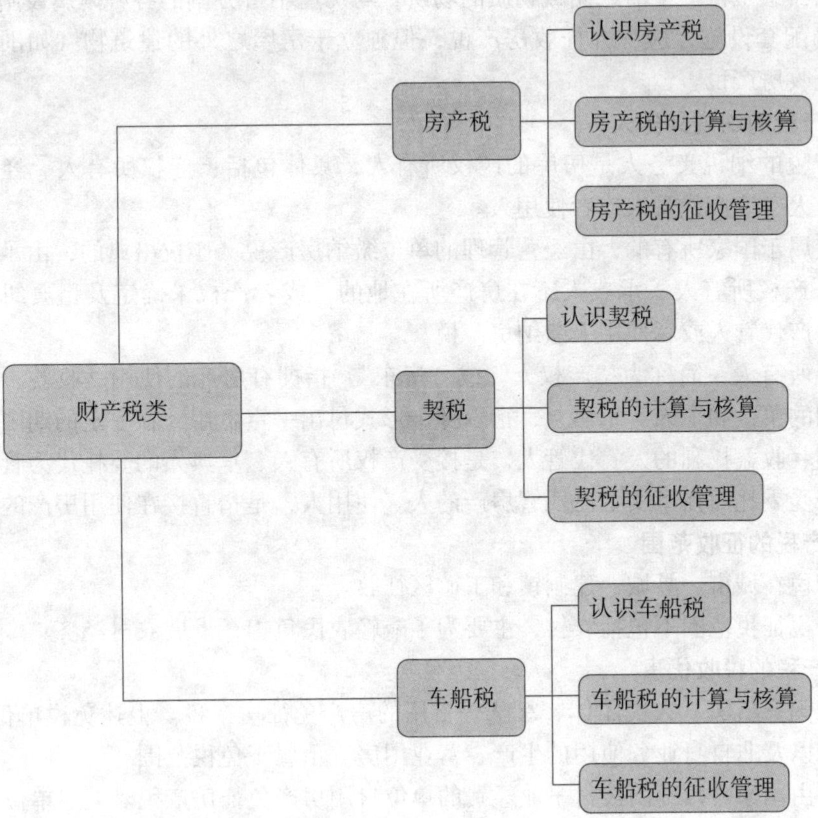

引导案例

房产税纳税筹划案例

2016年，某企业新建的房产在结转固定资产时，做了如下筹划：在财务核算中，未将电梯、中央空调、消防设施、暖气设备等一并计入固定资产原值，在房产税纳税申报时也未将这些设备计入房产原值中作为计税依据。

请问：该公司的这种做法是否正确？

引导案例指引

任务一 房产税

一、认识房产税

房产税是以房产为征收对象，依据房产价格或房产租金收入向房产所有人或经营人征收的一种税。房产税的征收，有利于加强对房产的管理，提高房产使用效益，有利于调节房产所有人和经营人的收入。此外，房产税是地方财政收入的重要来源之一。

（一）房产税的征收对象

房产税的征收对象是房产。所谓房产，是指有屋面和围护结构，能够遮风避雨，可供人们在其中工作、生活或储藏物质的场所。与房屋不可分割的各种附属设施或不可单独计价的配套设施，应一并征收房产税，但独立于房屋之外的建筑物（如围墙、水塔等）不征收房产税。

（二）房产税的纳税义务人

房产税的纳税义务人是房屋的产权所有人，具体包括：产权所有人、经营管理单位、承典人、房产代管人或者使用人。

产权属于国家所有的，由经营管理的单位缴纳房产税。产权出典的，由承典人缴纳房产税。产权所有人、承典人不在房产所在地的，或者产权未确定及租典纠纷未解决的，由房产代管人或者使用人缴纳房产税。

产权所有人，简称为“产权人”或“房东”，指拥有房产的使用、收益、出售、赠送等权利的单位和个人。承典人，指以押金形式付出一定费用，在一定的期限内享有房产的使用、收益权利的人。代管人，是接受产权所有人、承典人的委托代为管理房产或者虽然未受委托而在事实上已代管房产的人。使用人，是指直接在使用房产的人。

（三）房产税的征收范围

房产税在城市、县城、建制镇和工矿区征收。

房产税征税范围不包括农村，主要为了减轻农民负担，发展农村经济。

（四）房产税的税收优惠

（1）国家机关、人民团体、军队等自用的房产免征房产税。上述免税单位的出租、出借房产以及非自身业务使用的生产、营业用房，不属于免税范围。

（2）由国家财政部门拨付事业经费的单位自用房产免征房产税。上述单位出租出借房屋、生产营业用房，以及附属工厂、商店、招待所用房，应缴纳房产税。

（3）宗教寺庙、公园、名胜古迹的自用房产免征房产税，但其附属的营业单位（如影剧院、饮食部、照相馆等）使用的房产及出租的房产，应缴纳房产税。

（4）个人所有非营业用的房产免征房产税。个人拥有的出租或营业用的房产应缴纳房产税。

（5）经财政部批准免税的其他房产。

知识链接

房地产税开征的步伐

原财政部部长肖捷在《党的十九大报告辅导读本》中谈及房地产税，明确提及了未来征收房地产税的相关问题，其主要内容大概分为以下两点：第一，按照“立法先行、充分授权、分步推进”的原则，来推进房地产税的立法和实施；第二，将对工商业房地产和个人住房按照评估值征收房地产税，适当降低建设、交易环节税费负担，逐步建立完善的现代房地产税制度。

需要注意的是，房地产税和房产税并不一样。房地产税是一个综合性的概念，一切与房地产经济运动过程有直接关系的税都属于房地产税，而房产税则是以房屋为征收对象，按房屋的计税余值或租金收入为计税依据，向产权所有人征收的一种财产税。

房地产税的征税对象共有6种，分别是房产税、城市房地产税、土地增值税、城镇土地使用税、耕地占用税和契税。从范围上来说，房地产税是包含了房产税的。

我们国家关于房产税和房地产税的讨论持续了许久，尤其是2011年之后，每逢房价暴涨，关于房地产的各项税务都会被提出来讨论一番。

房地产税专家王长勇表示，预计房地产税法草案将会在2019年12月份初审，2020年表决通过，2021年房地产税将在北京、上海、广州、深圳、重庆、杭州、南京等部分城市开始征收。

二、房产税的计算与核算

（一）房产税的计税依据及税率

房产税的计税依据是房产的计税价值或租金收入。按照房产计税价值征税的，称为从价计征；按照房产的租金收入计证的，称为从租计征。

1.从价计征

所谓从价计征，是指房产税依据房产原值一次扣除10%～30%后的余值计算缴纳。房产原值，指纳税人按照会计制度规定，在会计账簿等“固定资产”科目中记载的房屋原价。房产原值应包括与房屋不可分割的各种附属设备；纳税人对原有房屋的改建、扩建后，要相应增加房屋的原值。

实行从价计征房产税，还应注意以下几个问题：

（1）以房产投资联营，只收取固定收入，不承担经营风险，实际上只以联营名义取得房产租金的，应由出租方按租金收入计缴房产税。

（2）融资租赁房屋，实质是一种变相的分期付款购买固定资产的方式，以房产余值为计税依据计征房产税，租赁期内房产税的纳税人，由当地税务机关根据实际情况确定。

（3）新建房屋交付使用时，如中央空调设备已计入房产原值之中，则房产原值应包括中央空调设备。如中央空调设备作为固定资产单独入账，则房产原值不包括中央空调设备；旧房安装空调设备，一般作为固定资产单独入账，不应计入房产原值。

从价计征房产税的适用税率为1.2%。

2. 从租计征

从租计征是指房产税依据房产的租金收入计算缴纳。所谓房产的租金收入，是房屋产权所有人出租房产使用权所得的报酬，包括货币收入和实物收入。

从租计征房产税的税率为12%，对个人按市场价格出租的居民住房，暂按4%的税率征收房产税。

（二）应纳税额的计算与核算

房产税的计税依据有两种，与之相适应的应纳税额的计算也有两种：一种是从价计征，另一种是从租计征。

1. 从价计征的计算

从价计征是按房产原值一次扣除10%～30%后的余值计征，其计算方式为：

年应纳房产税税额=应税房产原值×（1-扣除比例）×1.2%

【例7-1】某企业拥有房产的原值为5 200万元，按照当地政府规定允许按原值一次扣除20%后的余值计税，适用税率为1.2%。房产税按年计算，分季缴纳，则该公司当年应纳房产税计算如下：

当年应纳房产税税额=5 200×（1-20%）×1.2%

=49.92（万元）

2. 从租计征的计算

从租计征是按房产的租金收入计征，其计算方式为：

年应纳房产税税额=年租金收入×12%（或4%）

【例7-2】某企业是增值税一般纳税人，本年度出租房屋一间，含税租金收入80 000元。

分析：

出租不动产适用9%的增值税税率，含税租金需要换算为不含税租金。

不含税租金= $\dfrac{80\,000}{1+9\%}$ =73 394.50（元）

当年应纳房产税税额=73 394.5×12%=8 807.34（元）

企业缴纳的房产税应该在“税金及附加”科目中列支，企业计算应交房产税时，借记“税金及附加”科目，贷记“应交税费——应交房产税”科目；预期缴纳房产税时，借记“应交税费——应交房产税”科目，贷记“银行存款”科目。

三、房产税的征收管理

（一）纳税义务发生时间

（1）纳税人将原有房产用于生产经营，从生产经营之月起征收房产税。

（2）纳税人自建房屋用于生产经营，从建成之日的次月起征收房产税。

（3）纳税人委托施工企业建设的房屋，从办理验收手续之次月起征收房产税。

对于验收前已经出租、出借或已使用的新建房屋，应当在出租、出借或已使用当月起征收房产税。

（4）纳税人购置新建商品房，自房屋交付使用之次月起征收房产税。

（5）纳税人购置存量房，自办理房屋权属转移、变更登记手续，登记机关签发房屋权属证书之次月起征收房产税。

（6）纳税人出租、出借房产，自交付出租、出借房产之次月起征收房产税。

（7）房地产开发企业自用、出租、出借本企业建造的商品房，自房屋使用或交付之次月起征收房产税。

（二）纳税期限

房产税实行按年计算，分期（半年或季度）缴纳的征收办法。具体纳税期限由省、自治区、直辖市人民政府确定。

（三）纳税地点

房产税应向房产所在地的税务机关缴纳。房产不在同一地方的纳税人，应按房产的坐落地点分别向房产所在地的税务机关纳税。

任务二　契税

一、认识契税

契税是指不动产产权发生转移变动时，向产权承受人征收的一次性税收。

契税除与其他税收有相同的性质和作用外，还具有其自身的特征：

（1）征收契税的宗旨是为了保障不动产所有人的合法权益。通过征税，契税征收机关便以政府名义发给契证，作为合法的产权凭证，政府即承担保证产权的责任。因此，契税又带有规费性质。

（2）纳税人是产权承受人。当发生房屋买卖、典当、赠与或交换行为时，按转移变动的价值，对产权承受人课征一次性契税。

（3）契税采用比例税率。在房屋产权发生转移变动行为时，对纳税人依一定比例的税率课征契税。

（一）契税的纳税人

在中华人民共和国境内转移土地、房屋权属过程中，承受土地使用权或房屋所有权的单位和个人为契税的纳税人。

“承受”，是指以受让、购买、受赠、交换等方式取得土地、房屋权属的行为。

（二）契税的征税对象

契税的征税对象为发生土地使用权和房屋所有权权属转移的土地和房屋。具体征税范围包括：

1. 国有土地使用权出让

国有土地使用权出让是指土地使用权在土地一级市场发生转移的行为。

2. 土地使用权转让

土地使用权转让是指土地使用权在土地二级市场上通过出售、赠予和交换等形式进行转移。

3.房屋买卖

以下几种情况，视同买卖房屋：

（1）以房产抵债或实物交换房屋；

（2）以房产作投资或作股权转让；

（3）买房拆料或翻建新房。

4.房屋赠与

5.房屋交换

房屋交换是指房屋住户、用户、所有人为了生活工作方便，相互之间交换房屋的使用权或所有权的行为。交换房屋价值相等的免交契税，其价值不等的，按超出部分由支付差价方缴纳契税。

【提示】土地使用权的转让不包括农村集体土地承包经营权的转移。

6.特殊情况，视同转移

（1）以土地、房屋权属作价投资、入股；

（2）以土地、房屋权属抵债；

（3）以获奖方式承受土地、房屋权属；

（4）以预购方式承受土地、房屋权属；

（5）土地使用权受让人通过完成土地使用权转让方约定的投资额度或投资特定项目，以此获取低价转让或无偿赠与的土地使用权的；

（6）公司增资扩股中，对以土地、房屋权属作价入股或作为出资投入企业的，征收契税。

（三）契税的税率

契税实行3%～5%的幅度比例税率。具体执行税率，由各省、自治区、直辖市人民政府在规定的幅度内，根据本地区实际情况确定。

（四）契税的税收优惠

1.免税规定

（1）国家机关、事业单位、社会团体、军事单位承受土地、房屋用于办公、教学、医疗、科研和军事设施的，免征契税。

（2）纳税人承受荒山、荒沟、荒丘、荒滩土地使用权，用于农、林、牧、渔业生产的，免征契税。

（3）城镇职工按规定第一次购买公有住房，免征契税。此项优惠仅限于第一次，并且是经县以上人民政府批准，在国家规定标准面积以内购买的公有住房。

（4）依照我国有关法律法规以及我国缔结或参加的双边和多边条约或协定的规定应当予以免税的外国驻华使馆、领事馆、联合国驻华机构及其外交代表、领事官员和其他外交人员承受土地、房屋权属的，经外交部确认，可以免征契税。

（5）公租房经营单位购买住房作为公租房的，免征契税。

（6）企业破产清算期间，债权人承受破产企业土地、房屋权属的，免征契税。

（7）法定继承人（包括配偶、子女、父母、兄弟姐妹、祖父母、外祖父母）继承土地、房屋权属，免征契税。

2.酌情减免税

（1）因不可抗力灭失住房而重新购买住房的，酌情减免。

（2）土地、房屋被县级以上人民政府征用、占用后，重新承受土地、房屋权属的，由省级人民政府确定是否减免。

以上经批准减免税的纳税人改变有关土地、房屋的用途，不在减免税之列，应当补缴已经减免的税款。

符合减免规定的纳税人，要在签订转移产权合同后10日内向土地、房屋所在地的征收机关办理减免税手续。

（3）自2008年11月1日起，对个人首次购买90平方米及以下普通住房的，契税税率暂统一下调到1%；面积为90平方米以上的，减按1.5%的税率征收契税。首次购房证明由住房所在地县（区）住房建设主管部门出具。

（4）个人购买经济适用房，在法定税率基础上减半征收契税。

二、契税的计算与核算

（一）契税的计税依据

契税的计税依据是土地、房屋交易的价格。具体情况规定如下：

（1）土地使用权出售、房屋买卖的计税依据为成交价格。

（2）土地使用权赠与、房屋赠与的计税依据由征收机关参照土地使用权出售、房屋买卖的市场价格核定。

（3）土地使用权交换、房屋交换，其计税依据是所交换土地使用权、房屋的价格差额。对于成交价格明显低于市场价格并且无正当理由的，或者所交换土地使用权、房屋的价格差额明显不合理并且无正当理由的，由征收机关参照市场价格核定。

（4）国家出让土地使用权的，其契税计税价格为承受人为取得该土地使用权而支付的全部经济利益。

没有成交价格或者成交价格明显偏低的，征收机关可依次按下列两种方法确定计税依据：

①评估价格。由政府批准设立的房地产评估机构根据相同地段、同类房地产进行综合评定，并经当地税务机关确认的价格。

②土地基准价格。由县以上人民政府公示的土地基准价格。

（二）应纳税额的计算

$$应纳契税税额=计税依据\times税率$$

【例7-3】居民甲有两套住宅，将其中一套出售给居民乙，成交价格为200 000元；将另一套与居民丙换成两套一室住宅，并支付交换差价40 000元。假设当地政府规定的契税税率为4%。试分析甲、乙、丙相关行为应缴纳的契税。

分析：

甲出售住宅给乙的过程中，乙是不动产的承受人，乙应缴纳契税；甲与丙交换住宅过程中，如果是等值交换，双方均不缴纳契税，否则由支付差价一方按照差价金额计算缴纳契税，故此过程中甲应缴纳契税。

甲应缴纳契税=40 000×4%=1 600（元）

乙应缴纳契税=200 000×4%=8 000（元）

丙不需要缴纳契税。

（三）契税的核算

纳税人取得土地使用权、房屋所有权按规定缴纳的契税，一般不通过“应交税费”账户核算，而是直接贷记“银行存款”等账户，借记“固定资产”“无形资产”“管理费用”等账户。

【例7-4】某企业从当地政府手中购买一块土地的使用权，支付土地出让金200万元，当地政府规定契税税率为4%。

分析：

本例属于国家出让土地使用权，受让人应按照支付的土地出让金金额计算缴纳契税。

企业应纳契税=2 000 000×4%=80 000（元）

借：无形资产　　80 000

　　贷：银行存款　　80 000

若该土地使用权为国家无偿划拨，则一般不将该土地使用权作为无形资产入账，企业缴纳的契税，可作为当期费用入账。

如果是房地产开发企业取得土地使用权（用于房屋开发的），支付的土地出让金和相关税费均应记入“开发成本”账户。

【例7-5】2019年5月，某企业购入办公大楼一幢，支付价款500万元，对方开具增值税专用发票，注明增值税税率为9%。当地政府规定的契税税率为3%。

分析：

企业购买不动产的所有权，按规定缴纳的契税应记入“固定资产”账户。

应缴纳契税=5 000 000×3%=150 000（元）

会计处理如下：

（1）购入办公大楼

借：固定资产　　5 000 000

　　应交税费——应交增值税（进项税额）　　450 000

　　贷：银行存款　　5 450 000

（2）支付契税

借：固定资产　　150 000

　　贷：银行存款　　150 000

三、契税的征收管理

（一）契税的纳税义务发生时间

契税的纳税义务发生时间是纳税人签订土地、房屋权属转移合同的当天，或者纳税人取得其他具有土地、房屋权属转移合同性质凭证的当天。

纳税人因改变土地、房屋用途应当补缴已经减征、免征契税的，其纳税义务发生时间为改变有关土地、房屋用途的当天。

（二）契税的纳税地点和纳税期限

契税纳税人应当自纳税义务发生之日起10日内，向土地、房屋所在地的契税征收机关办理纳税申报，并在契税征收机关核定的期限内缴纳税款。

任务三　车船税

一、认识车船税

（一）车船税的纳税义务人

2011年2月25日，第十一届全国人民代表大会常务委员会第十九次会议通过《中华人民共和国车船税法》（以下简称《车船税法》），自2012年1月1日开始施行。在中华人民共和国境内属于《车船税法》所附《车船税税目税额表》规定的车辆、船舶（以下简称车船）的所有人或者管理人，为车船税的纳税人，应当依照《车船税法》缴纳车船税。

（二）车船税的征收范围

车船税的征收范围包括行驶于中国境内公共道路的车辆和航行于中国境内河流、湖泊或领海的船舶两大类。

车船，是指依法应当在车船管理部门登记的机动车辆和船舶，以及依法不需要在车船管理部门登记、在单位内部场所行驶或者作业的机动车辆和船舶。

（三）车船税的税率

车船税实行定额税率。车辆的具体适用税额由省、自治区、直辖市人民政府依照《车船税法》所附《车船税税目税额表》规定的税额幅度和国务院的规定确定。船舶的具体适用税额由国务院在《车船税法》所附《车船税税目税额表》规定的税额幅度内确定。车船税税目税额表见表7–1。

省、自治区、直辖市人民政府根据《车船税法》所附《车船税税目税额表》确定车辆具体适用税额时，应当遵循以下原则：

（1）综合考虑本地区车辆保有情况和税负状况；

（2）乘用车应当依排气量从小到大递增税额；

（3）客车应当依照大型（核定载客人数大于或者等于20人）、中型（核定载客人数大于9人且小于20人）分别确定适用税额；

（4）根据本地区情况变化适时调整。

省、自治区、直辖市人民政府确定的车辆具体适用税额，应当报国务院备案。其中：

机动船舶，具体适用税额为：净吨位小于或者等于200吨的，每吨3元；净吨位201～2 000吨的，每吨4元；净吨位2 001～10 000吨的，每吨5元；净吨位10 001吨及其以上的，每吨6元。

表7-1 车船税税目税额表

税目		计税单位	年基准税额	备注
乘用车（按发动机汽缸容量（排气量）分档）	1.0升（含）以下的	每辆	60元至360元	核定载客人数9人（含）以下
	1.0升以上至1.6升（含）的		300元至540元	
	1.6升以上至2.0升（含）的		360元至660元	
	2.0升以上至2.5升（含）的		660元至1 200元	
	2.5升以上至3.0升（含）的		1 200元至2 400元	
	3.0升以上至4.0升（含）的		2 400元至3 600元	
	4.0升以上的		3 600元至5 400元	
商用车	客车	每辆	480元至1 440元	核定载客人数9人以上，包括电车
	货车	整备质量每吨	16元至120元	包括半挂牵引车、三轮汽车和低速载货汽车等
挂车		整备质量每吨	按照货车税额的50%计算	
其他车辆	专用作业车	整备质量每吨	16元至120元	不包括拖拉机
	轮式专用机械车		16元至120元	
摩托车		每辆	36元至180元	
船舶	机动船舶	净吨位每吨	3元至6元	拖船、非机动驳船分别按照机动船舶税额的50%计算
	游艇	艇身长度每米	600元至2 000元	

拖船按照发动机功率每1千瓦折合净吨位0.67吨计算征收车船税。

游艇，具体适用税额为：艇身长度不超过10米的游艇，每米600元；艇身长度超过10米但不超过18米的游艇，每米900元；艇身长度超过18米但不超过30米的游艇，每米1 300元；艇身长度超过30米的游艇，每米2 000元；辅助动力帆艇，每米600元。游艇艇身长度是指游艇的总长。

车船税法及其实施条例涉及的整备质量、净吨位、艇身长度等计税单位，有尾数的一律按照含尾数的计税单位据实计算车船税应纳税额，计算得出的应纳税额小数点后超过两位的可四舍五入保留两位小数。

车船税法和其实施条例所涉及的排气量、整备质量、核定载客人数、净吨位、功率、艇身长度，以车船登记管理部门核发的车船登记证书或者行驶证所载数据为准。

依法不需要办理登记、依法应当登记而未办理登记或者不能提供车船登记证书、行驶证的，以车船出厂合格证明或者进口凭证相应项目标注的技术参数、所载数据为准；不能提供车船出厂合格证明或者进口凭证的，由主管税务机关参照国家相关标准核定，没有国家相关标准的参照同类车船核定。

（四）税收优惠

车船税的税收优惠政策包括法定减免和特定减免两种。法定减免的对象包括：捕捞、养殖渔船；军队、武装警察部队专用的车船；警用车船；依照法律规定应当予以免税的外国驻华使领馆、国际组织驻华代表机构及其有关人员的车船。

对节约能源、使用新能源的车船可以减征或者免征车船税；对受地震、洪涝等严重自然灾害影响纳税困难以及其他特殊原因确需减免税的车船，可以在一定期限内减征或者免征车船税。具体减免期限和数额由省、自治区、直辖市人民政府确定，报国务院备案。

省、自治区、直辖市人民政府根据当地实际情况，可以对公共交通车船，农村居民拥有并主要在农村地区使用的摩托车、三轮汽车和低速载货汽车定期减征或者免征车船税。

二、车船税的计算与核算

（一）车船税的计算

在车船税的计算中，载客汽车和摩托车以“辆”为计税依据，载货汽车、三轮汽车和低速货车以“自重每吨”为计税依据，船舶以“净吨位每吨”为计税依据。

【例7-6】某企业拥有载货汽车10辆（每辆整车质量均为5吨）；大型客车4辆，中型客车2辆，小型客车8辆；摩托车5辆；净吨位为100吨的机动船一艘。当地政府规定，载货汽车每吨年应纳税额为80元，大型客车每辆年应纳税额1 000元，中型客车每辆年应纳税额800元，小型客车每辆年应纳税额600元，摩托车每辆年应纳税额60元，船舶净吨位每吨年应纳税额4元。计算该企业应缴纳的车船税。

分析：

载货汽车应纳车船税=80×5×10=4 000（元）

大型客车应纳车船税=1 000×4=4 000（元）

中型客车应纳车船税=800×2=1 600（元）

小型客车应纳车船税=600×8=4 800（元）

摩托车应纳车船税=60×5=300（元）

机动船应纳车船税=4×100=400（元）

该企业全年应纳车船税=4 000+4 000+1 600+4 800+300+400=15 100（元）

购置的新车船，购置当年的应纳税额自纳税义务发生的当月起按月计算。计算公式为：

应纳税额=（年应纳税额÷12）×应纳税月份数

（二）车船税的核算

企业缴纳的车船税应该在“税金及附加”中列支。

【例 7-7】沿用【例 7-6】的资料，做相应会计处理：

（1）企业计算应缴纳车船税时

借：税金及附加　　15 100

　　贷：应交税费——应交车船税　　15 100

（2）缴纳车船税时

借：应交税费——应交车船税　　15 100

　　贷：银行存款　　15 100

三、车船税的征收管理

（一）纳税义务的发生时间

车船税的纳税义务发生时间为取得车船所有权或者管理权的当月。

在一个纳税年度内，已完税的车船被盗抢、报废、灭失的，纳税人可以凭有关管理机关出具的证明和完税证明，向纳税所在地的主管税务机关申请退还自被盗抢、报废、灭失月份起至该纳税年度终了期间的税款。

已办理退税的被盗抢车船，失而复得的，纳税人应当从公安机关出具相关证明的当月起计算缴纳车船税。

（二）纳税期限

车船税按年申报，分月计算，一次性缴纳。纳税年度为公历1月1日至12月31日。具体的申报纳税期限由省、自治区、直辖市人民政府确定。

（三）纳税地点

扣缴义务人代收代缴车船税的，纳税地点为扣缴义务人所在地。

纳税人自行申报缴纳车船税的，纳税地点为车船登记地的主管税务机关所在地。

依法不需要办理登记的车船，纳税地点为车船所有人或者管理人主管税务机关所在地。

纳税人按照纳税地点所在的省、自治区、直辖市人民政府确定的具体适用税额缴纳车船税。

微课：关于车船税

项目八　资源税类

学习目标

1. 了解资源税类包括的税收种类。
2. 掌握资源税的税收要素，以及应纳税额的计算与核算。
3. 掌握土地增值税的税收要素，以及应纳税额的计算与核算。
4. 掌握城镇土地使用税的税收要素，以及应纳税额的计算与核算。
5. 掌握耕地占用税的税收要素，以及应纳税额的计算与核算。

思维导图

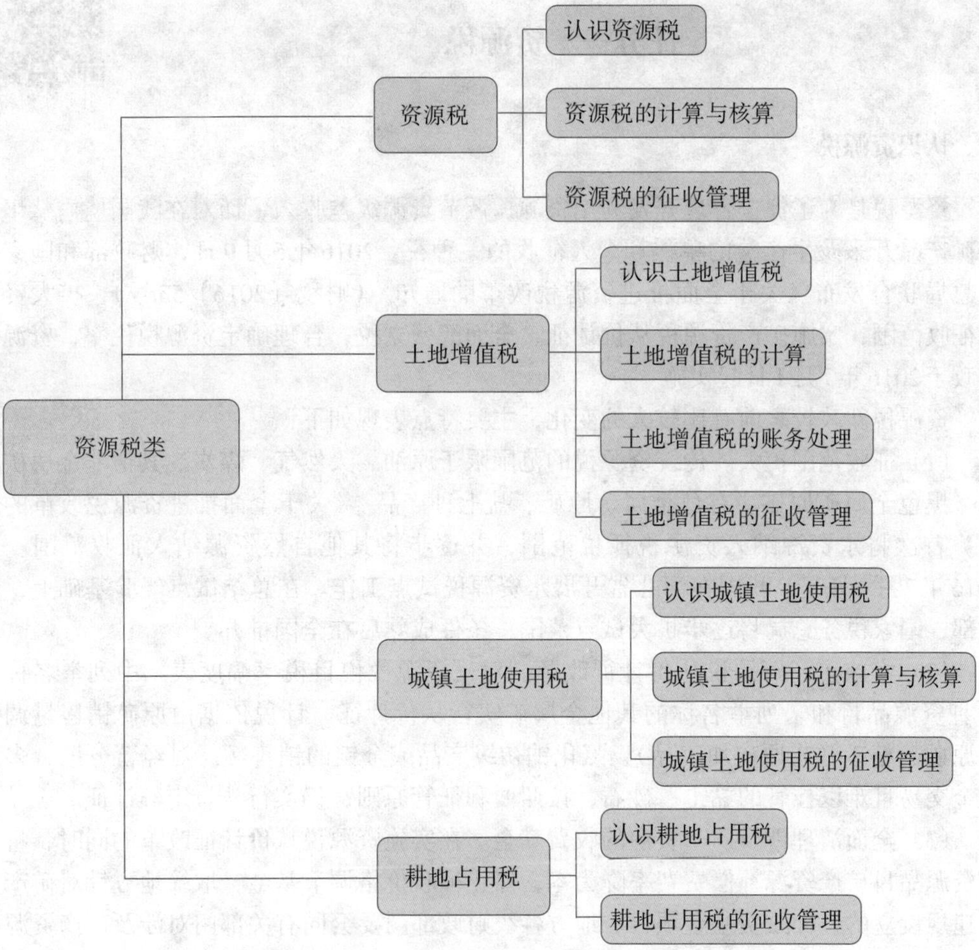

□ 引导案例

企业转让存量房土地增值税计算

某市A公司（非房地产开发企业）于2019年1月转让一栋2003年自建的办公楼，取得含税收入9 500万元，转让环节的有关税金已按规定缴纳。该办公楼总造价为1 000万元，其中包含为取得土地使用权支付的地价款400万元、契税16万元以及按国家统一规定缴纳的其他有关费用2万元。

经房地产评估机构评定，该办公楼重新购建价格为7 000万元，成新度折扣率为六成，支付房地产评估费用20万元，该公司的评估价格已经税务机关认定。该公司为增值税一般纳税人，对于转让"营改增"之前自建的办公楼选择"简易征收"方式。

该公司适用的城市维护建设税税率为7%，教育费附加征收比率为3%，地方教育附加征收比率为2%。

要求：请你帮企业测算一下，转让该房地产需要缴纳的土地增值税。

引导案例指引

任务一　资源税

一、认识资源税

资源税是为了促进合理开发利用资源，调节资源级差收入，而对在我国境内从事应税矿产品开采及生产盐的单位和个人征收的一种税。2016年5月9日，财政部和国家税务总局联合发布《关于全面推进资源税改革的通知》（财税〔2016〕53号），扩大资源税征收范围，实施矿产资源税从价计征，全面清费立税，合理确定资源税税率，资源税新政于2016年7月1日起实施。

资源税新政较之前有比较大的变化，主要特点表现如下：

（1）征收范围扩大。传统资源税的范围限于原油、天然气、煤炭、其他非金属矿原矿、黑色金属矿原矿、有色金属矿原矿、盐七种产品。《关于全面推进资源税改革的通知》首次将水资源纳入资源税征税范围，并逐步将其他自然资源纳入征收范围。自2016年7月1日起，我国在河北省开展水资源税试点工作。在总结试点经验基础上，财政部、国家税务总局将逐步扩大试点范围，条件成熟后在全国推开。

（2）实施矿产资源税从价计征改革。对《资源税税目税率幅度表》中列举名称的21种资源品目和未列举名称的其他金属矿实行从价计征，计税依据由原矿销售量调整为原矿、精矿（或原矿加工品）、氯化钠初级产品或金锭的销售额。对经营分散、多为现金交易且难以控管的黏土、砂石，按照便利征管原则，仍实行从量定额计征。

（3）全面清理涉及矿产资源的收费基金。在实施资源税从价计征改革的同时，将全部资源品目矿产资源补偿费费率降为零，停止征收价格调节基金，取缔地方针对矿产资源违规设立的各种收费基金项目。地方各级财政部门要会同有关部门对涉及矿产资源的收费基金进行全面清理。凡不符合国家规定、地方越权出台的收费基金项目要一律取消。对确需保留的依法合规收费基金项目，要严格按规定的征收范围和标准执行，切实规范征收行为。

（4）合理确定资源税税率水平。各省级人民政府结合当前矿产企业实际生产经营情况，遵循改革前后税费平移原则，充分考虑企业负担能力，在规定的税率幅度内提出具体的资源税适用税率建议，报财政部、国家税务总局确定核准或备案。

（一）资源税的纳税人

资源税的纳税义务人是指在中华人民共和国领域及管辖海域开采应税资源的矿产品或者生产盐单位和个人。

（二）资源税的税目和税率

纳税人具体适用的税率，在《资源税税目税率幅度表》规定的税率幅度内，由省级人民政府根据实际情况确定，报财政部和国家税务总局核准或备案。

资源税税目税率幅度表见表8-1。

（三）税收优惠

纳税人开采或者生产不同税目应税产品的，应当分别核算不同税目应税产品的销售额或者销售数量；未分别核算或者不能准确提供不同税目应税产品的销售额或者销售数量的，从高适用税率。

纳税人开采或者生产应税产品，自用于连续生产应税产品的，不缴纳资源税；自用于其他方面的，视同销售，按规定缴纳资源税。

有下列情形之一的，减征或者免征资源税：

（1）对依法在建筑物下、铁路下、水体下通过充填开采方式采出的矿产资源，资源税减征50%。

充填开采是指随着回采工作面的推进，向采空区或离层带等空间充填废石、尾矿、废渣、建筑废料以及专用充填合格材料等采出矿产品的开采方法。

（2）对实际开采年限在15年以上的衰竭期矿山开采的矿产资源，资源税减征30%。

衰竭期矿山是指剩余可采储量下降到原设计可采储量的20%（含）以下或剩余服务年限不超过5年的矿山，以开采企业下属的单个矿山为单位确定。

（3）对鼓励利用的低品位矿、废石、尾矿、废渣、废水、废气等提取的矿产品，由省级人民政府根据实际情况确定是否给予减税或免税。

（4）纳税人开采销售共伴生矿，共伴生矿与主矿产品销售额分开核算的，对共伴生矿暂不计征资源税；没有分开核算的，共伴生矿按主矿产品的税目和适用税率计征资源税。财政部、国家税务总局另有规定的，从其规定。

（5）纳税人用已纳资源税的应税产品进一步加工应税产品销售的，不再缴纳资源税。纳税人以自采未税产品和外购已税产品混合销售或者混合加工为应税产品销售的，应当准确核算已税产品的购进金额，在计算加工后的应税产品销售额时，准予扣减已单独核算的已税产品的购进金额；未分别核算的，一并计算缴纳资源税。

（6）对在2016年7月1日前已按原矿销量缴纳过资源税的尾矿、废渣、废水、废石、废气等实行再利用，从中提取的矿产品，不再缴纳资源税。

表8-1 资源税税目税率幅度表

序号	税目		征税对象	税率幅度
1	金属矿	铁矿	精矿	1%～6%
2		金矿	金锭	1%～4%
3		铜矿	精矿	2%～8%
4		铝土矿	原矿	3%～9%
5		铅锌矿	精矿	2%～6%
6		镍矿	精矿	2%～6%
7		锡矿	精矿	2%～6%
8		未列举名称的其他金属矿产品	原矿或精矿	税率不超过20%
9	非金属矿	石墨	精矿	3%～10%
10		硅藻土	精矿	1%～6%
11		高岭土	原矿	1%～6%
12		萤石	精矿	1%～6%
13		石灰石	原矿	1%～6%
14		硫铁矿	精矿	1%～6%
15		磷矿	原矿	3%～8%
16		氯化钾	精矿	3%～8%
17		硫酸钾	精矿	6%～12%
18		井矿盐	氯化钠初级产品	1%～6%
19		湖盐	氯化钠初级产品	1%～6%
20		提取地下卤水晒制的盐	氯化钠初级产品	3%～15%
21		煤层（成）气	原矿	1%～2%
22		黏土、砂石	原矿	每吨或立方米0.1元～5元
23		未列举名称的其他非金属矿产品	原矿或精矿	从量税率每吨或立方米不超过30元；从价税率不超过20%
24	海盐		氯化钠初级产品	1%～5%
25	原油			6%～10%
26	天然气			6%～10%
27	煤炭			2%～10%

备注：

1.铝土矿包括耐火级矾土、研磨级矾土等高铝黏土。

2.氯化钠初级产品是指井矿盐、湖盐原盐、提取地下卤水晒制的盐和海盐原盐，包括固体和液体形态的初级产品。

3.海盐是指海水晒制的盐，不包括提取地下卤水晒制的盐。

4.轻稀土按地区执行不同的适用税率，其中，内蒙古为11.5%、四川为9.5%、山东为7.5%。

中重稀土资源税适用税率为27%。

钨资源税适用税率为6.5%。

钼资源税适用税率为11%。

二、资源税的计算与核算

（一）资源税应纳税额的计算

1.从价定率

《关于全面推进资源税改革的通知》规定，对《资源税税目税率幅度表》中列举名称的21种资源品目和未列举名称的其他金属矿实行从价计征，计税依据由原矿销售量调整为原矿、精矿（或原矿加工品）、氯化钠初级产品或金锭的销售额。

（1）关于销售额的认定

销售额是指纳税人销售应税产品向购买方收取的全部价款和价外费用，不包括增值税销项税额和运杂费用。

运杂费用是指应税产品从坑口或洗选（加工）地到车站、码头或购买方指定地点的运输费用、建设基金以及随运销产生的装卸、仓储、港杂费用。运杂费用应与销售额分别核算，凡未取得相应凭据或不能与销售额分别核算的，应当一并计征资源税。

纳税人申报的应税产品销售价格明显偏低并且无正当理由的、有视同销售应税产品行为而无销售价格的，除财政部、国家税务总局另有规定外，按下列顺序确定销售额：

①按纳税人最近时期同类产品的平均销售价格确定；

②按其他纳税人最近时期同类产品的平均销售价格确定；

③按组成计税价格确定。组成计税价格计算公式为：

组成计税价格=成本×（1+成本利润率）÷（1-资源税税率）

（2）关于原矿销售额与精矿销售额的换算或折算

为公平原矿与精矿之间的税负，对同一种应税产品，征税对象为精矿的，纳税人销售原矿时，应将原矿销售额换算为精矿销售额缴纳资源税；征税对象为原矿的，纳税人销售自采原矿加工的精矿，应将精矿销售额折算为原矿销售额缴纳资源税。换算比或折算率原则上应通过原矿售价、精矿售价和选矿比计算，也可通过原矿销售额、加工环节平均成本和利润计算。

金矿以标准金锭为征税对象，纳税人销售金原矿、金精矿的，应比照上述规定将其销售额换算为金锭销售额缴纳资源税。

换算比或折算率应按简便可行、公平合理的原则，由省级财税部门确定，并报财政部、国家税务总局备案。

（3）关于稀土、钨、钼资源的销售额确定

纳税人将其开采的原矿加工为精矿销售的，按精矿销售额（不含增值税）和适用税率计算缴纳资源税。纳税人开采并销售原矿的，将不含增值税的原矿销售额换算为精矿销售额计算缴纳资源税。应纳税额的计算公式为：

应纳税额=精矿销售额×适用税率

精矿销售额=精矿销售量×单位价格

精矿销售额=原矿销售额+原矿加工为精矿的成本×（1+成本利润率）

或　　精矿销售额=原矿销售额×换算比

$$换算比=\frac{同类精矿单位价格}{原矿单位价格\times选矿比}$$

$$选矿比=\frac{加工精矿耗用的原矿数量}{精矿数量}$$

2. 从量定额

现行资源税对经营分散、多为现金交易且难以控管的黏土、砂石，按照便利征管原则，仍实行从量定额计征。其计算的基本公式如下：

应纳税额=销售数量×单位税额

销售数量，包括纳税人开采或者生产应税产品的实际销售数量和视同销售的自用数量。

纳税人不能准确提供应税产品销售数量的，以应税产品的产量或者主管税务机关确定的折算比换算成的数量为计征资源税的销售数量。

纳税人以自产的液体盐加工固体盐，按固体盐税额征税，以加工的固体盐数量为课税数量。纳税人以外购的液体盐加工固体盐，其加工固体盐所耗用液体盐的已纳税额准予抵扣。

（二）资源税的计算

【例 8-1】西北某油田2019年6月份共开采原油10万吨，其中已销售7.5万吨，不含税售价2 500元/吨；自用0.5万吨，尚待销售2万吨。当地规定原油适用10%的资源税税率。

分析：

该油田6月份应对已销售的7.5万吨和自用的0.5万吨原油的销售额缴纳资源税。

应纳资源税税额=2 500×（7.5+0.5）×10%=2 000（万元）

【例 8-2】某煤矿2019年6月共开采原煤100万吨，当月直接对外销售80万吨，不含税售价200元/吨；另将一批原煤用于生产洗选煤，当月加工完毕并销售洗选煤20万吨，不含税售价250元/吨。该煤矿的洗选煤折算比为80%，当地原煤和洗选煤的资源税税率均为5%。计算该企业2019年6月份应纳资源税额。

煤炭应纳资源税金额=原煤不含税售价×适用税率

或　　　　　　　　=洗选煤不含税售价×适用税率×折算率

原煤应纳资源税=200×800 000×5%=8 000 000（元）

洗选煤应纳资源税=250×200 000×80%×5%=2 000 000（元）

该煤矿6月份应纳资源税合计=8 000 000+2 000 000=10 000 000（元）

【例 8-3】某企业开采稀土原矿进行销售。2019年7月，企业共销售稀土原矿23万元。已知精矿原矿换算比为2，该稀土适用27%的资源税税率。计算该企业当月应纳资源税。

应纳税额=精矿销售额×适用税率

=原矿销售额×换算比×适用税率

=230 000×2×27%=124 200（元）

（三）资源税的核算

企业进行资源税会计核算时，应通过“应交税费——应交资源税”科目核算，该科目是负债类科目，贷方核算企业依法应缴纳的资源税，借方核算企业已缴纳或允许抵扣的资源税，期末余额在贷方，反映企业期末应缴未缴的资源税税额。

由于企业资源税应纳税额的计算存在不同情况，因此其账务处理也应视具体情况分别处理。

（1）销售应税资源税产品账务处理

企业计算销售应税产品应缴纳的资源税时，借记“税金及附加”科目，贷记“应交税费——应交资源税”科目；在上缴资源税时，借记“应交税费——应交资源税”科目，贷记“银行存款”科目。

（2）自产自用应税资源税产品的账务处理

企业计算自产自用应税产品应缴纳的资源税时，借记“生产成本”“制造费用”“管理费用”等科目，贷记“应交税费——应交资源税”科目；在上缴资源税时，借记“应交税费——应交资源税”科目，贷记“银行存款”科目。

（3）收购未税矿产品账务处理

对于有些企业税源小、零散、不定期开采，容易漏税等问题，《中华人民共和国资源税暂行条例》规定：收购未税矿产品的单位为资源税的扣缴义务人，这些单位包括独立矿山、联合企业及其他收购未税矿产品的单位。这些企业收购未税矿产品时，按实际支付的收购款借记“材料采购”等科目，贷记“银行存款”等科目；按照代扣代缴的资源税，借记“材料采购”等科目，贷记“应交税费——应交资源税”等科目；上缴资源税时，借记“应交税费——应交资源税”科目，贷记“银行存款”等科目。

【例8-4】税务机关核定某油田纳税期限为10天，按照上月实际缴纳税款99万元的标准预缴资源税。

企业按规定分三次预缴纳税款，每次应缴33万元（$99\times\frac{1}{3}$）。

（1）每次预缴时：

借：应交税费——应交资源税	330 000	
贷：银行存款		330 000

（2）假设该油田实际缴纳资源税情况如下：

①对外销售原油应纳税额90万元

借：税金及附加	900 000	
贷：应交税费——应交资源税		900 000

②自用原油应纳税款10万元

借：生产成本	100 000	
贷：应交税费——应交资源税		100 000

③月末补缴税款时

借：应交税费——应交资源税	10 000	
贷：银行存款		10 000

【例8-5】承【例8-2】，该企业账务处理如下：

借：税金及附加　　10 000 000

　贷：应交税费——应交资源税　　10 000 000

三、资源税的征收管理

（一）纳税义务发生时间

（1）纳税人销售应税产品，其纳税义务发生时间为：

①纳税人采取分期收款结算方式的，其纳税义务发生时间为销售合同规定的收款日期的当天。

②纳税人采取预收货款结算方式的，其纳税义务发生时间为发出应税产品的当天。

③纳税人采取其他方式结算的，其纳税义务发生时间为收讫销售款或者取得索取销售款凭据的当天。

（2）扣缴义务人代扣代缴税款的纳税义务发生时间为支付首笔货款或首次开具支付货款凭据的当天。

（3）纳税人自产自用应税产品的纳税义务发生时间为移送使用应税产品的当天。

（二）纳税期限

纳税期限是纳税人发生纳税义务后缴纳税款的期限。资源税的纳税期限为1日、3日、5日、10日、15日或者1个月，由主管税务机关根据实际情况具体核定。不能按固定期限计算纳税的，可以按次计算纳税。

纳税人以1个月为一期纳税的，自期满之日起10日内申报纳税，以1日、3日、5日、10日或者15日为一期纳税的，自期满之日起5日内预缴税款，于次月1日起10日内申报纳税并结清上月税款。

（三）纳税地点

（1）纳税人应当向应税产品的开采或者生产所在地主管税务机关缴纳资源税。

（2）扣缴义务人代扣代缴资源税，应当向收购地主管税务机关缴纳。

（3）纳税人在本省、自治区、直辖市范围内开采或者生产应税产品，其纳税地点需要调整的，由省、直辖市、自治区税务机关确立。

任务二　土地增值税

一、认识土地增值税

土地增值税是对有偿转让国有土地使用权及地上建筑物和其他附着物产权，取得增值收入的单位和个人征收的一种税。我国土地增值税开征的目的主要有以下几方面：

（1）进一步改革和完善税制，增强国家对房地产开发和交易市场的调控力度。

（2）抑制炒买炒卖土地获取暴利的行为。

（3）规范国家参与土地增值收益的分配方式，增加国家财政收入。

（一）纳税义务人

土地增值税的纳税义务人是转让国有土地使用权、地上的建筑及其附着物（以下简称“转让房地产”），并取得收入的单位和个人。不论法人还是自然人、经济性质、内资还是外资、行业与部门，只要有偿转让房地产，都是土地增值税的纳税义务人。

（二）征税范围

土地增值税的征税范围包括：

（1）转让国有土地使用权。“国有土地”是指按国家法律规定属于国家所有的土地。

（2）地上的建筑物及其附着物连同国有土地使用权一并转让。“地上的建筑物”是指建于地上的一切建筑物，包括地上地下的各种附属设施；“附着物”是指附着于土地上的不能移动或一经移动即遭损坏的物品。

在实际工作中，界定一个行为是否为土地增值税的应税行为的标准有以下三条：

一是转让的土地使用权是否为国家所有，是判断是否属于土地增值税征税范围的标准之一。

二是土地使用权、地上的建筑物及其附着物的产权是否发生转让是判断是否属于土地增值税征税范围的标准之二。

三是转让过程中是否取得收入是判断是否属于土地增值税征税范围的标准之三。

（三）税率

土地增值税实行四级超率累进税率：

（1）增值额未超过扣除项目金额50%的部分，税率为30%。

（2）增值额超过扣除项目金额50%、未超过扣除项目金额100%的部分，税率为40%。

（3）增值额超过扣除项目金额100%、未超过扣除项目金额200%的部分，税率为50%。

（4）增值额超过扣除项目金额200%的部分，税率为60%。

上述所列四级超率累进税率，每级“增值额未超过扣除项目金额“的比例，均包括本比例数。超率累进税率表见表8-2。

表8-2　土地增值税四级超率累进税率表

级数	增值额与扣除项目金额的比率	税率（%）	速算扣除系数（%）
1	不超过50%的部分	30	0
2	超过50%～100%的部分	40	5
3	超过100%～200%的部分	50	15
4	超过200%的部分	60	35

注：我国税制中规定有比例税率和定额税率两种税率，而比例税率又有固定比例税率和累进税率两种。我们经常听到的个人所得税中的工资薪金适用的是超额累进税率，土地增值税适用的是超率累进税率。

知识链接

超额累进税率和超率累进税率

超率累进税率，即以征税对象数额的相对率划分若干级距，分别规定相应的差别税率，相对率每超过一个级距的，对超过的部分就按高一级的税率计算征税。目前，采用这种税率的是土地增值税。

超率累进税率与超额累进税率的原理相同，只是税率累进的依据不是征税对象的数额而是征税对象的某种比率。

（四）税收优惠

（1）纳税人建造普通标准住宅（指按照所在地一般民用住宅标准建造的居住用住宅）出售，增值额未超过扣除项目金额20%的，免征土地增值税；增值额超过扣除项目金额20%的，应就其全部增值额按规定计税。

微课：土地增值税税收要素

高级公寓、别墅、度假村等不属于普通标准住宅。

普通标准住宅和其他住宅的具体划分界限由各省、自治区、直辖市人民政府规定。

（2）因城市实施规划、国家建设需要依法征用、收回的房地产，免征土地增值税。

（3）因城市实施规划、国家建设需要而搬迁，由纳税人自行转让原房地产的，免征土地增值税。

符合上述免税规定的单位和个人，须向房地产所在地税务机关提出申请，经税务机关审核后，免予征收土地增值税。

（4）个人销售住房暂免征收土地增值税。

（5）个人因工作调动或者改善居住条件而转让原自用住房，经向主管税务机关申报核准，在原住房居住满5年或5年以上的，免征土地增值税；居住满3年不满5年的，减半征收土地增值税；居住不满3年的，按规定计征土地增值税。

二、土地增值税的计算

土地增值税的计税依据为纳税人转让土地所取得的增值额，即纳税人转让土地取得的收入减除规定扣除项目金额后的余额。

（一）应税收入的确定

纳税人转让房地产所取得的全部价款及有关的经济利益，包括货币收入、实物收入以及其他收入在内的全部收入。

（二）扣除项目的确定

转让房地产所取得的收入，允许从中扣除的项目，概括起来有以下几项：

1.取得土地使用权所支付的金额

取得土地使用权所支付的金额包括以下两方面的内容：

（1）纳税人为取得土地使用权所支付的地价款。

（2）纳税人在取得土地使用权时按国家统一规定缴纳的有关费用。

2.房地产开发成本

房地产开发成本是指纳税人房地产开发项目实际发生的成本，主要包括以下内容：

（1）土地征用及拆迁补偿费，包括土地征用费、耕地占用税、劳动力安置费及有关地上、地下附着物拆迁补偿的净支出、安置动迁用房支出等。

（2）前期工程费，包括规划、设计、项目可行性研究和水文、地质、勘察、测绘、“三通一平”等支出。

（3）建筑安装工程费，指以出包方式支付给承包单位的建筑安装工程费，以自营方式发生的建筑安装工程费。

（4）基础设施费，包括开发小区内道路、供水、供电、供气、排污、排洪、通信、照明、环卫、绿化等工程发生的支出。

（5）公共配套设施费，包括不能有偿转让的开发小区内公共配套设施发生的支出。

（6）开发间接费用，指直接组织、管理开发项目发生的费用，包括工资、职工福利费、折旧费、修理费、办公费、水电费、劳动保护费、周转房摊销等。

3. 房地产开发费用

房地产开发费用是指与房地产开发项目有关的销售费用、管理费用和财务费用。

根据现行财务会计制度的规定，这三项费用作为期间费用，直接计入当期损益，不按成本对象进行摊销，所以，作为土地增值税扣除项目的房地产开发费用，不按纳税人房地产开发项目实际发生的费用进行扣除，而按税法规定的标准进行扣除。其中，财务费用中的利息支出，凡能够按转让房地产项目计算分摊并提供金融机构证明的，允许据实扣除，但最高不能超过按商业银行同类同期贷款利率计算的金额。其他房地产开发费用，按取得土地使用权所支付的金额和房地产成本计算的金额之和的5%以内计算扣除。凡不能按转让房地产项目计算分摊利息支出或不能提供金融机构证明的，房地产开发费用按取得土地使用权所支付的金额和房地产成本计算的金额之和的10%以内计算扣除。

4. 与转让房地产有关的税金

与转让房地产有关的税金是指在转让房地产时缴纳城市维护建设税、印花税及教育费附加。

5. 其他扣除项目

对从事房地产开发的纳税人，可按上述1、2项规定计算的金额之和，加计20%的扣除。

（三）应纳税额的计算

土地增值税按照纳税人转让房地产所取得的增值额和规定的税率计算征收。土地增值税的计算公式是：

$$应纳税额=\sum(每级距的土地增值额\times 适用税率)$$

在实际工作中，一般采取速算扣除法计算，公式如下：

$$应纳税额=增值额\times 适用税率-允许扣除项目金额\times 速算扣除系数$$

【例8-6】广厦房地产开发企业转让一块已开发的土地使用权，取得不含税转让收入1 400万元，对外开具的增值税专用发票标明适用9%的税率。为取得土地使用权支付320万元，开发土地成本65万元，开发土地费用21万元，应纳有关税费77万元。计算该企业应纳土地增值税额。

因21÷（320+65）×100%=5%，未超过10%，开发土地费用允许据实扣除。

允许扣除项目金额=（320+65）×（1+20%）+21+77=560（万元）

增值额=1 400−560=840（万元）

增值额占允许扣除项目的比率=840÷560×100%=150%

应纳土地增值税额=840×50%−560×15%=336（万元）

【例8-7】某企业2015年4月买进土地及地上建筑物，取得成本为420万元。2019年6月，该企业将土地使用权连同地上建筑物一并转让给A企业，取得含税的转让收入546万元。假设转让过程中企业按简易计税方法计算增值税，城市维护建设税税率为7%，教育费附加征收率为3%。转让时该建筑物已提折旧40万元。计算该企业应纳土地增值税额。

不含税售价=$\frac{546}{1+5\%}$=520（万元）

企业应交增值税额=$\frac{546}{1+5\%}$×5%=26（万元）

企业应交城市维护建设税额=26×7%=1.82（万元）

企业应交教育费附加=26×3%=0.78（万元）

允许扣除项目金额=420+1.82+0.78=422.6（万元）

增值额=520−422.6=97.4（万元）

增值额与允许扣除项目的比率=97.4÷422.6×100%=23.05%

应纳土地增值税额=97.4×30%=29.22（万元）

微课：土地增值税应纳税额计算

三、土地增值税的账务处理

（一）账户设置

为了核算企业应缴纳土地增值税的情况，企业应在“应交税费”账户下设置“应交土地增值税”明细账户进行核算。同时，企业负担的土地增值税额，根据具体情况，分别在“税金及附加”“固定资产清理”等账户中列支。

（二）土地增值税的账务处理

1.主营房地产业务企业应纳土地增值税的核算

【例8-8】沿用【例8-6】的资料，做相应的账务处理。

（1）取得转让收入时：

借：银行存款	15 260 000	
贷：主营业务收入		14 000 000
应交税费——应交增值税（销项税额）		1 260 000

（2）计提土地增值税时：

借：税金及附加	3 360 000	
贷：应交税费——应交土地增值税		3 360 000

（3）缴纳土地增值税时：

借：应交税费——应交土地增值税	3 360 000	

贷：银行存款　　3 360 000

在实际工作中，纳税人在项目全部竣工前往往已经取得转让房地产收入。由于涉及成本计算等原因，而无法据以计算土地增值税，这时，就需要预缴土地增值税，待项目全部竣工、办理结算后，再进行清算，多退少补。

预缴土地增值税的会计处理和企业上缴土地增值税相同。

2.兼营房地产业务企业应纳土地增值税的核算

兼营房地产业务企业应缴纳的土地增值税，在“其他业务成本”账户中列支。

【例8-9】沿用【例8-7】的资料，做相应的账务处理。

（1）取得土地转让收入时：

借：银行存款　　5 460 000

　　贷：其他业务收入　　5 200 000

　　　　应交税费——简易计税　　260 000

（2）计提土地增值税时：

借：其他业务成本　　292 200

　　贷：应交税费——应交土地增值税　　292 200

（3）上缴土地增值税时：

借：应交税费——应交土地增值税　　292 200

　　贷：银行存款　　292 200

3.一般企业转让现有存量房地产的核算

（1）企业单纯转让国有土地使用权，通过“营业外收入”或“营业外支出”账户核算。相应地，企业应缴纳的土地增值税应冲减营业外收支。

【例8-10】市区某企业转让一块国有土地的使用权，按简易计税办法计算增值税。取得不含税转让收入600万元，已知该土地使用权的取得成本为400万元。

分析：

企业应交增值税=600×5%=30（万元）

增值额占允许扣除项目的比率=（600-400）÷400×100%=50%，故适用30%的税率。

应纳土地增值税额=（600-400）×30%=60（万元）

借：银行存款　　6 000 000

　　贷：无形资产　　4 000 000

　　　　应交税费——简易计税　　300 000

　　　　　　　　——应交土地增值税　　600 000

　　　　营业外收入　　1 100 000

（2）企业转让土地使用权，连同地上附着物，通过“固定资产清理”账户进行核算。

四、土地增值税的征收管理

（一）纳税义务发生时间与纳税地点

土地增值税由房地产所在地税务机关负责征收。纳税人应当自转让房地产合同签订之日起7日内，向房地产所在地主管税务机关办理纳税申报。因经常发生房地产转让行为而难以在每次转让后申报的纳税人，经税务机关审核同意后，可以定期进行纳税申报，具体情况由税务机关根据相关规定确定。

纳税人转让的房地产坐落在两个或两个以上地区的，应按房地产所在地分别申报缴纳土地增值税。

（二）土地增值税的纳税申报

土地增值税的纳税人主要分为两大类：一类是从事房地产开发的纳税人，即房地产开发公司；另一类是其他纳税人。这两类纳税人的申报要求有所不同。

1.房地产开发公司

（1）报告备案

房地产开发公司应持具有法律效力的合同（或批件文本），向房地产所在地税务机关按下列内容报告备案：

①签订房地产转让合同、房地产开发合同或立项的具体日期和签订土地受让合同的具体日期，以及按合同规定注入开发资金的到位情况；

②房地产开发项目的类型。

（2）纳税申报资料

①土地增值税项目登记表；

②土地增值税纳税申报表；

③房屋产权证、土地使用权证书；

④土地转让、房产买卖合同；

⑤与转让房地产有关的资料。

2.其他纳税人

其他纳税人应从签订房地产合同之日起7日内，到房地产所在地主管税务机关进行纳税申报，并同时提供下列资料：

（1）房屋及建筑物产权、土地使用权证书；

（2）土地转让、房产买卖合同；

（3）土地产评估报告；

（4）与房地产转让有关的税金的完税凭证；

（5）其他与转让房地产有关的资料。

（三）土地增值税的缴纳

土地增值税的纳税义务人需按下列法定程序进行纳税手续的办理：

（1）纳税人在转让房地产合同签订后7日内，到房产所在地办理纳税申报，并向税务机关提交有关规定的资料。

（2）纳税人按照税务机关核定的税额及规定的期限缴纳土地增值税。

（3）纳税人按规定办理纳税手续后，持纳税凭证到房产、土地管理部门办理产权变更手续。

任务三　城镇土地使用税

一、认识城镇土地使用税

城镇土地使用税是以国有或集体土地为征税对象，对拥有土地使用权的单位和个人征收的一种税。现行城镇土地使用税政策是《中华人民共和国城镇土地使用税暂行条例》，国务院于2019年3月2日发布的《国务院关于修改部分行政法规的决定》对其进行了修订。

（一）城镇土地使用税的纳税人

在城市、县城、建制镇、工矿区范围内使用土地的单位（含外商投资企业）和个人，均为城镇土地使用税的纳税人。

（二）城镇土地使用税的征税范围

城镇土地使用税的征税范围，包括在城市、县城、建制镇和工矿区内的国家所有和集体所有的土地。

（三）城镇土地使用税税额

城镇土地使用税实行有幅度的差别税额，每平方米土地年应纳税额规定如下：

（1）大城市1.5～30元；

（2）中等城市1.2～24元；

（3）小城市0.9～18元；

（4）县城、建制镇、工矿区0.6～12元。

经省、自治区、直辖市人民政府批准，经济落后地区的城镇土地使用税适用税额标准可以适当降低，但降低额不得超过规定的最低税额的30%。经济发达地区的城镇土地使用税的适用税额标准可以适当提高，但须报经财政部批准。

（四）税收优惠

城镇土地使用税的税收优惠政策如下：

（1）国家机关、人民团体、军队自用的土地，免征城镇土地使用税。

（2）由国家财政部门拨付事业经费的单位自用的土地，免征城镇土地使用税。

由国家财政部门拨付事业经费的单位，是指由国家财政部门拨付经费，实行全额预算管理或差额预算管理的事业单位，不包括实行自收自支、自负盈亏的事业单位。

企业办的学校、医院、托儿所、幼儿园等，其用地能与企业其他用地明确划分的，可以比照由国家拨付事业经费的单位自用的土地，免征城镇土地使用税。

（3）宗教寺庙、公园、名胜古迹自用的土地，免征城镇土地使用税。

（4）市政街道、广场、绿化地带等公共用地，免征城镇土地使用税。

（5）直接用于农、林、牧、渔业的生产用地，免征城镇土地使用税。

（6）经批准开山填海整治的土地和改造的废弃土地，从使用的月份起免缴城镇土地使用税5～10年。

(7) 由财政部另行规定免税的能源、交通、水利设施用地和其他用地。

此外，个人所有的居住房屋及院落用地，房产管理部门在房租调整改革前经租的居民住房用地，免税单位职工家属的宿舍用地，集体和个人办的各类学校、医院、托儿所和幼儿园用地等的征免税，由各省、自治区、直辖市税务局确定。

除此之外，纳税人缴纳城镇土地使用税确有困难需要定期减免的，由省、自治区、直辖市税务机关审核后，报国家税务总局批准。

二、城镇土地使用税的计算与核算

(一) 城镇土地税的计算

城镇土地使用税的应纳税额依据纳税人实际占用的土地面积和适用单位税额计算。计算公式如下：

应纳税额=计税土地面积（平方米）×适用税额

【例 8-11】某市一商场坐落在繁华地段，企业土地使用证书记载占用土地的面积为6 000平方米，经确认属一等地段；该商场另有两个统一核算的分店共占地4 000平方米，均坐落在二等地段；另有一座仓库位于郊区，占地面积1 000平方米，属五等地段；企业办托儿所位于二等地段，占地2 000平方米。该地区一等地段年税额4元/平方米；二等地段年税额3元/平方米；三等地段年税额2元/平方米；五等地段年税额1元/平方米。计算该商场全年应纳城镇土地使用税税额。

分析：

商场占地应纳税额=6 000×4=24 000（元）

分店占地应纳税额=4 000×3=12 000（元）

仓库占地应纳税额=1 000×1=1 000（元）

按规定托儿所占地免征城镇土地使用税。

该商场全年应纳城镇土地使用税税额=24 000+12 000+1 000=37 000（元）

(二) 城镇土地使用税的核算

企业计算缴纳的城镇土地使用税应借记“税金及附加”账户，贷记“应交税费——应交城镇土地使用税”账户。

【例 8-12】沿用【例 8-11】的资料，企业计算应缴纳城镇土地使用税时应做如下处理：

借：税金及附加　　37 000

　　贷：应交税费——应交城镇土地使用税　　37 000

三、城镇土地使用税的征收管理

(一) 纳税义务发生时间

(1) 纳税人购置新建商品房，自房屋交付使用之次月起缴纳城镇土地使用税。

(2) 纳税人购置存量房，自办理房屋权属转移、变更登记手续，房地产权属登记机关签发房屋权属证书之次月起缴纳城镇土地使用税。

(3) 纳税人出租、出借房产，自交付出租、出借房产之次月起缴纳城镇土地使用税。

（4）房地产开发企业自用、出租、出借本企业建造的商品房，自房屋使用或交付之次月起计征城镇土地使用税。

（5）纳税人新征用的耕地，自批准征用之日起满一年时开始缴纳城镇土地使用税。

（6）纳税人新征用的非耕地，自批准征用次月起缴纳城镇土地使用税。

（二）纳税期限

城镇土地使用税按年计算，分期缴纳。具体纳税期限由省、自治区、直辖市人民政府确定，一般分别按月、季、半年或一年等不同的期限缴纳。

（三）纳税地点

城镇土地使用税的纳税地点为土地所在地，由土地所在地的税务机关负责征收。纳税人使用的土地不属于同一省、自治区、直辖市管辖范围内的，由纳税人分别向土地所在地的税务机关申报缴纳城镇土地使用税。在同一省、自治区、直辖市管辖范围内，纳税人跨地区使用的土地，由各省、自治区、直辖市税务机关确定纳税地点。

任务四　耕地占用税

一、认识耕地占用税

耕地占用税是对在我国境内占用耕地建设建筑物、构筑物或者从事非农业建设的单位和个人征收的一种税。2018年12月29日，第十三届全国人民代表大会常务委员会第七次会议通过《中华人民共和国耕地占用税法》，自2019年9月1日起施行。2007年12月1日国务院公布的《中华人民共和国耕地占用税暂行条例》同时废止。

（一）耕地占用税纳税义务人

在中华人民共和国境内占用耕地建设建筑物、构筑物或者从事非农业建设的单位和个人，为耕地占用税的纳税人，应当依法缴纳耕地占用税。

占用耕地建设农田水利设施的，不缴纳耕地占用税。

（二）耕地占用税征税范围和适用税率

耕地占用税以纳税人实际占用的耕地面积为计税依据，按照规定的适用税额一次性征收。

应纳税额=纳税人实际占用的耕地面积（平方米）×适用税额

实际占用耕地面积，包括经批准占用的耕地面积和未经批准占用的耕地面积。

耕地占用税的税额如下：

（1）人均耕地不超过1亩的地区（以县、自治县、不设区的市、市辖区为单位，下同），每平方米为10～50元；

（2）人均耕地超过1亩但不超过2亩的地区，每平方米为8～40元；

（3）人均耕地超过2亩但不超过3亩的地区，每平方米为6～30元；

（4）人均耕地超过3亩的地区，每平方米为5～25元。

各地区耕地占用税的适用税额，由省、自治区、直辖市人民政府根据人均耕地面积和经济发展等情况，在规定的税额幅度内提出，报同级人民代表大会常务委员会决定，并报全国人民代表大会常务委员会和国务院备案。各省、自治区、直辖市耕地占用税平均税额见表8-3。

表8-3　　各省、自治区、直辖市耕地占用税平均税额表

地区	平均税额（元/平方米）
上海	45
北京	40
天津	35
江苏、浙江、福建、广东	30
辽宁、湖北、湖南	25
河北、安徽、江西、山东、河南、重庆、四川	22.5
广西、海南、贵州、云南、陕西	20
山西、吉林、黑龙江	17.5
内蒙古、西藏、甘肃、青海、宁夏、新疆	12.5

占用基本农田的，应当按照当地适用税额，加征150%。

（三）税收优惠

（1）军事设施、学校、幼儿园、社会福利机构、医疗机构占用耕地，免征耕地占用税。

（2）铁路线路、公路线路、飞机场跑道、停机坪、港口、航道、水利工程占用耕地，减按每平方米2元的税额征收耕地占用税。

（3）农村居民在规定用地标准以内占用耕地新建自用住宅，按照当地适用税额减半征收耕地占用税；其中农村居民经批准搬迁，新建自用住宅占用耕地不超过原宅基地面积的部分，免征耕地占用税。

（4）农村烈士遗属、因公牺牲军人遗属、残疾军人以及符合农村最低生活保障条件的农村居民，在规定用地标准以内新建自用住宅，免征耕地占用税。

根据国民经济和社会发展的需要，国务院可以规定免征或者减征耕地占用税的其他情形，报全国人民代表大会常务委员会备案。

依法免征或者减征耕地占用税后，纳税人改变原占地用途，不再属于免征或者减征耕地占用税情形的，应当按照当地适用税额补缴耕地占用税。

二、耕地占用税的征收管理

耕地占用税在占用耕地环节一次性课征，经批准占用耕地，纳税义务发生时间为纳税人收到自然资源主管部门办理占用耕地手续的书面通知的当日；未经批准占用耕地的，纳税义务发生时间为实际占用耕地的当天。纳税人应当自纳税义务发生之日起30日内申报缴纳耕地占用税。

自然资源主管部门凭耕地占用税完税凭证或者免税凭证和其他有关文件发放建设用地批准书。

税务机关发现纳税人的纳税申报数据资料异常或者纳税人未按照规定期限申报纳税的，可以提请相关部门进行复核，相关部门应当自收到税务机关复核申请之日起30日内向税务机关出具复核意见。

知识链接

城镇土地使用税＆耕地占用税

我国幅员辽阔、人口众多，人均可用土地面积少。珍惜土地、节约用地是一项基本国策。为进一步规范土地使用，节约土地资源，我国现行有《中华人民共和国城镇土地使用税暂行条例》（国务院令第483号）、《中华人民共和国耕地占用税法》，那么城镇土地使用税与耕地占用税有何不同？

首先，二者性质不同。

城镇土地使用税是对占用土地资源的行为课税，除资源占有税的属性外，也具有准财产税的性质。宪法规定城市土地所有权一般归属国家，单位和个人对占用土地只有使用权而无所有权，因此，城镇土地使用税不是严格意义上的财产税。

耕地占用税以约束占用耕地的行为为目的，除资源占用税的属性外，还具有明显的行为税特征。

其次，二者征税范围不同。

城镇土地使用税的征税范围为城市、县城、建制镇和工矿区。

耕地占用税的征税范围为国家所有和集体所有的耕地，包括农田、菜园、菜地及其附属的土地。

最后，两者的税率、纳税义务时间和税款缴纳期限均有不同。

经过上述比较我们还会发现，城镇土地使用税、耕地占用税和其他小税种往往具有多重性质，所以在进行税种划分时，往往界限不是十分清晰，在学习过程中不必过于纠结于此。

项目九　行为税类

学习目标

1. 了解行为税类包括的税收种类。
2. 掌握印花税的税收要素，以及应纳税额的计算与核算。
3. 掌握城市维护建设税的税收要素，以及应纳税额的计算与核算。
4. 掌握烟叶税的税收要素，以及应纳税额的计算与核算。
5. 掌握车辆购置税的税收要素，以及应纳税额的计算与核算。
6. 了解环境保护税和船舶吨税的基本规定。

思维导图

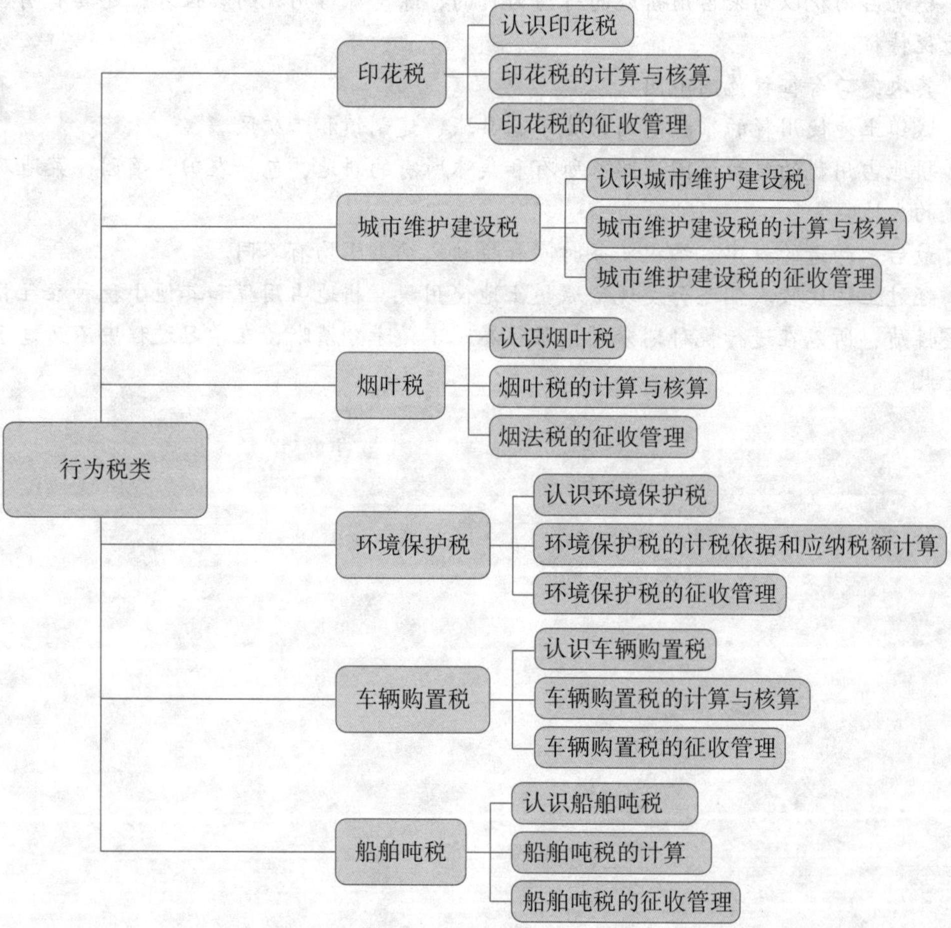

□ 引导案例

任务一　印花税

一、认识印花税

印花税，是对经济活动和经济交往中书立、领用、领受具有法律效力的凭证的单位和个人征收的一种税，因采用在凭证上粘贴印花税票作为完税标志而得名。印花税具有下列特点：

（1）征收面广，税源广泛。随着市场经济的建立和发展，人们之间的经济交往频繁，书立、领受和使用凭证的现象越来越普遍，因而对书立、领受的凭证征税，其税源广泛。

（2）征收简便，费用低廉。印花税实行由纳税人自行计税、自行贴花和销花的办法，税务机关只负责检查等工作，因此，征收比较简便，而且征收费用少。

（3）不退税、不抵用。对企业溢贴或多缴的税款，不予退税，也不许抵用。

（4）轻税重罚。印花税税负轻，最高税率为1‰，最低税率为0.05‰，但对于未贴、少贴或揭下重用印花税票者，可处以重罚。

（5）纳税人自行完税。纳税人在书立、领用、领受应税凭证，发生纳税义务时，先依据凭证所示计税金额和适用的税目税率，自行计算其应纳税额；然后由纳税人自行购买印花税，并一次足额粘贴在应税凭证上；最后由纳税人按照《中华人民共和国印花税暂行条例》的规定对于已粘贴的印花税自行注销或者划销。

（一）纳税义务人

在中华人民共和国境内书立、使用、领受印花税暂行条例所列举的凭证并应依法履行纳税义务的单位和个人都是印花税的纳税义务人。按照领受应税凭证的不同，纳税义务人包括立据人、立账簿人、立合同人、领受人、使用人和各类电子应税凭证的签证人。

值得注意的是，凡由两方或两方以上当事人共同书立应税凭证的，其当事人各方都是印花税的纳税人，应就其所执凭证的计税金额履行纳税义务。

（二）印花税的税目、税率

印花税的税目、税率见表9-1。

（三）印花税税收优惠

印花税的税收优惠政策主要有：

（1）对已税凭证的副本或抄本免税；

（2）对财产所有人将财产赠给政府、社会单位、学校所立的书据免税；

（3）对国家指定的收购部门与村民委员会、农民个人书立的农副产品收购合同免税；

（4）对无息、贴息贷款合同免税；

表9-1　　　　　　　　　　印花税税目、税率表

<table>
<tr><th>应税凭证类别</th><th>税目</th><th>税率形式</th><th>纳税人</th></tr>
<tr><td rowspan="10">一、合同或具有合同性质的凭证</td><td>1.购销合同</td><td>按购销金额0.3‰贴花</td><td rowspan="10">立合同人</td></tr>
<tr><td>2.加工承揽合同</td><td>按加工或承揽收入0.5‰贴花</td></tr>
<tr><td>3.建设工程勘察设计合同</td><td>按收取费用0.5‰贴花</td></tr>
<tr><td>4.建筑安装工程承包合同</td><td>按承包金额0.3‰贴花</td></tr>
<tr><td>5.财产租赁合同</td><td>按租赁金额1‰贴花。税额不足1元，按1元贴花</td></tr>
<tr><td>6.货物运输合同</td><td>按运输费用0.5‰贴花</td></tr>
<tr><td>7.仓储保管合同</td><td>按仓储保管费用1‰贴花</td></tr>
<tr><td>8.借款合同（包括融资租赁合同）</td><td>按借款金额0.05‰贴花</td></tr>
<tr><td>9.财产保险合同</td><td>按收取的保险费1‰贴花</td></tr>
<tr><td>10.技术合同</td><td>按所记载金额0.3‰贴花</td></tr>
<tr><td>二、书据</td><td>11.产权转移书据</td><td>按所记载金额0.5‰贴花，股票转让书据按成交价格1‰贴花</td><td>立据人</td></tr>
<tr><td>三、账簿</td><td>12.营业账簿</td><td>记载资金的账簿，按实收资本和资本公积的合计金额0.5‰贴花，其他账簿按件贴花5元</td><td>立账簿人</td></tr>
<tr><td>四、证照</td><td>13.权利、许可证照</td><td>按件贴花5元</td><td>领受人</td></tr>
</table>

注：自2019年1月1日至2021年12月31日，由省、自治区、直辖市人民政府根据本地区实际情况，以及宏观调控需要确定，对增值税小规模纳税人可以在50%的税额幅度内减征资源税、城市维护建设税、房产税、城镇土地使用税、印花税（不含证券交易印花税）、耕地占用税、教育费附加、地方教育附加。增值税小规模纳税人已依法享受资源税、城市维护建设税、房产税、城镇土地使用税、印花税、耕地占用税、教育费附加、地方教育附加其他优惠政策的，可叠加享受此项优惠政策。

（5）外国政府或国际金融组织向我国政府及国家金融机构提供优惠贷款所书立的合同免税；

（6）房地产管理部门与个人签订的用于生活居住的租赁合同免税；

（7）农牧业保险合同免税；军事、救灾、新铁路施工运料等特殊运输合同免税。

（8）个人销售或购买住房暂免征收印花税。

二、印花税的计算与核算

（一）计算公式

（1）适用比例税率的应税凭证，以凭证上所记载的金额为计税依据，计税公式为：

应纳税额=应税凭证计税金额×比例税率

（2）适用定额税率的应税凭证，以凭证件数为计税依据，计税公式为：

应纳税额=应税凭证件数×固定税额（5元）

（二）印花税税额计算中应注意的问题

（1）应税凭证以金额、收入、费用为计税依据的，应当全额计税，不得做任何扣除。

（2）同一凭证，载有两个或两个以上经济事项而适用不同税目税率，如分别记载金额的，应分别计算应纳税额，按相加后的合计税额贴花；如未分别记载金额的，按税率高的计税贴花。

（3）应税凭证所载金额为外国货币的，按凭证书立当日国家外汇管理局公布的外汇牌价折合成人民币，计算应纳税额。

（4）有些合同在签订时无法确定计税金额，如技术转让合同中的转让收入，是按销售收入的一定比例收取或是按实现利润分成的；财产租赁合同只是规定了月（天）租金标准而无期限的。对于这类合同，可在签订时先按定额5元贴花，以后结算时再按实际金额计税，补贴印花。

（5）应税合同不论是否兑现或是否按期兑现，均应贴花。已粘贴印花税票不能揭下重用，已纳印花税税款不能退税，也不能做任何抵扣。

（6）已贴花的凭证，修改后所载金额增加的，其增加部分应当补贴印花税票。

（7）记载资金的账簿，应以“实收资本”和“资本公积”两项的合计金额计税贴花。次年凡“实收资本”和“资本公积”两项账面金额没有增加的，不再计税贴花；次年金额有增加的，仅就增加部分计税贴花。

（8）应纳税额不足1角的，免纳印花税。应纳税额在1角以上的，其税额尾数不满5分的不计，满5分的按1角计算缴纳。

（三）印花税的核算

企业缴纳印花税，应通过“应交税费”核算，直接在“税金及附加”科目中列支。企业采用自行贴花办法核算印花税时，应借记“税金及附加”科目，贷记“银行存款”科目；企业采用汇贴或汇缴办法向税务机关申报印花税时，应借记“税金及附加”科目，贷记“应交税费——应交印花税”科目，向当地税务机关缴纳印花税时，借记“应交税费——应交印花税”科目，贷记“银行存款”科目。

三、印花税的征收管理

印花税实行由纳税人根据规定自行计算应纳税额，购买并一次贴足印花税票的缴纳办法。

为简化贴花手续，应纳税额较大或者贴花次数频繁的，纳税人可向税务机关提出申请，采取以缴款书代替贴花或者按期汇总缴纳的办法。

在应纳税凭证上未贴或者少贴印花税票的或者已粘贴在应税凭证上的印花税票未注销或者未划销的，由税务机关追缴其不缴或者少缴的税款、滞纳金，并处不缴或者少缴的税款50%以上5倍以下的罚款。

已贴用的印花税票揭下重用造成未缴或少缴印花税的，由税务机关追缴其不缴或者少缴的税款、滞纳金，并处不缴或者少缴的税款50%以上5倍以下的罚款；构成犯罪的，依法追究刑事责任。

伪造印花税票的，由税务机关责令改正，处以2 000元以上1万元以下的罚款；情节严重的，处以1万元以上5万元以下的罚款；构成犯罪的，依法追究刑事责任。

按期汇总缴纳印花税的纳税人，超过税务机关核定的纳税期限，未缴或少缴印花税款的，由税务机关追缴其不缴或者少缴的税款、滞纳金，并处不缴或者少缴的税款50%以上5倍以下的罚款；情节严重的，同时撤销其汇缴许可证；构成犯罪的，依法追究刑事责任。

纳税人违反以下规定的，由税务机关责令限期改正，可以处2 000元以下的罚款；情节严重的，处2 000元以上10 000元以下的罚款：

（1）凡汇总缴纳印花税的凭证，应加注税务机关指定的汇缴戳记、编号并装订成册，将已贴印花或者缴款书的一联粘附册后，盖章注销，保存备查。

（2）纳税人对纳税凭证应妥善保存。凭证的保存期限，凡国家已有明确规定的，按规定办；没有明确规定的其余凭证均应在履行完毕后保存1年。

知识链接

容易被忽视的印花税

印花税，顾名思义，是以在应税凭证上粘贴印花税票作为完税标志的一类税种。在企业的各种经济活动和经济交往中，但凡涉及书立、领受具有法律效力凭证的行为几乎都在印花税的征收范围之内。相对于其他税种来说，印花税税负较轻，但征税范围广，多征不退不抵，且采取纳税人自行贴花的形式纳税。随着经济迅速发展，人们法律意识增强，经济往来中合同文书、票据凭证日益增多，因而印花税对企业经济行为的影响也越来越大。相对于增值税、企业所得税、个人所得税等税种来说，印花税不是经济活动中涉及的主要税种，所以往往容易被人们忽视。

印花税最早于1624年在荷兰产生。和其他税种的起源一样，印花税的出现也离不开当时政治与经济的需要。为了缓解财政上的困窘状态，荷兰统治者从千万个新税设计方案中选出“印花税”来增加政府财政收入。这种“取微用宏”的征税方式由于税源畅旺、简便易行，很快在国际上盛行起来。

1950年，政务院发布《印花税暂行条例》。之后，印花税历经了税制改革、简化和停征，直至1988年国务院发布《中华人民共和国印花税暂行条例》，才标志着我国印花税的征收开始走向正规化。

由于印花税并非传统意义上的“主税”，税负较轻，加之业务中涉及的合同凭证繁多，导致企业在书立凭证时容易忽略印花税。但是，印花税涉及范围很广，我国近年来对印花税的征收管理愈加严格规范，违章处罚较为严厉。如果长期缺乏对印花税的重视，容易积少成多，也会形成较大的税务风险。

任务二　城市维护建设税

一、认识城市维护建设税

城市维护建设税，简称城建税，是国家对缴纳增值税、消费税（合称“流转二税”）的单位和个人，就其实际缴纳的“流转二税”税额为计税依据而征收的一种税，是流转税的附加税种。与其他税种比较，城市维护建设税具有以下两个显著特点：

第一，城市维护建设税是一种附加税。它是以纳税人实际缴纳的“流转二税”税额为计税依据。城市维护建设税附加于“流转二税”税额，它本身没有特定的、独立的征税对象。

第二，城市维护建设税是一种具有特定目的税。城市维护建设税的税款专门用于城市的公用事业和公共设施维护建设。

（一）城市维护建设税的纳税义务人

城市维护建设税的纳税义务人是在征收范围内从事经营活动，并缴纳增值税、消费税的单位和个人。不论是国有企业、集体企业、私营企业、个体工商户，还是其他单位和个人，只要缴纳增值税、消费税中的任何一种税，都必须同时缴纳城市维护建设税。

自2010年12月1日起，对外商投资企业、外国企业及外籍个人开征城市维护建设税和教育费附加。

（二）城市维护建设税的征税范围

城市维护建设税的征税范围比较广，具体包括市区、县城、镇，以及税法规定征收“流转二税”的其他地区。

（三）城市维护建设税的税率

城市维护建设税的税率是指纳税人应缴纳的城市维护建设税税额与纳税人实际缴纳的“流转二税”税额之间的比率。

城市维护建设税采用地区差别比例税率，共分三档（见表9-2）。

表9-2　城市维护建设税税率

档次	纳税人所在地	税率
1	市 区	7%
2	县城、镇	5%
3	不在市区、县城、镇	1%

（四）税收优惠

城市维护建设税的税收优惠政策有：

（1）城市维护建设税随“流转二税”的减免而减免。

（2）对增值税、消费税实行先征后返、先征后退、即征即退办法的，除另有规定外，对随“流转二税”附征的城市维护建设税，一律不予退（返）还。

（3）海关对进口产品代征的增值税、消费税，不征收城市维护建设税。

（4）下岗失业人员从事个体经营（除建筑业、娱乐业以及广告业、桑拿、按摩、网吧、氧吧外）的，自领取税务登记证之日起，3年内免征城市维护建设税。

（5）对个别缴纳城市维护建设税确有困难的单位和个人，由县（市）级人民政府审批，可酌情给予照顾。

二、城市维护建设税的计算与核算

（一）城市维护建设税的计税依据

（1）城市维护建设税的计税依据是纳税人实际缴纳的增值税、消费税税额之和。

（2）纳税人违反“流转二税”有关规定，被查补“流转二税”和被处以罚款时，也应对其偷漏的城市维护建设税进行补税和罚款。

（3）纳税人违反“流转二税”有关规定而加收的滞纳金和罚款，不作为城市维护建设税的计税依据。

（4）出口产品退还增值税、消费税的，不退还已缴纳的城市维护建设税。

（二）城市维护建设税应纳税额计算

城市维护建设税纳税人的应纳税额计算公式如下：

应纳税额=（实际缴纳的增值税+实际缴纳的消费税）×适用税率

【例9-1】某县有机玻璃厂2019年1月内销业务应缴纳增值税10万元、消费税28万元；取得出口退还增值税10万元；缴纳进口关税3万元；缴纳进口增值税30万元，进口消费税20万元。计算该有机玻璃厂2019年1月应缴纳的城市维护建设税税额。

分析：

城市维护建设税以应缴纳的“流转二税”税额为计税依据，同时，“进口环节不征，出口环节不退”。县城适用5%的城市维护建设税税率。

应交城市维护建设税税额=（100 000+280 000）×5%

=19 000（元）

前例中，若该企业同时被税务机关查出应补交增值税、消费税5万元，同时应交罚款、滞纳金5万元。那么，查补的5万元税金应一并作为计税基数计算缴纳城市维护建设税，罚款和滞纳金5万元不作为城市维护建设税计税基数。

（三）城市维护建设税的核算

企业缴纳城市维护建设税，应通过“应交税费”科目核算，直接在“税金及附加”科目中列支。企业计算出应交城市维护建设税时，借记“税金及附加”科目，贷记“应交税费——应交城市维护建设税”科目；缴纳城市维护建设税时，借记“应交税费——应交城市维护建设税”科目，贷记“银行存款”科目。

三、城市维护建设税的征收管理

微课：关于城市维护建设税

（一）城市维护建设税的纳税地点

城市维护建设税以纳税人实际缴纳的增值税、消费税税额为计税依据，因此纳税人缴纳“流转二税”的地点，就是该纳税人缴纳城市维护建设税的地点。但属于下列情况的，纳税地点为：

（1）对代扣代缴“流转二税”的单位和个人，其纳税地点为代扣代缴地，按代扣代缴地税率计算缴纳城市维护建设税。

（2）对跨省开采的油田，下属生产单位与核算单位不在一个省内的，其生产的原油，在油井所在地缴纳城市维护建设税。

（3）对管道局输油部分的收入，由取得收入的各管理局于所在地缴纳城市维护建设税。

（4）对流动经营等无固定纳税地点的单位和个人，应随同“流转二税”在经营地缴纳城市维护建设税。

（二）城市维护建设税的纳税期限

城市维护建设税的纳税期限与“流转二税”的纳税期限一致。城市维护建设税的具体纳税期限，由主管税务机关根据纳税人应纳税额大小分别核定。不能按照固定期限纳税的，可以按次纳税。

由于城市建设维护税是与增值税、消费税同时征收的，所以一般情况下，城市维护建设税不单独加收滞纳金或罚款。但是，如果纳税人缴纳“流转二税”后，却不按规定缴纳城市维护建设税，则可以对其单独加收滞纳金或罚款。

知识链接

教育费附加

教育费附加是以单位和个人缴纳的增值税、消费税税额为计算依据征收的一种附加费。教育费附加名义上是一种专项资金，但实际上具有税收的性质。为了调动各种社会力量办学的积极性，开辟多种渠道筹措教育经费，国务院于1986年4月28日颁布了《征收教育费附加的暂行规定》，同年7月1日开始在全国范围内征收教育费附加。

教育费附加对缴纳增值税、消费税的单位和个人征收，以其实际缴纳的增值税、消费税税额为计税依据，并与增值税、消费税同时缴纳。

教育费附加的计征比率为3%。我国曾经对生产卷烟和烟叶的单位减半征收教育费附加，但2005年10月1日后以全额征收。

教育费附加随“流转二税”的减免而减免。对增值税、消费税实行先征后返、先征后退、即征即退办法的，除另有规定外，对随“流转二税”附征的教育费附加，一律不予退（返）还。海关进口产品代征增值税、消费税的，不征收教育费附加；对出口产品退还增值税、消费税的，不退还已缴纳的教育费附加。

下岗失业人员从事个体经营（除建筑业、娱乐业以及广告业、桑拿、按摩、网吧、氧吧外）的，自领取税务登记证之日起，3年内免征教育费附加。对个别缴纳教育费附加确有困难的单位和个人，由县（市）级人民政府审批，可酌情给予照顾。

微课：关于教育费附加和地方教育附加

任务三　烟叶税

一、认识烟叶税

烟叶税是以纳税人收购烟叶的收购金额为计税依据征收的一种税。2006年4月28日，《中华人民共和国烟叶税暂行条例》（国务院令464号）公布施行；2018年7月1日，《中国人民共和国烟叶税法》正式施行，烟叶税暂行条例同时废止。

（一）纳税义务人

烟叶税的纳税人为在我国境内收购烟叶的单位。“收购烟叶的单位”，是指依照《中华人民共和国烟草专卖法》的规定有权收购烟叶的烟草公司或者受其委托收购烟叶的单位。

（二）征税范围

烟叶税的征税范围包括晾晒烟叶、烤烟叶。

（三）税率

烟叶税实行比例税率，税率为20%。

二、烟叶税的计算与核算

（一）烟叶税计税依据

烟叶税的计税依据是纳税人收购烟叶的收购金额，具体包括纳税人支付给烟叶销售者的烟叶收购价款和价外补贴。价外补贴统一暂按烟叶收购价款的10%计入收购金额。

（二）烟叶税计算

计算公式如下：

收购金额=收购价款+价外补贴

价外补贴=收购价款×10%

应纳税额=收购价款×（1+10%）×20%

例如，某烟草公司2019年7月8日支付烟叶收购价款88万元，另向烟农支付了价外补贴10万元。该烟草公司7月收购烟叶应缴纳的烟叶税为19.36万元（88×（1+10%）×20%）。

（三）烟叶税核算

烟叶收购环节涉及的会计科目主要有“材料采购”“原材料”“库存商品”“应交税费——应交烟叶税”等。

【例9-2】甲公司是增值税一般纳税人，2019年5月从乙企业（系一般纳税人）收购一批烟叶，不含税价为10万元，另支付价外补贴1.5万元，取得乙公司开具的增值税专用发票，烟叶验收入库。

分析：

应交烟叶税=收购价款×（1+10%）×20%=10×（1+10%）×20%=2.2（万元）

烟叶采购成本=买价+价外补贴+烟叶税

=10+1.5+2.2=13.7（万元）

应确认进项税额=13.7×9%=1.233（万元）

（1）收购时甲公司应做会计处理

借：材料采购	137 000	
应交税费——应交增值税（进项税额）	12 330	
贷：银行存款		127 330
应交税费——应交烟叶税		22 000

（2）上缴烟叶税

借：应交税费——应交烟叶税　　22 000

　　贷：银行存款　　22 000

（3）烟叶验收入库

借：原材料　　137 000

　　贷：材料采购　　137 000

知识链接

收购烟叶进项税额处理

续【例9–2】。

如果【例9–2】中乙企业为小规模纳税人，销售的烟叶属于免税农产品，其他条件不变。乙企业开具给甲公司3%征收率专用发票的，基本分录同上，不同的是甲公司要根据取得发票的金额÷（1+3%）×9%来计算进项税额，同时按相应金额记入“材料采购”科目。

如果甲公司收购对象为烟农，取得烟农开具的销售发票，甲公司作为烟叶收购单位应将价外补贴与烟叶收购价格在同一张农产品收购发票上分别注明，否则价外补贴不得进行增值税进项税额抵扣。

另外还需要说明，如果乙企业销售农产品开具增值税普通发票，甲公司不得计算抵扣进项税额。

三、烟叶税的征收管理

烟叶税的纳税义务发生时间为纳税人收购烟叶的当天。

烟叶税按月计征，纳税人应当于纳税义务发生月终了之日起15日内申报并缴纳税款。

对依照《中华人民共和国烟草专卖法》查处没收的违法收购的烟叶，由收购罚没烟叶的单位按照购买金额计算缴纳烟叶税。

烟叶税由烟叶收购地的主管税务机关征收。

任务四　环境保护税

一、认识环境保护税

环境保护税是对在我国领域以及管辖的其他海域直接向环境排放应税污染物的企事业单位和其他生产经营者征收的一种税，其立法目的是保护和改善环境，减少污染物排放，推进生态文明建设。

《中华人民共和国环境保护税法》于2016年12月25日通过，2018年1月1日正式施行，原“排污费”改为“环境保护税”。

（一）环境保护税纳税义务人

在中华人民共和国领域和中华人民共和国管辖的其他海域，直接向环境排放应税污染物的企事业单位和其他生产经营者为环境保护税的纳税人。

（二）征税范围

环境保护税的征税对象是“应税污染物”，具体包括《环境保护税税目税额表》《应税污染物和当量值表》规定的大气污染物、水污染物、固体废物和噪声。

（三）税收优惠

下列情形，暂予免征环境保护税：

（1）农业生产（不包括规模化养殖）排放应税污染物的；

（2）机动车、铁路机车、非道路移动机械、船舶和航空器等流动污染源排放应税污染物的；

（3）依法设立的城乡污水集中处理、生活垃圾集中处理场所排放相应应税污染物，不超过国家和地方规定的排放标准的；

（4）纳税人综合利用的固体废物，符合国家和地方环境保护标准的；

（5）国务院批准免税的其他情形。

上述免税规定，由国务院报全国人民代表大会常务委员会备案。

纳税人排放应税大气污染物或者水污染物的浓度值低于国家和地方规定的污染物排放标准30%的，减按75%征收环境保护税。纳税人排放应税大气污染物或者水污染物的浓度值低于国家和地方规定的污染物排放标准50%的，减按50%征收环境保护税。

二、环境保护税的计税依据和应纳税额计算

（一）计税依据

应税污染物的计税依据，按照下列方法确定：

（1）应税大气污染物按照污染物排放量折合的污染当量数确定；

（2）应税水污染物按照污染物排放量折合的污染当量数确定；

（3）应税固体废物按照固体废物的排放量确定；

（4）应税噪声按照超过国家规定标准的分贝数确定。

（二）应纳税额计算

环境保护税应纳税额按照下列方法计算：

（1）应税大气污染物的应纳税额为污染当量数乘以具体适用税额；

（2）应税水污染物的应纳税额为污染当量数乘以具体适用税额；

（3）应税固体废物的应纳税额为固体废物排放量乘以具体适用税额；

（4）应税噪声的应纳税额为超过国家规定标准的分贝数对应的具体适用税额。

三、环境保护税的征收管理

环境保护税的纳税义务发生时间为纳税人排放应税污染物的当日。

纳税人应当向应税污染物排放地的税务机关申报缴纳环境保护税。

环境保护税按月计算，按季申报缴纳。不能按固定期限计算缴纳的，可以按次申报

缴纳。纳税人申报缴纳时，应当向税务机关报送所排放应税污染物的种类、数量，大气污染物、水污染物的浓度值，以及税务机关根据实际需要要求纳税人报送的其他纳税资料。

纳税人按季申报缴纳的，应当自季度终了之日起15日内，向税务机关办理纳税申报并缴纳税款。纳税人按次申报缴纳的，应当自纳税义务发生之日起15日内，向税务机关办理纳税申报并缴纳税款。

环境保护税由税务机关依照《中华人民共和国税收征收管理法》和《中华人民共和国环境保护税法》的有关规定征收管理。生态环境主管部门依照《中华人民共和国环境保护税法》和有关环境保护法律法规的规定负责对污染物进行监测管理。

任务五　车辆购置税

一、认识车辆购置税

车辆购置税是对购置车辆的单位和个人征收的一种税。车辆购置税于2001年1月1日在我国实施，是一个新的税种，是在原交通部门收取的车辆购置附加费的基础上，通过“费改税”方式演变而来，基本保留了原车辆购置附加费的特点。

2018年12月29日，第十三届全国人民代表大会常务委员会第七次会议通过了《中华人民共和国车辆购置税法》，并于2019年7月1日起实施。

（一）纳税义务人

车辆购置税的纳税义务人是指在中华人民共和国境内购买、进口、自产、受赠以及获奖等方式取得并自用应税车辆的单位和个人。

（二）征税范围

车辆购置税的征收范围包括汽车、摩托车、电车、挂车、农用运输车。

地铁、轻轨等城市轨道交通车辆，装载机、平地机、挖掘机、推土机等轮式专用机械车，以及起重机（吊车）、叉车、电动摩托车不属于车辆购置税的征税范围。

（三）税率

车辆购置税实行统一的比例税率，税率为10%。

（四）车辆购置税的税收优惠

我国车辆购置税实行法定减免。减免税范围的具体规定是：

（1）外国驻华使馆、领事馆和国际组织驻华机构及其外交人员自用的车辆免税。

（2）中国人民解放军和中国人民武装警察部队列入军队武器装备订货计划的车辆免税。

（3）设有固定装置的非运输车辆免税。

（4）防汛部门和森林消防部门购置的由指定厂家生产的指定型号的用于指挥、检查、调度、防汛（警）、联络的专用车辆免税。

（5）回国服务的留学人员用现汇购买1辆自用国产小汽车免税。

（6）长期来华定居专家进口1辆自用小汽车免税。

（7）农用三轮运输车免税。

纳税人已经缴纳车辆购置税但在办理车辆登记注册手续前，因下列原因需要办理退还车辆购置税的，由纳税人申请，征收机关审查后办理退还车辆购置税手续：

（1）公安机关车辆管理机构不予办理车辆登记注册手续的，凭公安机关车辆管理机构出具的证明办理退税手续。

（2）因质量等原因发生退回所购车辆的，凭经销商的退货证明办理退税手续。

二、车辆购置税的计算与核算

（一）车辆购置税的计税依据

1.纳税人自用应税车辆计税依据的确定

纳税人购买自用的应税车辆以纳税人支付给销售者的全部价款和价外费用（不含增值税）为计税依据。

“价外费用”是指销售方在价格以外向购买方收取的基金、集资费、返还利润、补贴、违约金（延期付款利息）、手续费、包装费、存储费、优质费、运输装卸费、代收款项、代垫款项以及其他各种性质的价外收费。

由于纳税人购买自用应税车辆是按不含增值税的价格征收车辆购置税的，所以，应以纳税人支付的全部价款和价外费用，扣除增值税后的金额为计税依据。其换算公式为：

$$计税价格=\frac{含税销售额}{1+适用税率或征收率}$$

2.进口自用应税车辆计税依据的确定

纳税人进口自用的应税车辆以组成计税价格为计税依据。计税价格的计算公式为：

$$计税价格=关税完税价格+关税+消费税$$

3.其他自用应税车辆计税依据的确定

纳税人自产、受赠、获奖和以其他方式取得并自用的应税车辆的计税价格，按该型号车辆的市场购置价格确定计税依据；不能取得市场购置价格的，则由主管税务机关参照国家税务总局规定相同类型应税车辆的最低计税价格核定。

4.以最低计税价格为计税依据的确定

纳税人购买自用或者是进口自用应税车辆，申报的计税价格低于同类型应税车辆的最低计税价格，又无正当理由的，按照最低计税价格征收车辆购置税。

根据纳税人购置应税车辆的不同情况，国家税务总局对下列特殊情形应税车辆的最低计税价格规定如下：

（1）底盘（车架）发生更换的车辆，计税依据为最新核发的同类型车辆最低计税价格的70%。

（2）免税条件消失的车辆，自初次办理纳税申报之日起，使用年限未满10年的，计税依据为最新核发的同类型车辆最低计税价格按每满1年扣减10%。使用10年（含）以上的，计税依据为零。

（3）对于国家税务总局未核定最低计税价格的车辆，计税依据为已核定的同类型车辆最低计税价格。

（二）车辆购置税的计算

车辆购置税实行从价定率的办法计算应纳税额，应纳税额的计算公式为：

$$应纳税额=计税价格\times税率$$

1. 购买自用国产应税车辆应纳税额的计算

【例 9–3】2019 年 7 月 2 日，林某从上海大众汽车公司购买一辆轿车自用，支付含税价款 106 000 元，另支付车辆装饰费 1 000 元，随车购买工具和零件费 2 000 元。计算林某应缴纳车辆购置税金额。

分析：

林某支付的车辆装饰费、随车购买工具和零件费应一并计入计税价格；此价格为含税价格，应换算为不含税价格计算缴纳车辆购置税。

$$计税价格=\frac{106\,000+1\,000+2\,000}{1+13\%}=96\,460.18（元）$$

应纳车辆购置税税额=96 460.18×10%=9 646.02（元）

2. 进口自用应税车辆应纳税额的计算

【例 9–4】某外贸进出口公司于 2019 年 7 月从国外进口两辆轿车自用。海关核定关税完税价格为 198 000 元/辆（人民币），关税税率 28%，消费税税率 5%，增值税税率 13%。计算自用两辆轿车应缴纳车辆购置税税额。

分析：

纳税人进口自用小轿车，按组成计税价格计算缴纳车辆购置税。

应纳关税=198 000×28%=55 440（元）

$$应纳消费税=\frac{198\,000+55\,440}{1-5\%}\times5\%=13\,338.95（元）$$

组成计税价格=关税完税价格+关税+消费税

=198 000+55 440+13 338.95=266 778.95（元）

应纳车辆购置税税额=266 778.95×10%×2=53 355.79（元）

3. 其他自用应税车辆应纳税额的计算

纳税人自产自用、受赠使用、获奖使用和以其他方式取得并自用应税车辆的，按照购置应税车辆时相关凭证载明的价格确定。无法提供相关凭证的，参照同类应税车辆市场平均交易价格确定其计税价格。无同类应税车辆销售价格的，按照组成计税价格确定应税车辆的计税价格。

纳税人申报的计税价格偏低不合理的，税务机关依法核定最低计税价格。

（三）车辆购置税的核算

车辆购置税是对在中华人民共和国境内购买、进口、自产、受赠以及获奖等方式取得并自用应税车辆的单位和个人征收的一种税，其应该计入固定资产成本中。

【例 9–5】某企业以 396 000 元的价格进口两辆小汽车，需缴纳进口关税 110 880 元、消费税 26 677.9 元、增值税 90 704.84 元。

分析：

该企业需缴纳车辆购置税=（396 000+110 880+26 677.9）×10%=53 355.79（元）

（1）购置车辆

借：固定资产　　396 000

　　贷：银行存款（应付账款）　　396 000

（2）报关进口

借：固定资产　　228 262.74

　　贷：应交税费——应交关税　　110 880

　　　　　　　　——应交消费税　　26 677.9

　　　　　　　　——应交增值税　　90 704.84

（3）缴纳进口环节有关税费

借：应交税费——应交关税　　110 880

　　　　　　——应交消费税　　26 677.9

　　　　　　——应交增值税　　90 704.84

　　贷：银行存款　　228 262.74

（4）计算车辆购置税

借：固定资产　　53 355.79

　　贷：应交税费——应交车辆购置税　　53 355.79

（5）缴纳车辆购置税

借：应交税费——应交车辆购置税　　53 355.79

　　贷：银行存款　　53 355.79

三、车辆购置税的征收管理

车辆购置税由税务机关负责征收。纳税人应当在向公安机关交通管理部门办理车辆登记注册手续前，缴纳车辆购置税。车辆购置税适用单一环节、一次课征制度。

（一）纳税义务发生时间

纳税人购置应税车辆的当日为纳税义务发生时间。

纳税人购买自用的应税车辆，自购买之日起60日内申报纳税；进口自用的应税车辆，应当自进口之日起60日内申报纳税；自产、受赠、获奖以及以其他方式取得并自用的应税车辆，应当自取得之日起60日内申报纳税。

（二）纳税地点

纳税人购置应税车辆，应当向车辆登记地的主管税务机关申报纳税；购置不需要办理车辆登记的应税车辆的，应当向纳税人所在地的主管税务机关申报纳税。

微课：关于车辆购置税

任务六　船舶吨税

一、认识船舶吨税

船舶吨税，简称吨税，是针对船舶使用海上航标等助航设施的行为设置的税种。

2018年7月1日，《中华人民共和国船舶吨税法》正式实施。

（一）船舶吨税的征税范围

自中华人民共和国境外港口进入境内港口的船舶，应当依法缴纳船舶吨税。即，所有使用我国海上航标灯助航设施的、自境外港口进入我国境内港口的船舶，不论其船籍国（地区）是中国还是其他国家和地区，均须缴纳船舶吨税。

（二）税率

船舶吨税设置优惠税率和普通税率两种。中华人民共和国国籍的应税船舶，船籍国（地区）与我国签订含有相互给予船舶吨税最惠国待遇条款的条约或协定的应税船舶，适用优惠税率。

其他应税船舶，适用普通税率。船舶吨税税目税率表见表9-3。

表9-3　船舶吨税税目税率表

税目（按船舶净吨位划分）	税率（元/净吨）						备注
	普通税率（按执照期限划分）			优惠税率（按执照期限划分）			
	1年	90日	30日	1年	90日	30日	
不超过2 000净吨	12.6	4.2	2.1	9.0	3.0	1.5	1.拖船按照发动机功率每千瓦折合净吨位0.67吨。 2.无法提供净吨位证明文件的游艇，按照发动机功率每千瓦折合净吨位0.05吨。 3.拖船和非机动驳船分别按相同净吨位船舶税率的50%计征税款
超过2 000净吨，但不超过10 000净吨	24.0	8.0	4.0	17.4	5.8	2.9	
超过10 000净吨，但不超过50 000净吨	27.6	9.2	4.6	19.8	6.6	3.3	
超过50 000净吨	31.8	10.6	5.3	22.8	7.6	3.8	

（三）税收优惠

符合条件的，免征船舶吨税：

（1）应纳税额在人民币50元以下的船舶；

（2）自境外购买、受赠、继承等方式取得船舶所有权的初次进口到港的空载船舶；

（3）吨税执照期满后24四小时内不上下客货的船舶；

（4）非机动船舶（不包括非机动驳船）；

（5）捕捞、养殖渔船；

（6）避难、防疫隔离、修理、改造、终止运营或者拆解，并不上下客货的船舶；

（7）军队、武装警察部队专用或者征用的船舶；

（8）警用船舶；

（9）依照法律规定应当予以免税的外国驻华使领馆、国际组织驻华代表机构及其有关人员的船舶；

（10）国务院规定的其他船舶。

二、船舶吨税的计算

船舶吨税按照船舶净吨位和吨税执照期限征收。

船舶吨税税额=船舶净吨位×适用税率（元/净吨）

应税船舶在进入港口办理入境手续时，应当向海关申报纳税领取吨税执照，或者交验吨税执照。应税船舶在离开港口办理出境手续时，应当交验吨税执照。

三、船舶吨税的征收管理

（一）纳税义务时间

船舶吨税纳税义务发生时间为应税船舶进入港口的当日。船舶吨税由海关负责征收。

（二）税款缴纳时间

船舶吨税的缴款期限为海关填发缴款书之日起15日内。缴款期限届满日遇休息日或法定节假日的，顺延至休息日或法定节假日之后的第一个工作日。国务院临时调整休息日与工作日的，按照调整后的情况计算缴款期限。

纳税义务人未按期缴纳税款的，海关从税款滞纳之日起，按日加征滞纳税款0.5‰的滞纳金。

（三）违章处理

应税船舶有下列行为之一的，由海关责令限期改正，处2 000元以上30 000元以下的罚款；不缴或者少缴应纳税款的，处不缴或者少缴税款50%以上5倍以下的罚款，但罚款不得低于2 000元：

（1）未按照规定申报纳税、领取吨税执照；

（2）未按照规定交验吨税执照（或者申请核验吨税执照电子信息）以及提供其他证明文件。

海关发现少征或者漏征税款的，应当自应税船舶应当缴纳税款之日起1年内，补征税款。但因应税船舶违反规定造成少征或者漏征税款的，海关可以自应当缴纳税款之日起3年内追征税款，并自应当缴纳税款之日起按日加征少征或者漏征税款0.5‰的税款滞纳金。

参考文献

1. 政策解读. 国家税务总局网站，http：//www.chinatax.gov.cn/n810341/n810760/index.html.

2. 小颖. 进项税额抵扣专题学习（2019年版）[EB/OL]. [2019-07-09]. http：//www.shui5.cn/article/08/127807.html.

3. 浦东税务. 增值税期末留抵税额政策要点解答 [EB/OL]. [2019-07-03]. http：//www.shui5.cn/article/c3/127724.html.

4. 梁晶晶. 增值税的即征即退有哪些？[EB/OL]. [2019-06-15]. http：//www.shui5.cn/article/35/127482.html.

5. 财政部会计司. 关于《关于深化增值税改革有关政策的公告》适用《增值税会计处理规定》有关问题的解读 [EB/OL]. [2019-04-18]. http：//kjs.mof.gov.cn/zhengwuxinxi/zhengcejiedu/201904/t20190418_3227486.html.

6. 财政部会计司. 关于《增值税会计处理规定》有关问题的解读 [EB/OL]. [2017-01-26]. http：//kjs.mof.gov.cn/zhengwuxinxi/zhengcejiedu/201701/t20170126_2528187.html.

微课索引

为了帮助读者更好地学习和掌握纳税实务，编者针对本书的重点难点内容制作了35个微课，微课的具体位置见括号内标注的页码，扫描对应的二维码即可直接观看。